教科書ガイド

三省堂版

精選 古典探究
漢文編

TEXT
BOOK
GUIDE

文研出版

はしがき

本書は、三省堂発行の教科書「精選　古典探究　漢文編」に準拠した教科書解説書として編集されたものです。教科書内容がスムーズに理解できるように工夫されています。予習や復習、試験前の学習にお役立てください。

本書の特色

●本書の構成

本書「漢文編」では、教科書の流れに従い、「漢文編」を第一部と第二部に分け、それぞれ各大単元・教材ごとに必要に応じて冒頭解説を設け、以下、小単元ごとに〔大意〕〔書き下し文〕〔現代語訳〕〔語句の解説〕で構成しています。

●冒頭解説

各単元や教材の冒頭で、学習にあたっての予備知識となるような事柄(作品と作者など)について解説しています。

●教材解説

〔大意〕では、各教材の大意を、簡潔にまとめています。漢詩では〔主題〕として、詩形と押韻を最後に示しています。〔書き下し文〕は、すべての漢字に現代仮名遣いによる読み仮名をつけています。送り仮名は旧仮名遣いで表記し、現代仮名遣いの読み方を片仮名で示しました。〔現代語訳〕には、〔書き下し文〕と同じ番号をつけ、上下で対照させてわかりやすく示しました。

また、〔語句の解説〕として、重要語句や文脈上押さえておきたい箇所についての解説や、脚問に対する解答(例)も加えています。

●課題・語句と表現

教科書教材末に提示されるそれぞれの課題に対しては、解答(例)、考え方や取り組み方などを説明し、「句法」についても確認問題と解答を示しました。

目次

第一部

第二部

五　「三国志」の世界

六　思想―思想と寓話……228

七　文章

第一部

『論語』――私の古典

高橋和巳（たかはしかずみ）

教科書P.8～11

●教材のねらい

・筆者にとって、『論語』はどのようなものなのかを理解する。

●主　題

『論語』との出会いや、そこに書かれている内容から筆者が考えたことについて述べる。

●段　落

一行アキで二つの段落に分かれている。

一　教 p.8・1～p.9・5　人と書物の関係

二　教 p.9・6～p.11・7　感動的な意味をもつ言葉

段落ごとの大意と語句の解説

第一段落　教8ページ1行～9ページ5行

学生時代、筆者は『論語』に強い反発を覚えていたが、その反発が魅力となり、その強い愛憎共存のうちに、『論語』は筆者の古典となった。

教8ページ

5**反逆精神**（はんぎゃくせいしん）　権力者などに対して逆らう気持ち。

第二段落　教9ページ6行～11ページ7行

『論語』には、美的感動の伴う道徳訓、人間のイメージを喚起する処世訓が秘められており、そこには、孔子という人間存在の偉さや、人間と人間との交わりの姿を見ることができる。

教10ページ

9**諱**（い）**んで**　はばかって。冉耕（ぜんこう）の、師である孔子に遠慮する様子。

「言葉は、複雑な人間関係の、無限にひろがる感情の一つのシンボルとして初めて、感動的な意味をもつ。」（10・3）とはどういうことか、説明してみよう。

考え方　直前に、「肝要なことは……側にある。」とある。

解答例　言葉は、その背後にある複雑な人間関係におけるさまざまな感情を象徴する際に、人を感動させるということ。

「はっと『論語』がわかった」（11・7）という筆者の体験を参考にして、〈わかる〉という経験をするために大切なことは何だと考えるか、話し合ってみよう。

考え方　第二段落で述べられた、『論語』の具体的な叙述に関する筆者の経験を読み取り、〈わかる〉という経験の意味を理解する。

一 故事成語

●故事成語とは

「故事」とは、昔あった事柄、昔から伝えられている興味のある事柄をいう。その「故事」に基づいてできた熟語や語句を「故事成語」といい、現代でもよく引用して比喩的に使われている。

例えば、中学校の卒業式などで「蛍の光」「窓の雪」と歌う「蛍雪」は『晋書』に、また、北原白秋作詞、山田耕筰作曲の唱歌「待ちぼうけ」のうさぎが根っこにぶつかる話は『韓非子』に典拠がある。

ここで学習する「画竜点睛」「病入膏肓」「杞憂」なども同様に、今でもよく使われており、故事成語は日本人の言語生活に深く結びついた言葉であるといえる。

画竜点睛

教科書P.14～15

【大意】 教 14ページ1～5行

張僧繇は、竜の絵には瞳を入れなかった。人々が頼むのを断り切れずに、僧繇が竜の瞳を入れたところ、竜は、僧繇の言うとおり天にのぼって行ってしまった。

【書き下し文】

❶張僧繇は、呉中の人なり。❷武帝仏寺を崇飾して、多く僧繇に命じて之に画かしむ。❸金陵の安楽寺の四白竜は眼睛を点ぜず。❹毎に曰はく、「睛を点ぜば、即ち飛び去らん。」と。❺人以て妄誕と為し、固く之を点ぜんことを請ふ。❻須臾にして雷電壁を破り、両竜雲に乗り、騰去して天に上る。❼二竜の未だ眼を点ぜざる者は見に在り。

（歴代名画記）

【現代語訳】

❶張僧繇は、呉中の人であった。❷梁の武帝は、仏寺を立派に装飾して、たいてい僧繇に命令してこれ（＝仏寺）に絵を描かせていた。❸（ところが僧繇は）都金陵の安楽寺の四匹の白い竜には、瞳を描き入れなかった。❹（僧繇は）いつも言っていた、「瞳を描いたら、（この竜は）直ちに飛び去ってしまいますよ。」と。❺人々は（この発言を）でたらめであるとして、強くこれ（＝瞳）を描いてほしいと頼んだ。❻（すると）たちまち雷と稲妻が壁を突き破って、二匹の竜は雲に乗り、躍り上がって天に昇っていった。❼二匹のまだ瞳を描き入れていない竜（の絵）は現在も（そこに）ある。

語句の解説

教14ページ

❷多命二僧繇一画レ之（おおクめいジテそうようニえがカシムこれニ）　たいてい僧繇に命じて仏寺に絵を描かせていた。

❖命二A一B（ジテニ）（セ）シム　＝使役を表す。Aに命令してBさせる。

❸四白竜（しはくりょう）　四匹の白い竜。

❸不レ点（ずてんぜ）　描き入れない。「点」は、描き入れる。

❹毎（つねニ）　いつも。「常」と同じ。

❹＊「即」＝ここでは、「すなはチ」と読む。すぐさま。

❺＊「以為」＝ここでは、「もつテなシ」と読む。〜見なす。

❺固（かたク）　強く。

課題

一　張僧繇はどのような画家であったか、話し合ってみよう。

解答例　人々がでたらめを言っていると感じるような神業に近いことを成し遂げてしまう、すばらしい絵を描く画家。

語句と表現

一　「即」(14・3)以外で「すなはチ」と読む字を調べ、意味の違いをまとめてみよう。

解答例　「則」＝①ただちに。②つまり。③実に〜だ。
「便」＝①〜するとすぐに。②〜こそが。
「乃」＝①やっと。そこで。②かえって。③さらに。　など。
「輒」＝①〜のたびに。②すぐに。

❺請（こフ）　〜をお願いする。〜を頼む。

❺之（これ）　竜の瞳のことを指す。

①　「固請レ点レ之。」のあとに、どのようなことが行われたか。

答　僧繇が竜の絵に瞳を描き入れると、雷と稲妻が壁を突き破って、壁に描かれた二匹の竜が雲に乗って天に昇っていった。

❻雷電（らいでん）　雷と稲妻。

❻騰去（とうきょシテ）　躍り上がる。跳ね上がる。

❼未（いまダざル）　再読文字。「いまダ〜（セ）ず」と読む。まだ〜しない。

❼＊「見」＝ここでは、「げんニ」と読む。現在の。今の。

二　「画竜点睛を欠く」は、現在どのような意味で使われているか、調べてみよう。

解答例　最後の重要な点の仕上げがすまないので、全体が完成しない（欠点があって残念だ）という意味。

句法

一　書き下し文に直し、太字に注意して、句法のはたらきを書こう。

1　多(ク)命(ジテ)二僧繇(ニ)一画(カシム)レ之(ニ)。
（　　　　　　　　　）（　　　）

答　1　多く僧繇に命じて之に画かしむ。／使役

病入膏肓

教科書P.16〜17

【大 意】 教16ページ1〜6行

春秋時代、晋の景公は重い病気を患った。医師の到着前、景公の夢に病気が二人の子供となって現れ、「彼は名医だ。どこに逃げようか。肓の上、膏の下にいれば、どうすることもできない。」と語った。医師は「この病気はとても私の手には負えません。肓の上、膏の下のところで、鍼も届かず薬も利きません。」と言った。これを聞いて、景公は「名医である。」とほめて、礼物を与えて帰国させた。

【書き下し文】

❶晋の景公疾病なり。❷医を秦に求む。❸秦伯医の緩をして之を為めしむ。❹未だ至らざるに、公の夢に疾二豎子と為りて曰はく、「彼は良医なり。❺我を傷つけんことを懼る。❻焉くにか之を逃れん。」と。❼其の一曰はく、「肓の上、膏の下に居らば、我を若何せん。」と。❽医至りて曰はく、「疾為むべからざるなり。❾肓の上、膏の下に在りて、之を攻むるは不可なり。❿之に達せんとするも及ばず、薬至らず。⓫為むべからざるなり。」と。⓬公曰はく、「良医なり。」と。⓭厚く之が礼を為して之を帰らしむ。

（春秋左氏伝）

【現代語訳】

❶晋の景公は病気が重くなった。❷医者を秦に求めた。❸秦の国の君主伯は医者の緩にこれ（＝病気）を治療させることにした。❹（医者が）到着しないうちに、景公の夢に、病気が二人の子供となって、「（ここに来る）彼は名医だ。❺我々を傷つける（＝退治してしまう）ことが心配だ。❻どこに逃げようか。」と言った。❼そのうちの一人が、「肓（＝横隔膜の上の部分）の上、膏（＝心臓の下の部分）の下にいれば、我々をどうしようか、いやどうしようもない。」と言った。❽医者がやって来て（病状を診て）、「病気は、治すことができません。❾肓の上、膏の下にあって、これを治療することは不可能です。❿鍼を打っても届かず、薬も利きません。⓫（どうにも）治療することができません。」と言った。⓬景公は、「名医である。」と言った。⓭手厚くこれ（＝診察）の礼をしてこれ（＝医者）を帰らせた。

語句の解説

教16ページ

❷＊「于」＝置き字。対象を表す。

❸**使二医緩一為レ之** 医者の緩にこれを治療させる。

❖使二[A]ヲシテ[B]一（セ）＝[A]に[B]させる。使役を表す。

＊「為」＝ここでは、「をさメ」と読む。

❻❖焉クニカ〜（セン）＝疑問を表す。

❼**若レ我何**（いわれヲかんセン）　我をどうしようか、いやどうしようもない。

❖若レ～何ヲセン　＝～をどうしようか、いやどうしようもない。反語を表す。

①　**「疾不レ可レ為也。」と判断したのはなぜか。**

課題

一　**景公が緩を良医と判断した理由を、説明してみよう。**

解答例　景公は、まだ医者が到着する前に病気が二人の子供となって「肓の上、膏の下にいればどんな名医でも治せない。」と言っている夢を見た。医者の緩がその通りのことを言ったので、名医だと判断した。

語句と表現

一　**「懼ル」（16・2）と同じ読みの字を探し、それぞれの意味の違いを調べてみよう。**

解答例　「懼」＝あやぶみ、おどおどする。「恐」＝こわがる。「畏」＝優れたものに対して敬い従う。「怖」＝おじけづく。

二　**「病膏肓に入る」は、現在どのような意味で使われているか、調べてみよう。**

解答例　膏は心臓の下の部分、肓は横隔膜の上の部分のこと。ここは、薬も鍼も届かないので治療が困難な場所であり、そこに病が入り込んだということから、病気が重くなって治療のしようがないこと。また、趣味や道楽に熱中しすぎて手がつけられなくなることのたとえ。
肓（こう）を盲（もう）と誤って「病膏盲（やまいこうもう）に入る」と使っている場合が多いので注意すること。

答　病気が、鍼を打っても届かず、薬も効かない所にあったから。

❽**不レ可レ為也**（ざルベカラおさムなり）　治すことができない。

❖不レ可レ～（カラ（スル））　＝～できない。不可能を表す。

❿＊「焉」＝置き字。文末に置かれ判断を表す。

句法

一　**書き下し文に直し、太字に注意して、句法のはたらきを書こう。**

1　秦伯**使**ムニ医ノ緩ヲシテ為メレ之ヲ。
（　　　　）（　　　　）

2　**若**レ我ヲ**何**セン。
（　　　　）（　　　　）

答
1　秦伯医の緩をして之を為めしむ。／使役
2　我を若何せん。／反語

杞憂

教科書P. 18~19

【大 意】 教18ページ1行~19ページ2行

杞の国に、天地が崩れ落ちるのではないかと心配して、夜も眠れず、食事ものどを通らない人がいた。そこへ、彼のことを心配した人がやって来て、「天は大気の集まりだから落ちて来ない」と言った。すると、さらに「太陽や月や星は落ちないか」と聞いた。これについても、「大気が輝いているだけだ」と答えた。さらに、「地は崩れないか」と聞いた。「たくさんの土のかたまりだから崩れない」と答えた。心配する人もすっかり気が晴れて、二人して大喜びした。

【書き下し文】

❶杞国に、人の天地崩墜して、身の寄する所亡きを憂へて、寝食を廃する者有り。❷又彼の憂ふる所あるを憂ふる者有り。❸因りて往きて之を暁して曰はく、「天は積気のみ。❹処として気亡きは亡し。❺屈伸呼吸のごときは、終日天中に在りて行止す。❻奈何ぞ崩墜するを憂へんや。」と。❼其の人曰はく、「天果たして積気ならば、日月星宿、当に墜つべからざるか。」と。❽之を暁す者曰はく、「日月星宿も、亦積気中の光耀有る者なり。❾只使ひ墜つるも、亦中傷する所有る能はず。」と。❿其の人曰はく、「地の壊るるを奈何せん。」と。⓫暁す者曰はく、「地は積塊のみ。⓬四虚に充塞し、処として塊亡きは亡し。⓭躇歩跐蹈のごときは、終日地上に在りて行止す。⓮奈何ぞ其の壊るるを憂へんや。」と。⓯其の人舎然として大いに喜

【現代語訳】

❶杞の国に、天地が崩れ落ちて、身の置き所がなくなるのを心配して、寝ることも食べることもできないでいる者がいた。❷さらに彼が心配していることがあるのを心配する人がいた。❸そこで出かけていって彼が納得できるように言い聞かせて言った、「天は大気の集まりにすぎない。❹どこであろうと大気のない所はない。❺(人が)体をかがめたり伸ばしたり息を吸ったり吐いたりするようなことは、一日中天の中で行動していることなのだ。❻どうして天が崩れ落ちることを心配する必要があろうか、いや必要ない。」と。❼(さらに、)その(心配する)人が、「天が本当に大気が集まってできたものならば、太陽・月・星座は落ちてくるのではないか。」と言った。❽教え諭す人は、「太陽・月・星座も、また大気が集まってできたものの中で光り輝いているものである。❾たとえ落ちてきたとしても、また(それに)当たってけがをすることはできない。」と言った。❿その(心配する)人が言った、「地が崩れるのをどうすればよいか。」と。⓫教え諭す人は、「大地はたくさんの土のかたまりにすぎ

ぶ。⓰之(これ)を暁(さと)す者(もの)も、亦舎然(またせきぜん)として大(おお)いに喜(よろこ)ぶ。

（列子）

ない。⓬(土は)四方の空間にぎっしり詰まっていて、どこであろうと土のかたまりのない所はない。⓭地を踏みしめて歩くようなことは、一日中地上で行動していることなのだ。⓮どうしてその地が崩れるのを心配する必要があろうか、いや必要ない。⓯その(心配していた)人は疑いが消えて、心が晴れ晴れとした様子で大いに喜んだ。⓰教え諭す人もまた、疑いが消えて、心が晴れ晴れとした様子で大いに喜んだ。

語句の解説

教18ページ

❶**崩墜**(ほうつい)　崩れ落ちる。

❶＊「亡」＝ここでは、「なキヲ」と読む。〜がない。「無」と同じ。

❶**寝食**(しんしょく)　寝ることと食べること。

❷**有下憂二彼之所一レ憂者上**(ありうれフルかれのところアルヲうれフルもの)　彼(＝心配する人)に心配ごとがあるのを心配する者がいた。

❸＊「因」＝ここでは、「よリテ」と読む。そこで。

❸❖〜耳＝限定を表す。「而已」と同じ。〜だけだ。

❹**亡二処亡一レ気**(なシところトシテなキハき)　どんな所にも大気のない所はない。

「亡…亡〜」＝二重否定。「…トシテ〜なキハなシ」と読む。どんな…でも〜しないものはない。

❺＊「若」＝ここでは、「ごとキハ」と読む。

❺**屈伸**(くっしん)　体を屈めたり、伸ばしたりすること。

❺**天中**(てんちゅう)　天の中心。

❻❖奈何(ゾ)〜乎(セン)＝反語を表す。どうしてか、〜いや〜ない。

❼**果**(はタシテ)　思った通り。本当に。

❼**日月**(じつげつ)　太陽や月。

❼＊「当」＝ここでは、「まさニ〜ベカラ」と読む。再読文字。

❼❖〜邪＝疑問を表す。〜か。

❽＊「亦」＝ここでは、「また」と読む。

❾**只使**(たとヒ)　二字で「たとヒ」と読む。たとえ。仮定を表す。

①　「不レ能レ有レ所二中傷一」とあるが、それはなぜか。

答　太陽や月や星座は大気が集まってできたものだから。

❾❖不レ能レ〜(ハ)(スル)＝不可能を表す。〜できない。

❿❖奈二〜一何(セン)＝疑問を表す。〜をどうすればよいか。特に処置や方法に対しての疑問を表す。

⓬**充塞**(じゅうそく)　ぎっしりと詰まっていること。

⓬**亡二処亡一レ塊**(なシところトシテなキハかい)　土のかたまりのない所はない。

「亡…亡〜」は「どんな…でも〜しないものはない」という二重否定。

「塊」＝土のかたまり。

課題

一　「憂(フル)二彼之所(アルヲ)一レ憂(フル)者」(18・2)の二つの「憂」について、それぞれ何を「憂」えているのか、説明してみよう。

解答例　一つ目の「憂」(五文字目)は、杞の国に、天地が崩れ落ちて、身の置き所がなくなるのを心配していることを指す。二つ目の「憂」(一文字目)は、一つ目の「憂」を心配している「彼」のことを心配していることを指す。

二　「其(ノ)人」(18・4)と「暁(ス)レ之(ヲ)者」(18・5)が「大(イニ)喜(ブ)」(19・1)となったのはなぜか、説明してみよう。

解答例　「其人」は「暁之者」に心配していることを質問し続け、「暁之者」はそれに対して論理的に心配することではないと答え続けたことによって、「其人」は心配ごとがなくなり、「暁之者」は「其人」を心配することがなくなったから。

語句と表現

一　「中」(18・6)について、文中と同じ意味でこの字を用いている熟語をあげてみよう。

考え方　ここでは、当たる、当てるという意味で用いられている。

解答例　中毒、命中など。

二　「杞憂」は現在どのような意味で使われているか、調べてみよう。

解答例　必要のない心配を、あれこれとすること。取り越し苦労。

塞翁馬（さいおうガ）

教科書P.20〜21

【大　意】　教20ページ1行〜21ページ2行

とりでの近くに住む、占いの上手な老人の馬が逃げて、他の良馬を連れて戻って来たり、落馬してけがをした息子が、戦争に行けず、命びろいをしたり、福禍の変化を見きわめたり道理の奥深さを予測したりすることはできないのである。

【書き下し文】

❶夫れ禍福の転じて相生ずるは、其の変見え難きなり。❷塞上に近きの人に、術を善くする者有り。❸馬故無くして亡げて胡に入る。❹人皆之を弔す。❺其の父曰はく、「此れ何遽ぞ福と為らざらんや。」と。❻居ること数月、其の馬胡の駿馬

【現代語訳】

❶そもそも禍福(＝禍(わざわ)いと幸福)は交互に生じるが、その変化は見えにくい。❷国境のとりで付近に住む老人で、占いの上手な人がいた。❸(その人の)馬が理由もなく逃げて胡に行ってしまった。❹人々は皆老人を慰めた。❺(しかし)その老人が言うには、「このことがどうして福とならないことがあろうか、いやきっと福となるこ

を将ゐて帰る。❼人皆之を賀す。❽其の父曰はく、「此れ何遽ぞ禍と為る能はざらんや。」と。❾家良馬に富む。❿其の子騎を好み、堕ちて其の髀を折る。⓫人皆之を弔す。⓬其の父曰はく、「此れ何遽ぞ福と為らざらんや。」と。⓭居ること一年、胡人大いに塞に入る。⓮丁壮なる者、弦を引きて戦ひ、塞に近きの人、死者十に九なり。⓯此れ独り跛の故を以て、父子相保てり。⓰故に福の禍と為り、禍の福と為るは、化極むべからず、深測るべからざるなり。

（淮南子）

とだろう。」と。❻そのまま数か月たって、その（逃げた）馬が、胡の足の速いすぐれた馬を連れて帰ってきた。❼人々は皆このことを祝福した。❽（すると）その老人が言うには、「このことがどうして禍いとならないことがあろうか、いやきっと禍いとなる（ことだろう）。」と。❾（さて、老人の）家では、りっぱな馬がたくさん生まれた。❿その息子は乗馬を好み、（ある時）落馬して太ももの骨を折ってしまった。⓫人々は皆このことを慰めた。⓬（しかし）その老人が言うには、「このことがどうして福とならないことがあろうか、いやきっと福となる（ことだろう）。」と。⓭そのまま一年たって、北方民族が大挙してとりでに攻め込んできた。⓮（とりでの中の）成年に達した男性たちは、弓のつるを引いて戦い、とりでの近くの人で、戦死した者は十人のうち九人にのぼった。⓯（しかし）ただこれ（＝この息子）だけは片足が不自由であったために、親も子も互いに無事であった。⓰そういうわけで福が禍となったり、禍が福となったりするという変化は見きわめることができないし、（ものごとの）道理の奥深さは予測することができないのである。

語句の解説

教20ページ

❶＊「夫」＝ここでは、「そレ」と読む。
❶＊「相」＝ここでは、「あひ」と読む。
❶**変**　変化。ここでは、禍が福となり福が禍となること。
❷**善**　上手にする。たくみに行う。
❸**無レ故**　特別な理由もないのに。
❸＊「亡」＝ここでは、「にゲテ」と読む。逃げ出す。
❺**此**　このことが。ここでは、馬が逃げてしまったことを指す。
❺❖**何遽〜乎**＝反語を表す。どうして〜か、いや〜ない。
「何遽」＝二字で「なんゾ」と読む。「何ぞ」と同じ。
❻＊「将」＝ここでは、「ひきヰテ」と読む。連れて。
❻**駿馬**　足の速いすぐれた馬。
❼**賀**　お祝いの言葉を言う。
❽**不レ能**　不可能を表す。〜できない。

❽**禍**（か）　わざわい。
❾**良馬**（りょうば）　りっぱな馬。
❿**子**（こ）　息子。
❿**騎**（き）　馬に乗ること。乗馬。
⓭**居一年**（おルコトいちねん）　そのまま一年たって。
⓭**胡人**（こひと）　北方民族の人。
⓭**入レ塞**（いルさいニ）　とりでに攻め込む。
⓮**引レ弦**（ひキテつるヲ）　弓を引く。「弦」は、弓のつる。

① **「死者十九」とはどういうことか。**

答　戦死した者が十人のうち九人に及んだということ。

⓯❖**独**（リ）　～＝限定を表す。ただ～だけだ。
⓯**以二跛之故一**（もっテはきのゆえヲ）　片足が不自由であったために。「以～故」は、～の理由によって、という意味。

教21ページ
⓰**化**（か）　ものごとの変化の微妙さ。
⓰❖**不レ可レ～**（カラ（ス））　＝不可能を表す。～できない。
⓰**深**（しん）　ものごとの道理の奥深さ。
⓰**測**（はかル）　人間の知恵で予測する。

課題

一　**「善レ（クスル）術（ヲ）者」（20・2）の身に起こったできごとについて順を追って整理し、それぞれ「禍」と「福」とに分けてみよう。**

解答例　①馬が理由もなく逃げてしまったこと。…「禍」
②逃げた馬が、胡の足の速い良馬を連れて帰ってきたこと。…「福」
③息子が落馬して太ももの骨を折ってしまったこと。…「禍」
④足の不自由なことによって戦乱の中でも息子が助かり、親子共に無事だったこと。…「福」

二　**「化」（21・1）と「深」（21・1）はそれぞれ本文中でどのような意味で使われているか、説明してみよう。**

解答例　「化」…ものごとの変化の微妙さ。
「深」…ものごとの道理の奥深さ。

語句と表現

一　**「亡」（20・2）について、本文中と同じ意味でこの字を用いている熟語をあげてみよう。**

考え方　ここでは、逃げ出すという意味で用いられている。

解答例　亡命、逃亡など。

二　**「塞翁が馬」は、現在どのような意味で使われているか、調べてみよう。**

解答例　人生の禍福は転々として予測しがたいこと。

呉越同舟

教科書P.22～23

【大　意】　1　教22ページ1～3行

率然という蛇は体の一部をたたくと他の部分が助けにやってくる。兵士を上手に使う者は、この蛇のようなものである。

【書き下し文】

❶善く兵を用ゐる者は、譬へば率然のごとし。❷率然は、常山の蛇なり。❸其の首を撃たば則ち尾至り、其の尾を撃たば則ち首至り、其の中を撃たば則ち首尾倶に至る。

【現代語訳】

❶巧みに兵士を使う者は、たとえて言えば、率然（という蛇）のようなものである。❷率然というのは、常山にいる蛇のことである。❸その頭をたたくと尾が助けにくるし、その尾をたたくと頭が助けにくるし、その腹をたたくと頭と尾とが一緒にかかってくる。

語句の解説 1

教22ページ

❶善　巧みに。

❶用兵者　兵士を使う者。兵士の集団である軍を指揮する者。

❶＊「如」＝ここでは、「ごとシ」と読む。比況の意を表す。

❷＊「者」＝ここでは、「は」と読む。主語を表す。

❸＊「則」＝ここでは、「すなはチ」と読む。～ならば。～すると。前と後とをさまざまな関係で接続する語で、ここでは条件を表す。

❸倶　一緒に。

【大　意】　2　教22ページ4～6行

軍隊を蛇のようにさせることは可能である。それはちょうど敵どうしが同じ舟に乗り合わせながらも、大風による舟の転覆という危険が迫れば一致協力するのと同じようなことなのである。

【書き下し文】

❶敢へて問ふ、「兵は率然のごとくならしむべきか。」と。❷曰はく、「可なり。❸夫れ呉人と越人とは相悪むなり。❹其の舟を同じくして済るに当たりて風に遇へば其の相救ふや、左右の手のごとし。」と。

（孫子）

【現代語訳】

❶あえて問う、「軍隊は率然のようにさせることができるか。」と尋ねた。❷（孫子は、）「できる。❸そもそも呉国の人と越国の人とは互いに憎み合う仲である。❹（しかし）それ（＝両国の人）が同じ舟に乗って川を渡るとき、大風に遭ったならば、それ（両国の人）が互いに助け合うのは、ちょうど左手と右手の関係のようなものであ

語句の解説 2

教22ページ

❶**可レ使レ如二率然一乎**（ベキしムごとクナラそつぜんノか） 率然のようにさせることができるか。

＊「可」＝ここでは、「ベキ」と読む。動詞の前に置いて、さまざまな意を表す助動詞。ここでは可能の意を表す。

❖使二〜一（セ）ム＝使役を表す。〜させる。

① 「使レ如二率然一」とは、どのようなことか。

答 互いに協力して助け合うこと。

課題

一 「率然」（22・1）の話と、「呉人」（22・4）・「越人」（22・4）の話との共通点を説明してみよう。

解答例 「呉人」と「越人」の話は、舟の転覆を阻止し助かることがお互いの利益であり、利益が一致すれば敵どうしであっても、同じ目的のために協力すること。この点が、一部をたたかれると他の

学びを広げる 故事をたずねる

教科書P.23〜24

現代の文章で使われている故事成語を探し、その言葉の由来を調べて発表してみよう。

考え方 書籍、新聞などの文章の中で用いられている故事成語を探し、その意味や由来について調べて発表する。

…る。」と言った。

❸＊「夫」＝ここでは、「そレ」と読む。そもそも。

❸＊「与」＝ここでは、「とハ」と読む。並列の関係を表す。

❸＊「悪」＝ここでは、「にくム」と読む。嫌がる。嫌う。嫉妬する。

❹＊「当」＝ここでは、「あタリテ」と読む。〜するときに。

❹**而** ここでは、順接の接続詞。直前の語に「テ・シテ」をつけ、「而」は置き字として読まない。

❹**相救**（あいすくフ） 互いに助け合う。「相」は、ここでは、互いに、の意。

❹＊「也」＝ここでは、「や」と読む。〜こそは。強調の語気を表す。

部分が助けに来る「率然」と共通している。

語句と表現

一 「呉越同舟」は現在どのような意味で使われているか、調べてみよう。

解答例 仲の悪い者どうしが、同じ場所に居合わせるという意味。

解答例 「圧巻」…**意味** 物語や劇などで、最も優れている部分。

由来 中国の官吏登用試験において、最も優秀な者の答案を、一番上にのせたことからできた。

二　漢詩　近体詩

●「近体詩」とは

中国の唐の時代(六一八～九〇七)、文学は大いに栄えた。多くの詩人が生まれ、詩の形式もこの時代に確立した。この唐の時代に確立した詩形を「近体詩」という。(「近体詩」以外の詩形のものを「古体詩」といい、教科書の第二部で学習する。)また、唐代に作られた詩を特に「唐詩」という。

教科書に取り上げられているのはいずれも有名な詩で、多く人口に膾炙(かいしゃ)したものである。それらを学習するにあたって、「近体詩」の決まりごとを、ここでもう一度おさえておきたい。

●詩形

近体詩の詩形には、次のようなものがある。

近体詩
- 絶句(四句構成)
  - 五言絶句(一句が五字のもの)
  - 七言絶句(一句が七字のもの)
- 律詩(八句構成)
  - 五言律詩(一句が五字のもの)
  - 七言律詩(一句が七字のもの)
- 排律(長律)(十句以上の偶数句)

*排律は、律詩の対句部分に、さらに対句を重ねたもの。つまり、首聯(しゅれん)と尾聯(びれん)以外の全ての聯が対句となる。律詩に二対(四句)重ねた五言十二句のものが多い。

●押韻

漢詩の韻は、たとえば「鹿柴」の「響(キョウ)」「上(ジョウ)」のように、漢字の末尾の音と同じ音を用いて押韻するのが普通である。また、「近体詩」の押韻は、一つの詩の中では同じ音でなければならない(「一韻到底」)という決まりがある。

五言絶句＝第二・四句の句末
七言絶句＝第一・二・四句の句末
五言律詩＝第二・四・六・八句の句末
七言律詩＝第一・二・四・六・八句の句末

*例外として、五言絶句には、第一句に韻を踏むものがあり、七言絶句・七言律詩には、第一句に韻を踏まないものがある。

●対句

五言絶句＝起句・承句を対句にするのが一般的。
七言絶句＝起句・承句を対句にするのが一般的。
五言律詩＝頷聯(がんれん)と頸聯(けいれん)は必ず対句にする。
七言律詩＝頷聯と頸聯は必ず対句にする。

*他の句や聯を対句にしてはいけないという決まりはない。よって、決めつけることがないように注意が必要である。

鹿柴（ろくさい）

王維（おうい）

教科書P.26

● 主題

秋の別荘での閑寂な風景に、安らぎを見いだした心境。

◎五言絶句 韻 響・上

【書き下し文】

○鹿柴（ろくさい）

❶空山（くうざん）人（ひと）を見（み）ず

❷但（た）だ人語（じんご）の響（ひび）きを聞（き）くのみ

❸返景（へんけい）深林（しんりん）に入（い）り

❹復（ま）た照（て）らす青苔（せいたい）の上（うえ）

（唐詩選）

【現代語訳】

○鹿を飼うための囲いのある所

❶ひと気のないひっそりした山には、人の姿が見えない。

❷（いずこからともなく）人の話し声が響いてくるのが聞こえるだけだ。

❸夕日（の赤い光）が、深い林の中に差し込んで、

❹そして濃い緑の苔の上を美しく照らしていることだ。

語句の解説

教26ページ

○**鹿柴（ろくさい）** 鹿を飼うための囲いのある所。

「柴」＝垣根、籬（間垣）、の意。

❶**空山（くうざん）** ひと気のないひっそりした山。

「空」＝ここでは、何もない、ひっそりとしている、の意。

❶**不レ見レ人（ずみひとヲ）** 人の姿を見かけない。

「見」＝自然に目に入ってくる。意識してみる「看」と対照的な語。

❷**但聞（たダきクノミ）** 聞こえるだけだ。

「聞」＝自然に耳に入ってくる。意識してきく「聴」と対照的な語。

❖但〜（ダ〜（スル）ノミ） ＝限定を表す。〜だけだ。

❷**人語（じんご）** 人の話し声。

❷**響（ひびキ）** 静寂の中では、遠くの響きがすぐ間近に聞こえるのである。

❹**復（まタ）** もう一度、の意を表す副詞。ただし、ここでは、そして、というほどの軽い意味でよい。

❹**照青苔上（てラスせいたいノうえ）** 濃い緑の苔の上を照らしている。

「青」＝濃い緑色。信号のグリーンを青というのに同じ。

宿建徳江

孟浩然

教科書P.26

●主題

旅人の愁いを掻き立てる美しい風景。　◎五言絶句　韻　新・人

【書き下し文】

○建徳江に宿る
❶舟を移して煙渚に泊す
❷日暮客愁新たなり
❸野曠くして天は樹より低く
❹江清くして月は人に近し

（唐詩三百首）

【現代語訳】

○建徳江に泊まる
❶舟を動かして夕もやにつつまれた岸辺に舟をつけた。
❷日暮れ時には旅の愁いが改めて湧き起こってくる。
❸野原は広々として天は木々の高さに垂れ下がり、
❹川は澄んで月は人の間近で輝いている。

語句の解説

教26ページ

❶移レ舟　舟を動かして。ここでは岸辺に向かって舟を移動させることをいう。

❶泊　（舟を）岸辺につける。

❷日暮　日暮れ。日暮れ時。

❷客　旅人。

❸野曠　天低レ樹　結句と対句をなしている。

野（名詞）	曠（形容詞）	天（名詞）	低（形容詞）	樹（名詞）
⇔	⇔	⇔	⇔	⇔
江（名詞）	清（形容詞）	月（名詞）	近（形容詞）	人（名詞）

「曠」＝広々としている様子をいう。

「低」＝垂れ下がっていることをいう。結句の「近」と対をなし、本来天上高く存在する空が、あたかも近くまで下りてきているかのように見えることを表現している。

① 「天低レ樹」とは、どのような情景か。

答　空が木々のすぐ上にあるかのような情景。

❹月近レ人　転句の「天」同様、間近に感じられることをいう。なお、川面に月が映って近くに感じられると解釈することもできる。

涼州詞

王之渙

教科書P.27

● **主題**

辺境の地を守る兵士の心情。

◎七言絶句　韻　間・山・関

【書き下し文】

○涼州詞
❶黄河遠く上る白雲の間
❷一片の孤城万仞の山
❸羌笛何ぞ須ゐん楊柳を怨むを
❹春光度らず玉門関

（唐詩選）

【現代語訳】

○涼州のうた
❶黄河の流れが遠く白雲の間にまで続く辺りをさして遡って行く。
❷高い山なみに（抱かれて）ただ一つの城塞がある。
❸羌族の吹く竹笛の音よ。「折楊柳」を怨めしげに奏でる必要があろうか、いやその必要はないのだ。
❹（柳を芽ぶかせる）春の光は玉門関を越えて（、この辺境の地までは）来ないのだから。

語句の解説

教27ページ

○**涼州詞**　玄宗の開元年間に西方から伝えられた歌曲の名。

❶**黄河遠上**　黄河を遠く遡って。

①　「黄河遠上」とはどのような情景か。

答　黄河は長江（揚子江）とともに中国大陸の二大河川の一つである。その流れは遠く雲にとどくかと思うほど長い。その源を求めて遡ってゆけば山々へ入ってゆく。長い道程とはるかなありさまを描く。

❷**万仞山**　高い山。

❸**羌**　中国の西部に住んでいたチベット系種族の名。

❸**何須怨楊柳**　どうして折楊柳を怨めしげに奏でる必要があろうか、いやその必要はない。

❖何ゾ～（セン）＝反語を表す。どうして～か、いや～ない。

＊「須」＝ここでは、「もちヰン」と読む。

❹**不度**　ここまで来ない。度＝渡。

❹**玉門関**　時代によってその位置が異なるが、唐代は甘粛省安西県の東にあり、シルクロードの重要な関所の一つである。ここから西がいわゆる西域であり、出征兵士が故郷をしのぶ場所であった。

春夜

蘇軾

教科書P.27

●主題

春の夜の美しさ。

◎七言絶句　韻　金・陰・沈

【書き下し文】

○春夜

❶春宵一刻値千金

❷花に清香有り月に陰有り

❸歌管楼台声細細

❹鞦韆院落夜沈沈

（蘇軾詩集）

【現代語訳】

○春夜

❶春の宵はほんの短い時間も千金の価値がある。

❷花には清らかな香りがあり、月には陰がある。

❸歌声と笛の音がしていた高い建物は(今は)音はかすかである。

❹(誰も乗っていない)ブランコがある中庭で、夜が更けてゆく。

語句の解説

教27ページ

❶**春宵**　春の夜。「宵」は日没から夜半頃のことを指す。

❶**値千金**　千金の価値がある。春の宵のひとときのすばらしさを表している。「千金」は高価であることを表す。

❷**花 有二清香一**　花には清らかな香りがある。

「清香」＝清い香り。よい香り。

❷**月 有レ陰**　月には陰がある。月がかすんでいるさまを表している。

❸**歌管楼台声細細**　歌声と笛の音がしていた高い建物は(今は)音はかすかである。

「声」＝「歌管」の音。にぎやかであった歌声や笛の音も、今ではあまり聞こえなくなっている様子を表す。

この句は、第四句と対を成している。

❹**鞦韆院落夜沈沈**　ブランコがある中庭で、夜が更けてゆく。この作品に描かれている清明節では、女性や子供がブランコで遊ぶ習慣があるのだが、夜になり、今はブランコに乗る人はおらず、中庭は静まり返っている。その静かな庭に、夜が更けてゆく様子を描いている。

送友人

李白

教科書P.28

● **主題**

遠くに旅に出る友人との惜別の情。

◎五言律詩　韻　城・征・情・鳴

【書き下し文】

○友人を送る

❶青山北郭に横たはり

❷白水東城を遶る

❸此の地一たび別れを為し

❹孤蓬万里に征く

❺浮雲遊子の意

❻落日故人の情

❼手を揮ひて茲より去れば

❽蕭蕭として班馬鳴く

（唐詩選）

【現代語訳】

○友人を送る

❶青々とした山は町の北方に横たわり、

❷川面が輝く川は町の東方をとりまいている。

❸この土地で、いったん君と別れてしまうと、

❹君は風に吹かれて転がり飛ぶ蓬のように、万里のかなたにさすらうことになる。

❺空に浮かんでいる雲は、まさに旅人（＝君）の心である。

❻沈んでいく夕日は、（君と）昔なじみの友人（＝私）の心そのものである。

❼手を振って、ここから旅立とうとすると、

❽別れゆく馬までが、さびしげにいなないている。

語句の解説

教28ページ

❶**青山**　青々とした山。

❶**青山横北郭**　第二句と対句になっている。

青山	横	北郭
⇔	⇔	⇔
白水	遶	東城

❷**遶**　ぐるりと周囲をとりまく。

❸**此地一為別**　律詩の場合、通常は第三句と第四句は対句に

なっているが、この詩ではなっていない。

❶「孤蓬」は、何をたとえているか。

答　ひとりで旅に出る友人。

❹**万里**（ばんり）　きわめて遠い距離。

❹**征**（ゆク）　遠方に行く。

❺**浮雲遊子意**（ふうんゆうしノい）　第六句と対句になっている。

浮雲　遊子　意
⇔　⇔　⇔
落日　故人　情

❻**落日**（らくじつ）　沈んでいく夕日。友人を送るさびしい心の象徴となっている。

❻**故人**（こじん）　昔なじみの人。ここでは李白自身のこと。

❷「遊子」「故人」とは、それぞれどのような人のことか。

答　「遊子」＝旅人。「故人」＝昔なじみの友人。

❼**揮レ手**（ふるヒテてヲ）　別れの手を振って。

❼**自レ茲**（よりここ）　ここから。

＊「自」＝ここでは、「より」と読み、位置を示す前置詞にあたるので、書き下し文では平仮名にする。

❽**蕭蕭**（しょうしょう）　ここでは馬の鳴き声がさびしそうであることをいう。

送僧帰日本

銭起（せんき）

教科書P.29

●**主題**

唐を去り、日本へ帰る僧の旅路をことほぐ思い。

◎五言律詩　韻　行・軽・声・明

【書き下し文】

○僧の日本に帰るを送る

❶上国縁に随ひて住し

❷来途夢行のごとし

❸天に浮かびて滄海遠く

❹世を去りて法舟軽し

【現代語訳】

○僧が日本に帰るのを見送る

❶(我が)唐の仏縁に導かれて住み、

❷中国に来る途上は夢路の中のようであった。

❸舟が水平線に浮かんで青い海のかなた遠くへ進み、

❹塵世(＝唐)を去る僧の乗った舟は軽やかである。

❺水月禅寂に通じ
❻魚龍梵声を聴く
❼惟だ憐れむ一灯の影
❽万里眼中明らかなるを

（唐詩三百首）

❺水に映る清浄な月影は心静かに瞑想する境地に通じ、
❻魚や龍は（僧による）読経の声を聴いている。
❼慕わしく思うだけだ、仏法の灯の光が、
❽きわめて遠い場所（＝日本）まで（僧の）瞳を明るく照らすことを。

語句の解説

教29ページ

❷若㆓夢行㆒　夢路の中のようである。日本から唐に来たときのことを、それがまるで夢であったかのようだと述べている。

＊「若」＝ここでは、「ごとシ」と読む。

❸浮㆑天滄海遠　舟が水平線に浮かんで青い海のかなた遠くへ進む。

「滄海」＝青い海。

この句は、第四句と対句になっている。

浮㆑天　滄海遠
⇔　⇔
去㆑世　法舟軽

❹軽　軽い。僧の乗った舟が軽やかに進む様子を表している。

❺水月通㆓禅寂㆒　水に映る清浄な月影は心静かに瞑想する境地に通じる。

「水月」＝水に映る月影。ここで「月」が描かれていることによって、この作品の場面が夜であることが示される。

この句は、第六句と対句になっている。

水月　通㆓禅寂㆒
⇔　⇔
魚龍　聴㆓梵声㆒

❻魚龍聴㆓梵声㆒　魚や龍は（僧による）読経の声を聴いている。

「魚龍」＝魚や龍。

❼惟憐　慕わしく思うだけである。

❖惟～　＝限定を表す。～だけだ。

「憐」＝ここでは、慕わしく思う、の意味。慕わしく思うという内容については、以下から第八句までに述べられており、倒置になっている。

❽万里眼中明　きわめて遠い場所（＝日本）まで（僧の）瞳を明るく照らすことを。

「眼中」＝僧の瞳を指す。

「明」＝明るく照らす。

参考

在レ唐憶二本郷一

弁正

教科書P.29

●主題

異国（＝唐）における日本への望郷の念。　◎五言絶句　韻　本・端・安

【書き下し文】

○唐に在りて本郷を憶ふ
❶日辺日本を瞻
❷雲裏雲端を望む
❸遠遊遠国に労し
❹長恨長安に苦しむ

（懐風藻）

【現代語訳】

○唐にいて故郷（＝日本）を思う
❶太陽のあたり（＝遠い場所）から日本を望み、
❷雲の中から雲の頂を望む。
❸（日本から）遠くへ遊学に出て遠い国（＝唐）で苦労をし、
❹長い恨み（＝望郷の念）をもって（ここ）長安で苦しんでいる。

語句の解説

教29ページ

❶**日辺瞻二日本一**　太陽のあたり（＝遠い場所）から日本を望む。タイトルにあるように、作者が、唐から遠く離れた日本（＝故郷）を思っている。第二句と対句になっている。

日辺　瞻二日本一
⇔　⇔
雲裏　望二雲端一

❷**雲裏**　雲の中。「雲端」（＝雲の頂）をはるかに望む。第一句と同様、遠い母国を思う気持ちが表される。

❸**遠遊労二遠国一**　（日本から）遠くへ遊学に出て遠い国（＝唐）で苦労をする。

「遠国」＝遠い国。ここでは、唐を指す。

第四句と対句になっている。

遠遊　労二遠国一
⇔　⇔
長恨　苦二長安一

登　高

杜甫

教科書P.30

●主　題

望郷の念と、我が身に対する嘆き。

◎七言律詩　韻　哀・廻・来・台・杯

【書き下し文】

○登高

❶風急に天高くして猿嘯哀し

❷渚清く沙白くして鳥飛び廻る

❸無辺の落木は蕭蕭として下り

❹不尽の長江は滾滾として来たる

❺万里悲秋常に客と作り

❻百年多病独り台に登る

❼艱難苦だ恨む繁霜の鬢

❽潦倒新たに停む濁酒の杯

（唐詩選）

【現代語訳】

○登高

❶（高台に登ると）風は激しく、天は高く、猿の鳴き声が哀しげに聞こえてくる。

❷（見下ろすと、長江の）渚は清く、砂は白く、（その上で）鳥が飛び回っている。

❸見渡す限り広がる木からさらさらと葉が落ち、

❹尽きることのない長江の水は盛んに流れて来る。

❺（故郷から）はるか遠い地でもの悲しい秋が来て、（私は）常に旅人となり、

❻一生病の多い身で独り高台に登る。

❼ひどく恨めしいのは、悩みや苦しみで霜のように白くなった髪である。

❽（私は）年老いてやつれ、うらぶれて、最近やめたばかりだ、濁り酒の杯を飲むことを。

語句の解説

教30ページ

○**登高**　重陽の節句に行われる風習。陰暦の九月九日である重陽の節句は、菊の節句とも呼ばれ、丘や高台の上で、菊の花を浮かべた酒を飲むことで邪気を払った。

❶**風急　天高　猿嘯哀**　（高台に登ると）風は激しく、天は高く、猿の鳴き声が哀しげに聞こえてくる。

「猿嘯」＝猿の鳴き声。漢詩では、旅愁をかき立てるものとして用いられる。

この句は、第二句と対句になっている。

風急　天高　猿嘯哀
⇔　⇔　⇔
渚清　沙白　鳥飛廻

❸**無辺 落木 蕭蕭 下**（むへんノらくぼくハしょうしょうトシテくだり）　見渡す限り広がる木からさらさらと葉が落ちる。

「落木」＝冬枯れの木。

この句は、第四句と対句になっている。

無辺　落木　蕭蕭　下
⇔　⇔　⇔　⇔
不尽　長江　滾滾　来

❺**万里悲秋常 作レ客**（ばんりひしゅうつねニなリかくト）　（故郷から）はるか遠い地でもの悲しい秋が来て、（私は）常に旅人となる。

「客」＝ここでは、旅人の意。

この句は、第六句と対句になっている。

万里　悲秋　常　作レ客
⇔　⇔　⇔　⇔
百年　多病　独　登レ台

① **「作レ客」とあるが、誰が客となったのか。**

答　作者自身。

---

❻**多病**（たびょう）　体が弱く、病気がちであること。

❼**艱難苦 恨 繁霜 鬢**（かんなんはなはダうらムはんそうノびん）　ひどく恨めしいのは、悩みや苦しみで霜のように白くなった髪である。

「艱難」＝困難に遭遇し、苦しみ、悩むこと。

「苦」＝はなはだ。ひどく。ここでは、副詞として用いられている。

「繁霜」＝多くの霜。

「鬢」＝耳のそばの髪の毛。

この句は、第六句と対句になっている。

艱難　苦　恨　繁霜鬢
⇔　⇔　⇔　⇔
潦倒　新　停　濁酒杯

❽**新 停 濁酒 杯**（あらタニとどムだくしゅノ）　最近やめたばかりだ、濁り酒の杯を飲むことを。

「新」＝改めて始めること。

「停」＝やめる。

② **詩の前半と後半とでは、どのような違いがあるか。**

答　詩の前半では、高台から見える景色が詠まれ、作者の心情はそこにはっきりとは表されてはいない。それに対して、後半では、作者の望郷の思いや、病気がちであり、老いてうらぶれてしまった我が身に対する嘆きが、はっきりと表現されている。

遊山西村

陸游

教科書P.31

● 主題

招かれ訪れた山陰の趣ある村での、純朴な心のこもった歓待に喜ぶ心情。

◎七言律詩　韻　渾・豚・村・存・門

【書き下し文】

○山西の村に遊ぶ
❶笑ふ莫かれ農家臘酒の渾れるを
❷豊年客を留むるに鶏豚足る
❸山重水複路無きかと疑ふに
❹柳暗花明又一村
❺簫鼓追随して春社近く
❻衣冠簡朴にして古風存す
❼今より若し閑かに月に乗ずるを許さば
❽杖を拄いて時無く夜門を叩かん

（宋詩選註）

【現代語訳】

○山西の村に遊ぶ
❶農家の年の暮れに作った酒が白く濁っていることを、どうかお笑いくださるな。
❷(去年は)豊年で、お客さまをお引き止めしてもてなす鶏と豚は十分にございます(と村人は言う)。
❸(この村に着くまでは)山が重なり、川が入り組んで、道が尽きてしまうのではと疑ったが、
❹(さらに進むと)柳がしげってほの暗く、花の明るく咲き誇るところに、もう一つ村があった。
❺簫の笛と太鼓の音が(私を)追いかけるように鳴り響いて、春の祭りの日も近づいたようだ。
❻(村人たちの)祭りの衣装は簡素で飾り気がなく、古い風俗を残している。
❼これから先も暇をみては月明かりを頼りに(この村を)訪ねることを許してくださるのならば、
❽杖を突いて、訪れたい時はいつでも夜中に(あなたの家の)門をたたくとしよう。

語句の解説

教31ページ

❶莫レ笑　笑わないでくれ。なお、第一、二句は、村人が作者に言った言葉。

❖莫レ～　＝禁止を表す。「莫」は存在を否定する否定詞。

❶渾　「臘酒」が、濁っていること(濁り酒であること)をいう。

❷留レ客　お客さまを引き止める。

「留」＝ここでは、引き止める、の意。

「客」＝本来いるべき場所にいない人の意から、旅人、の意。

❷足二鶏豚一　鶏や豚(の肉)が十分にある。

「足」＝十分であること。

❸山重水複疑レ無レ路　第四句と対句をなしている。また、この対句のように、時間の流れを追う形で詠まれるものを「流水対」と呼ぶ。

「山重水複」＝一種の互文(＝二つ以上の語句において、互いに内容が通じ合い、互いに補い合って一つの意味をなす)表現。「山水重複」と読みかえてもよい。

「疑無路」＝山また山、川また川の風景のために、道がなくなってそれ以上続いていない(＝行き止まりになっている)かのように見えることをいう。

①　「柳暗花明又一村」とはどのような情景か。

答　柳がしげってほの暗く、花が咲き誇る美しい景色の中に、さらにもう一つ村がある情景。

❺簫鼓追随春社近　第六句と対句をなしている。

「追随」＝後を追いかける。ここでは、笛や太鼓の音が、作者を追いかけるように後から後へと響いてくる様子を表している。

❻衣冠　着物と冠。具体的には、祭りの時に着る正装のことをいう。

❻存　そのままの状態である。古い風俗を残しているということ。

❼従レ今　今から。

＊「従」＝ここでは、「より」と読む。起点を表す前置詞。…から。

❼若許二閑乗一レ月　もし暇をみては月明かりを頼りに訪ねることを許してくださるなら。

＊「若」＝ここでは、「もシ」と読む。

「閑」＝用事がなく、暇な時間のこと。

❽叩レ門　門をたたくとしよう。つまり、訪問しようということ。月明かりの中、杖を突きながらでも再度訪れたいという、作者の村人に対する好意が表現されている。

課題

一　それぞれの詩に表現されている情景や心情について、まとめてみよう。

解答例　鹿柴＝輞川にある作者の別荘の閑静で幽暗な情景が、かすかに聞こえる人の声と、林に差し込む夕日に輝く青苔によって表現されている。

宿建徳江＝舟をつけた建徳江の岸辺の、旅愁を掻き立てずにはおけない美しい情景が表現されている。

涼州詞＝辺境の地を守る兵士が、竹笛の音に故郷をしのんでいる情景。

春夜＝花の香りや月の影、音といった感覚的なことがらを並べて、春の夜の美しい情景が表現されている。

送友人＝遠くへ旅立つ友人との惜別の情を表現している。

送僧帰日本＝故郷へと帰る僧の旅路を、舟の様子や、月明かり、魚や龍といった表現を用いて表している。

登高＝旧暦の九月九日である重陽の節句の日の行事である高い場所に登り酒を飲む風習から、自らが故郷を離れたために孤独に過ごし、さらに多病のために酒も飲むことができない、不安で孤独な様子を表現している。

遊山西村＝招かれ訪ねた山西の村の、美しい風景と古風で素朴な人人の生活に魅せられ、再訪を願う作者。素朴で、束縛のない生活に憧れていた作者の、理想郷を見いだし、そこに遊ぶ喜びが素直に表現されている。

二　好きな詩を選んで暗唱してみよう。また、その詩について鑑賞文を書いてみよう。

考え方　暗唱について＝切れ目に留意して繰り返し音読しよう。五言詩は二字＋三字、七言詩は二字・二字＋三字が基本。

鑑賞文について＝詩の構成や、詠まれている情景・心情をおさえ、自分がどう感じたかをまとめる。

語句と表現

一　それぞれの詩の詩形・押韻（おういん）を調べてみよう。

解答　それぞれの詩の「●主題」に記している。

二　律詩の対句を抜き出し、その構造を説明してみよう。

解答　それぞれの詩の 語句の解説 にて記している。

句法

一　書き下し文に直し、太字に注意して、句法のはたらきを書こう。

1　**但**（ダ）聞（クノミ）ニ人語（ノ）響（キヲ）一　（　　　）（　　　）

2　**何**（ゾ）須（ヰン）怨（ムヲ）ニ楊柳（ヲ）一　（　　　）（　　　）

3　**莫**（カレ）レ笑（フ）　（　　　）（　　　）

4　**若**（シ）許（サバ）ニ閑（カニ）乗（ズルヲ）レ月（ニ）　（　　　）（　　　）

答
1　但だ人語の響きを聞くのみ／限定
2　何ぞ須ゐん楊柳を怨むを／反語
3　笑ふ莫かれ／禁止
4　若し閑かに月に乗ずるを許さば／仮定

学びを広げる　訳詩の試み

教科書P.32～33

語句の解説

教32ページ

7 看二月光一（みるげっこうヲ） 月の光を見つめる。

「看」＝(意識的に)見る。眺める。

8 挙レ頭望二山月一（あゲテこうべヲのぞミさんげつヲ） 結句と対句をなしている。

転句　挙頭　望山月
　　　⇔　　⇔
結句　低頭　思故郷

「山月」＝山の端にかかっている月。

8 低レ頭（たレテこうべヲ） 故郷への思いが堪えられないほどになったことを表す。

教33ページ

5 ネマ 寝間。寝るのに使う部屋。寝室のこと。8行目の「ねま」も同義。

6 ノキバ 軒端。屋根が建物より出ている部分の、端のこと。

6 ザイショ 在所。ここでは、生まれ故郷という意味。

この中から好きな訳を一つ選び、その理由を説明してみよう。

考え方 それぞれの訳詩の特徴を踏まえて、理由を説明するとよい。

解答例 土岐善麿の訳詩…もとの詩を正確に訳しており、漢詩の固い表現が日本語で再現されていて、伝わりやすいから。

井伏鱒二の訳詩…「イイ月アカリ」など、もとの詩にない表現から、明るく軽妙な印象をもったから。

横山悠太の訳詩…すべて七音であり、その上ひらがなで表現されており、やわらかくあたたかい日本語の長所が生きていると感じたから。

近体詩(26～31ページ)の中から一つ選び、このページにある訳を参考に、表現の仕方を工夫して訳してみよう。

考え方 教科書に載っている近体詩の中で、自分が好きな詩や、印象に残った詩を選んで訳してみる。この単元内の訳詩は、先述のとおり、正確に訳されている逐語訳的な訳詩(土岐善麿)、漢字とカタカナを用いたリズミカルで明るい印象の訳詩(井伏鱒二)、七音とひらがなのみで表現された訳詩(横山悠太)という特徴があるので、これらの特徴を踏まえて訳してみるとよい。訳詩ができたら、他の生徒と共有し、それぞれの訳し方のちがいや、考えを話し合ってみよう。

三 史伝

史記

司馬遷

教科書P.36〜51

●『史記』とは

歴史書。正史の第一作。著者は前漢の司馬遷。上古の黄帝・堯・舜から漢の武帝に至る歴史を、「本紀」「表」など五部に分類し、紀伝体で記したもの。その構成は、帝王の盛衰を記した「本紀」十二巻、事件を年表や系譜にまとめた「表」十巻、礼楽・天文・制度などを記した「書」八巻、諸侯の事績や存亡を記した「世家」三十巻、功名を立てた個人の伝記である「列伝」七十巻、全百三十巻の大著である。

『史記』の特色の一つに信憑性の高さがある。これは『書経』『春秋左氏伝』といった先行する歴史書を典拠としていること、実際に実地に赴き自ら史料を求めたことによる。もう一つの特色は、優れた文学性である。教科書に採られた「鴻門之会」「四面楚歌」などを読んでも、その臨場感、人物の心の奥まで入り込んだ表現力は、読む者の心を捉えて離さない。歴史書でありながら、今なお読まれ続けている理由はここにあるのである。

鴻門之会 剣舞

【大 意】 1 教37ページ14行〜38ページ4行

(項伯と面会した)翌朝、沛公は鴻門にいる項王を訪ね陳謝した。項王は沛公のことを密告した者の名をあっさりと告げ、沛公への怒りを収めた。

【書き下し文】

❶沛公旦日百余騎を従へ、来たりて項王に見えんとし、鴻門に至る。❷謝して曰はく、「臣将軍と力を戮せて秦を攻む。❸将軍は河北に戦ひ、臣は河南に戦ふ。❹然れども自ら意は

【現代語訳】

❶沛公は翌朝、百騎余りを従え、やって来て項王にお目にかかろうとして、鴻門に着いた。❷(沛公が項王に)謝罪して言うには、「私は将軍と力を合わせて秦を攻めました。❸将軍は黄河の北で戦い、私は黄河の南で戦いました。❹しかしながら自分では思いもよ

ざりき、能く先に関に入りて秦を破り、復た将軍に此に見ゆるを得んとは。❺今者小人の言有り、将軍をして臣と郤有らしむ。」と。❻項王曰はく、「此れ沛公の左司馬曹無傷之を言へり。❼然らずんば、籍何を以てか此に至らん。」と。

語句の解説 1

教37ページ

❶**見項王** 項王にお目にかかろうとして。
＊「見」＝身分の高い人と会う場合は「まみユ」と読む。

❷**謝** 謝罪して。函谷関を封鎖して項王の怒りを招いたことを謝罪したのである。

❷**臣** 私。へりくだっていう場合の一人称代名詞。

❷＊「与」＝ここでは、「と」と読む。

❷**将軍** 項王のこと。

❷**而** 順接の接続詞。ここは置き字で、上の字に「テ」を送っている。

❸**河北** 黄河の北。後の「河南」は、黄河の南。

教38ページ

❹＊「然」＝ここでは、「しかレドモ」と読む。逆接の接続詞で、順接の場合は「しかシテ」などと読む。

❹**不自意** 自分では思いもよらなかった。以下の文と倒置になっている。

りませんでした、（私が）先に関中に入って秦を破ることができて、再び将軍にここでお目にかかれようとは。❺（ところが）今、つまらない者の告げ口があって、将軍に私と仲たがいをさせようとしているのです。」と。❻項王が言うには、「これ（＝告げ口）は沛公の左司馬曹無傷が言ったことだ。❼そうでなければ、この私がどうしてこんな（＝沛公を攻撃する）ことをしよう（とするだろう）か、いや、決してしない。」と。

❹**能先入関破秦** 先に関中に入って秦を破ることができて。
＊「能」＝ここでは、「よク」と読む。「能クA（ス）」で、「Aできる。」という可能の意を表す。
「関」＝関中のことで、秦の本拠地。

❹**復** 再び。同じ主語による繰り返しの場合に用いる副詞。

❺**今者** 今。
＊「者」＝時を表す語に添えられる助字。

❺**小人之言** つまらない者の告げ口。沛公が関中の王になろうとしている、という曹無傷の密告を指す。

❺**令将軍与臣有郤** 将軍に私と仲たがいをさせようとする。
❖令AB ＝使役を表す。AにBさせる。
「郤」＝仲たがい。もとは「隙間」の意。

❼**不然** そう（＝曹無傷が言ったの）でなければ。
❖不然 ＝仮定を表す。

❼**籍** 項王の本名。羽は字（成人後の別名）。自分を本名で呼ぶのは相手に対する親しみを表す。ここでは沛公への怒りが収まったこ

とを示している。

❼何以至レ此　どうしてこのようなことをしようか、いや、決してしない。

❖何以～＝反語を表す。どうして～か、いや～ない。

【大　意】 2　教38ページ5行～39ページ2行

和解の酒宴が開かれる中、項王の参謀范増は沛公を殺すよう項王に合図するが、項王は応じない。范増は項荘を呼び、剣舞に事寄せて沛公を殺すよう命じるが、それと察した項伯が身をもって沛公をかばったため失敗する。

【書き下し文】

❶項王即日因りて沛公を留めて与に飲す。❷項王・項伯は東嚮して坐し、亜父は南嚮して坐す。❸亜父とは、范増なり。❹沛公は北嚮して坐し、張良は西嚮して侍す。❺范増数項王に目し、佩ぶる所の玉玦を挙げて、以て之に示す者三たびす。❻項王黙然として応ぜず。❼范増起ちて出で、項荘を召して謂ひて曰はく、「君王人と為り忍びず。❽若入り前みて寿を為せ。❾寿畢はらば、剣を以て舞はんことを請ひ、因りて沛公を坐に撃ちて之を殺せ。❿不者んば、若が属皆且に虜とする所と為らんとす。」と。⓫荘則ち入りて寿を為す。⓬寿畢はりて曰はく、「君王沛公と飲す。⓭軍中以て楽を為す無し。⓮請ふ剣を以て舞はん。」と。⓯項王曰はく、「諾。」と。⓰項荘剣を抜きて起ちて舞ふ。⓱項伯も亦剣を抜きて起ちて舞ひ、常

答 ❶「此」とは何を指すか。

沛公を攻撃すること。

【現代語訳】

❶項王はその日（和解したことによって）、沛公を引き留めて（酒宴を開き）一緒に飲んだ。❷項王・項伯は東に向いて座り、亜父は南に向いて座った。❸亜父とは、范増のことである。❹沛公は北に向いて座り、張良は西に向いて（座り沛公のそばに）控えた。❺范増はたびたび項王に目配せをし、腰に下げている玉玦を持ち上げて、これ（＝項王）に三度も（沛公を殺す決断をせよと）示した。❻（しかし）項王は黙ったまま応じなかった。❼范増は立ち上がって（幕の外に）出て、項荘を呼びよせ向かって言うには、「わが君は人柄として（沛公を殺すような）残酷なことができない。❽おまえは（宴席に）入って（沛公の）前へ進み出て酒杯をささげて健康を祈れ。❾献杯が終わったら、剣舞を舞うことを願い出て、それに乗じて沛公をその場で撃って殺せ。❿そうでなければ、おまえの一族は、今に皆（沛公によって）捕虜にされてしまうであろう。」と。⓫項荘はそこで（宴席に）入って（沛公に）酒杯をささげて健康を祈った。⓬それが終わって言うには、「わが君が（酒宴を催し）沛公とともに飲んでおられます。⓭（ところが）軍中とて音楽を演奏するすべもございません。⓮

に身を以(もっ)て沛公(はいこう)を翼蔽(よくへい)す。⑱荘(そう)撃(う)つことを得(え)ず。

（余興に）剣で舞をさせてください。」と。⑮項王が言うには、「よろしい。」と。⑯（そこで）項荘は剣を抜き、立ち上がって舞った。⑰項伯もまた剣を抜いて立って舞い、常に身をもって親鳥が翼でわが子を覆い隠すように、沛公をかばい守った。⑱（そのため）項荘は（沛公を）撃つことができなかった。

語句の解説 2

教38ページ

❶**即日(そくじつ)**　その日。何か事があったその日。

❶*「因」＝ここでは、「よリテ」と読む。「基づいて」「よって」という意味を表す。

❶**与(ともニ)飲(いんス)**　一緒に飲む。和解のしるしに宴席を設けたのである。

*「与」＝ここでは、「ともニ」と読む副詞。

② **会見の場における項王以下の位置関係は、どのようになっているか。**

答　項王・項伯＝西側の席に、東向きに座る。
范増＝北側の席に、南向きに座る。
沛公＝南側の席に、北向きに座る。
張良＝東側の席に、西向きに座る。

❷**東嚮(とうきょうシテ)**　「天子は南面す」というが、臣下などと酒宴をする場では、東向きの座が最上席となり、南向きの座がこれに次ぐ。謝罪に来た沛公は、最下席の北向きの座についている。

❸**亜父(あほ) 者(は)、范増(はんぞう)也(なり)**　亜父とは、范増のことである。

「A者B也」＝AはBである。強調構文。

*「者」＝ここでは、「は」と読み、主語を提示する意。

❹**侍(じス)**　貴人のそばに控える。

❺**数(しばしば)**　たびたび。何度も。

❺**所(ところノ)レ佩(おブル) 玉玦(ぎょくけつヲ)**　腰につけている玉玦を。古代、高貴な人は腰に飾り玉を下げていた。

「所＋動詞」＝連体修飾語となる。…している。…する。

❺**以(もっテ)**　それで。順接の接続詞。強いて訳さなくともよい。

❺**示(しめス)レ之(これニ) 者(こと)三(み タビス)**　これに示すこと三度に及んだ。「之」は項王を指す。

*「者」＝下に数字がくる場合「こと」と読み、動作の回数を示す。

❻**項王黙然(こうおうもくぜんトシテ) 不(ず)レ応(おうぜ)**　范増の合図を無視したということ。項王は前夜、「沛公を討つべきでない」という項伯の言葉を聞き入れている。その約束を守るためと、謝罪する沛公を討つに忍びない心が動いたのであろう。

❼**謂(いヒテ) 曰(いハク)**　向かって言うには。

「謂」＝人に向かって話す。

「曰」＝発言内容を引用するときに用いられる。

❼**君王(くんおう)**　項王のこと。

❼**為(な)レ人(りひとトなリ) 不(ず)レ忍(しのビ)**　人柄として残酷なことができない。

「為レ人」＝人柄。生まれつきの性質。

❽＊「若」＝ここでは、「なんぢ」と読む。二人称代名詞。

❾**請二以レ剣舞一**　剣舞を舞うことを願い出て。

「請レ[A]」＝[A]することを願う。願望を表す。

❿**不者**　そうでなければ。沛公を殺さなければ、ということ。

❖不者＝仮定を表す。そうでなければ。「不レ然」と同じ。

❿**皆且レ為レ所レ虜**　今にも皆捕虜にされようとする。

＊「且」＝ここでは、「まさニ…す」と読む。再読文字。「将」と同じ。

❖為レ所レ〜＝受身を表す。〜される。

⓫＊「則」＝ここでは、「すなはチ」と読む。

⓭**無二以為レ楽**　音楽を演奏するすべもない。

Q　**沛公の発言から、どのような意図が読み取れるか、話し合ってみよう。**

考え方　沛公は項王の怒りを買ったことを謝罪し、「臣」「将軍」などという言い回しなどから、敵対する意思がないことを示している。

解答例　項王の怒りを鎮め、許しを得ようとする意図。

Q　**范増と項王の心情はそれぞれどのようなものか、説明してみよう。**

考え方　范増は、項王は天下に覇を唱えるためには沛公を排除すべきだと考え、宴会での沛公暗殺を項王に迫るが、項王は范増の暗殺の合図を三度に渡って無視したことから考える。

「為レ楽」＝音楽を演奏する。

「無二以[A]一」＝[A]するすべがない。「以」は、ここでは、手段、すべ、の意。

⓮**請以レ剣舞**　剣舞をさせてください。

❖請〜＝願望を表す。〜させてください。

⓯**諾**　よし。承諾した。

教39ページ

⓱＊「亦」＝ここでは、「また」と読む。別の主語が同じことを繰り返す場合に用いる副詞。

⓲**不レ得レ撃**　撃つことができない。

❖不レ得レ〜＝不可能を表す。機会がなくてできない。

解答例　范増＝項王の参謀として、沛公は暗殺すべきだ。項王＝沛公との約束を守りたい。

句法

一　**書き下し文に直し、太字に注意して、句法のはたらきを書こう。**

1　**令**二将軍与レ臣有一レ郤。
（　　　　　　）（　　）

答　1　将軍をして臣と郤有らしむ。／使役

鴻門之会 壮士樊噲

【大意】 教40ページ1行～41ページ10行

張良から事態の急を聞いた樊噲は、衛士を倒して宴席に入り、大杯の酒を飲み干し、生の豚肉をむさぼり食い、豪勇ぶりを見せつける。そして沛公の軍事行動に逆心のないことを理路整然と弁明し、つまらぬ者の言葉を聞いて功績ある者を誅殺するのは滅んだ秦の二の舞になると論じた。その言葉に項王は一言もない。しばらくして沛公は樊噲と中座した。

【書き下し文】

❶是に於いて張良軍門に至り、樊噲を見る。❷樊噲曰はく、「今日の事何如。」と。❸良曰はく、「甚だ急なり。❹今者項荘剣を抜きて舞ふ。❺其の意常に沛公に在るなり。」と。❻噲曰はく、「此れ迫れり。❼臣請ふ、入りて之と命を同じくせん。」と。❽噲即ち剣を帯び盾を擁して軍門に入る。❾交戟の衛士、止めて内れざらんと欲す。❿樊噲其の盾を側てて、以て衛士を撞きて地に仆す。⓫噲遂に入り、帷を披きて西嚮して立ち、目を瞋らして項王を視る。⓬頭髪上指し、目眦尽く裂く。⓭項王剣を按じて跽きて曰はく、「客何為る者ぞ。」と。⓮張良曰はく、「沛公の参乗樊噲といふ者なり。」と。⓯項王曰はく、「壮士なり。⓰之に卮酒を賜へ。」と。⓱則ち斗卮酒を与ふ。⓲噲拝謝して起ち、立ちながらにして之を飲む。⓳項王曰はく、「之に彘肩を賜へ。」と。⓴則ち一の生彘肩を与ふ。㉑樊

【現代語訳】

❶そこで張良は軍営の門まで行き、樊噲と会った。❷樊噲が言うには、「今日のこと(＝会見の様子)はいかがであろうか。」と。❸張良が言うには、「非常に急迫している。❹今項荘が剣を抜いて舞っている。❺その(＝項荘の)意図は常に沛公(を殺すこと)にあるのだ。」と。❻樊噲が言うには、「これは緊急事態である。❼私は(宴席の)中に入って彼(＝わが主君)と運命をともにしたい。」と。❽樊噲はただちに剣を腰に着け、盾を抱えて軍営の門に入った。❾(すると)軍営の門の両側に立って、戟を十文字に交差させて守る番兵が、(樊噲を)とどめて入れまいとした。❿樊噲はその盾を傾けて、それで番兵を突いて地面に倒した。⓫樊噲はそのまま(宴席に)入り、幕をかき分けて西に向いて立ち、かっと目を見開いて項王をにらみつけた。⓬頭髪は逆立ち、まなじりはすっかり裂けていた。⓭項王は剣の柄に手をかけて、片膝を立てて身構えて言うには、「おまえはどういう者か。」と。⓮張良が言うには、「沛公の警護のために車に同乗する樊噲という者です。」と。⓯項王が言うには、「勇士である。⓰この者に大杯についだ酒を与えよ。」と。⓱そこで一斗入りの大杯についだ酒を与えた。⓲樊噲は(ひざまずいて)謹んでお礼を

噲其の盾を地に覆せ、彘肩を上に加へ、剣を抜きて切りて之を啗ふ。㉒項王曰はく、「壮士なり。㉓能く復た飲むか。」と。㉔樊噲曰はく、「臣死すら且つ避けず。㉕卮酒安くんぞ辞するに足らん。㉖夫れ秦王虎狼の心有り。㉗人を殺すこと挙ぐる能はざるがごとく、人を刑すること勝へざるを恐るるがごとし。㉘天下皆之に叛く。㉙懐王諸将と約して曰はく、『先に秦を破りて咸陽に入る者は之に王とせん。』と。㉚今沛公先に秦を破りて咸陽に入り、毫毛も敢へて近づくる所有らず。㉛宮室を封閉し、還りて覇上に軍し、以て大王の来たるを待てり。㉜故らに将を遣はして関を守らしめし者は、他の盗の出入と非常とに備へしなり。㉝労苦して功高きこと此くのごとし。㉞未だ封侯の賞有らず。㉟而るに細説を聴きて、有功の人を誅せんと欲す。㊱此れ亡秦の続のみ。㊲窃かに大王の為に取らざるなり。」と。㊳項王未だ以て応ふる有らず。㊴曰はく、「坐せよ。」と。㊵樊噲良に従ひて坐す。㊶坐すること須臾にして、沛公起ちて廁に如く。㊷因りて樊噲を招きて出づ。

述べて立ち上がり、立ったままでこれを飲んだ。⑲項王が言うには、「この者に豚の肩の肉を与えよ。」と。⑳そこで一かたまりの生の豚の肩の肉を与えた。㉑樊噲はその(手にしていた)盾を地に伏せ、豚の肩の肉をその上に置いて、剣を抜いて切ってこれをむさぼり食った。㉒項王が言うには、「勇士だ。㉓もっと飲めるか。」と。㉔樊噲が言うには、「私は死ぬことでさえも避けません。㉕まして大杯の酒などなおさら辞退などしません。㉖そもそも秦王は虎や狼の(ような残忍で貪欲な)心をもっていました。㉗人を殺すことは数えきれないほど(多く)、人を処刑することは(処刑)しきれないのを恐れるほどです。㉘(だから)天下の人々は皆これ(=秦)にそむきました。㉙懐王が将軍たちと約束して言うには、『先に秦を破り、咸陽に入った者はその地の王としよう。』と。㉚今沛公は先に秦を破って咸陽に入り、ほんの少しのものも決して近づける(=自分のものにする)ことはありませんでした。㉛宮殿を封鎖し、引き返して覇上に陣を置き、そうして大王の来られるのを待っていました。㉜わざわざ将兵を派遣して函谷関を守らせたのは、他の(土地からの)盗賊の出入りと、非常事態とに備えたのです。㉝大変苦労して功績の高いことはこのようでございます。㉞(それなのに)まだ領地を与えて諸侯に取り立てるという恩賞もございません。㉟ところが(大王は)つまらない人が言う言葉を聞いて、功ある人(=沛公)の罪を責めて殺そうとしています。㊱これでは、亡んだ秦の二の舞になるだけです。㊲私個人の意見としては、大王のために取らない(=賛成しない)のです。」と。㊳項王はまだ何とも返答をしない。㊴(項王は)「(まあ)座れ。」と言った。㊵樊噲は張良に従って座った。㊶少しの間座って

いると、沛公は立ち上がって便所へ行った。㊷その折に樊噲を手招きして（一緒に外へ）出た。

語句の解説

教40ページ

❶＊「於是」＝「ここニおイテ」と読む。

❷**今日之事何如**　今日のことはいかがであろうか。

❖何如＝疑問を表す。どうだろうか。「何若」と同じく状態・程度・是非を問う。なお、「何」が下にくる「如何」「若何」「奈何」は手段・方法を問う疑問詞。反語を表す場合もある。

❸**甚急**　非常に切迫している。

「急」＝差し迫っている。切迫している。急迫している。

❺**其意**　その意図。そのねらい。項荘の意図のこと。

❻**此迫矣**　これは緊急事態だ。「此」は宴席の事態。項荘が剣舞を舞って沛公を殺そうとねらっていること。

＊「矣」＝置き字。断定を表す。

❼**臣請**　願望を表す。私に…させてほしい。私は…したい。「臣」は樊噲のこと。

❼**入、与レ之同レ命**　「之」は、沛公のこと。（宴席に）入って沛公と運命をともにしたい。樊噲の沛公に対する忠誠心の表れ。

「同レ命」＝生死をともにする。

問3　**「与レ之同レ命」とはどういうことか。**

答　沛公と運命をともにしたいということ。

❽**即帯レ剣擁レ盾**　ただちに剣を腰に着け、盾を抱えて。戦う意志の表示である。

＊「即」＝ここでは、「すなはチ」と読む。

「帯」＝腰に着ける。身につける。

「擁」は、抱きかかえる。

❾**欲二止不一レ内**　とどめて入れまいとした。

「欲レA」＝願望を表す。Aしようとする。

❿**側**　斜めに構えて。傾け立てて。

⓫**噲遂入**　樊噲はそのまま入り。

「遂」＝そのまま。衛士を突き倒し宴席に突入するまでの行為が連続していることを表す。

⓫**西嚮立**　西に向いて立ち。東嚮して座る項王の真っ正面に立ったということ。

⓫**瞋レ目視二項王一**　目をかっと見開いて項王をにらみつけた。

「瞋」＝怒って目をむく。

「視」＝凝視する。

問4　**「頭髪上指、目眦尽裂。」とは、何を表現した言葉か。**

答　樊噲の激しい怒りや決死の覚悟を表現した言葉。

解説　「頭髪上指」は、怒りのために髪の毛が逆立つ様子。「目眦尽裂」は、目を見開いてまなじりがすっかり裂けている様子。

⑫＊「尽」＝ここでは、「ことごとク」と読む。

⑬**客何為者**　おまえはどういう者か。

「客」＝ここでは、見知らぬ者、の意。

❖何為～＝疑問を表す。どういう～か。～は体言。「何為」は「なんすレゾ」と読み、「どうして」の意で用いることもある。

⑯**賜二之卮酒一**　この者に大杯についだ酒を与えよ。「之」は樊噲のこと。

「賜」＝身分の低い者に与えること。

⑱**拝謝**　謹んでお礼を言って。感謝の拝礼をして。

㉑**啗レ之**　これをむさぼり食った。

「啗」＝勢い盛んに食べる。むさぼり食う。

㉓**能復飲乎**　もっと飲めるか。

「能［A］」＝可能を表す。

「復」＝もっと。重ねて。動作や状態を繰り返す意を表す。

「乎」＝疑問の終尾詞。他に「邪・哉・耶・也・与」なども同じ意。

教41ページ

㉔㉕**死且不レ避。卮酒安足レ辞**　死でさえも避けない。まして大杯の酒などなおさら辞退したりはしない。

❖［A］且［B］。安［C］＝抑揚を表す。「安［C］」はどうして辞退しようか、という反語になっている。

「足」＝十分である。価値がある。

㉖＊「夫」＝ここでは、「そレ」と読む。そもそも。話題の初めや話題の転換に発する語。

答　⑤「虎狼之心」とはどのような心か。

虎や狼のように、残忍で貪欲な心。

㉗**殺レ人如レ不レ能レ挙**　人を殺すことは数えることができないほどであり。人を数えきれないほど殺したということ。

＊「如」＝ここでは、「ごとク」と読む。比況の助動詞。…のようだ。

㉗**如レ恐レ不レ勝**　（処刑）しきれないのを恐れるほどだ。

❖不レ能レ～＝不可能を表す。～（することが）できない。

＊「勝」＝ここでは、「たヘ」と読む。もちこたえる。

㉘**天下皆叛レ之**　「之」は秦のこと。

㉙**王レ之**　「之」は成陽のこと。成陽の王としよう。

㉚**毫毛**　獣の細い毛のことで、ここは、ほんの少し、の意。

㉚**不二敢有レ所レ近**　決して近づけることはない。項王をはばかり尊重して、財宝などに手を付けなかったことを言っている。

❖不二敢～一＝否定を表す。決して（無理に）～（しようとは）しない。

「近」＝自分に近づける、の意で、自分のものにするということ。

㉛**還二軍覇上一**　引き返して覇上に陣を置き。

「還」＝行った所からまた元へ戻る。

「軍」＝駐屯する。陣取る。

㉜＊「故」＝ここでは、「ことさラニ」と読む。わざわざ。故意に。

㉜**遣レ将守レ関者** 将兵を派遣して函谷関を守らせたのは。
「遣レ[A]ヲ[B]（セ）シム」＝使役を表す。
「者」＝ここでは「ものハ」と読んで、…のは、の意。

㉜**他盗出入与二非常一** 他の（土地からの）盗賊の出入りと非常事態と。
＊「与」＝ここでは、「と」と読む。

㉝＊「如レ比」＝ここでは、「かくノごとシ」と読む。

㉞**未レ有二封侯之賞一** まだ領地を与えて諸侯に取り立てるという恩賞がありません。
「未レ[A]」＝再読文字。まだ[A]（し）ない。

㉟＊「而」＝ここでは、「しかルニ」と読む。逆接の接続詞。文頭にある時は訓読する。

㉟**欲レ誅** 誅殺しようとする。
「誅」＝罪を責めて殺す。

⑥ **「有功之人」とは、誰を指すか。**

Q **樊噲の主張の要点を箇条書きにしてまとめてみよう。**

考え方 項王に再度酒を勧められた樊噲が、項王に言った言葉をまとめればよい。

解答例 ・懐王は先に咸陽を攻め落とした者をその地の王にすると約束し、沛公がそれを果たした。

答 沛公を指す。

㊱**此亡秦之続耳** これは亡びた秦の二の舞にほかならない。
❖～耳＝強調を表す。

㊲**窃為二大王一不レ取也** 「大王」は項王のこと。「不レ取」＝（よしとして）取らない。つまり、賛成しない、ということ。

㊳**未レ有二以応一** まだ何とも返答をしない。項王は、樊噲の堂々とした弁明に圧倒され、反論できなかったのである。
＊「応」＝ここでは、「こたフル」と読む。

㊶**須臾** 少しの間。ほんのしばらく。

㊶**如レ廁** 便所に行く。
＊「如」＝ここでは、「ゆク」と読む。動詞で、行き至る、赴く、という の意。

㊷**因** そのついでに。その折に。沛公が便所に行く折に、ということ。

・そして財宝に手を付けることなく警戒を厳重にして大王（＝項王）が来るのを待った。
・しかし、大王はその功績にいまだ恩賞も与えず、沛公を殺そうとしている。
・これでは滅んだ秦の二の舞になるだけである。

鴻門之会　沛公脱出

【大　意】 1　教42ページ1行～43ページ1行

宴席を出た沛公は、挨拶をせず去ることをためらうが、樊噲の言に従い、張良に後事を託して、樊噲ら四人の側近とともに間道を通って自軍に帰った。

【書き下し文】

❶沛公已に出づ。❷項王都尉陳平をして沛公を召さしむ。❸沛公曰はく、「今者出づるに未だ辞せざるなり。❹之を為すこと奈何。」と。❺樊噲曰はく、「大行は細謹を顧みず、大礼は小譲を辞せず。❻如今人は方に刀俎たり、我は魚肉たり。❼何ぞ辞するを為さん。」と。❽是に於いて遂に去る。❾乃ち張良をして留まりて謝せしむ。❿良問ひて曰はく、「大王来たるとき、何をか操れる。」と。⓫曰はく、「我白璧一双を持し、項王に献ぜんと欲し、玉斗一双をば、亜父に与へんと欲せしも、其の怒りに会ひて敢へて献ぜざりき。⓬公我が為に之を献ぜよ。」と。⓭張良曰はく、「謹みて諾す。」と。⓮是の時に当たりて、項王の軍は鴻門の下に在り、沛公の軍は覇上に在り。⓯相去ること四十里なり。⓰沛公則ち車騎を置き、身を脱して独り騎し、樊噲・夏侯嬰・靳彊・紀信等四人の剣盾を持して歩走するものと、酈山の下より、芷陽に道して間行す。

【現代語訳】

❶沛公はすでに(宴席から)出てしまった。❷項王は都尉陳平に沛公を呼び戻させようとした。❸沛公が言うには、「今出てくるにあたって、まだ別れの挨拶をしていない。❹これをどうしたらよいだろうか。」と。❺樊噲が言うには、「大事業を成し遂げるには小さな慎みにこだわらず、重大な礼節を全うするには小さな譲り合いなどに取り合いません。❻今相手はちょうど包丁とまな板であり、我々は(まな板の上の)魚や肉です。❼どうして別れの挨拶をすることがありましょうか、いや、(その必要は)ありません。」と。❽そこでそのまま去った。❾そこで(沛公は)張良に(命じて)留まって謝らせることにした。❿張良が(沛公に)尋ねて言うには、「大王は(ここへ)来られる時、何を(土産として)持ってこられましたか。」と。⓫(沛公が)言うには、「私は白璧一対を持参し、(それを)項王に献上しようと思い、玉斗一対を、亜父に与えようと思ったが、その(＝項王らの)怒りにあって、思い切って献上することができなかった。⓬あなたが私のためにこれを献上してくれ。」と。⓭張良が言うには、「謹んでお受けします。」と。⓮ちょうどこの時、項王の軍は鴻門付近にあり、沛公の軍は覇上にあった。⓯互いの距離は四十里である。⓰沛公はそこで兵車と騎兵とを置いて、身一つで抜け出してただ一

⑰沛公張良に謂ひて曰はく、「此の道より吾が軍に至るには、二十里に過ぎざるのみ。⑱我の軍中に至れるを度り、公乃ち入れ。」と。

人馬に乗り、樊噲・夏侯嬰・靳彊・紀信ら四人の、剣と盾を持って（馬に乗らず）徒歩で行く者と、酈山のふもとから、芷陽へと道をとり、抜け道を通って逃げた。⑰（脱出の際に）沛公が張良に向かって言うには、「この道を通ってわが軍に至り着くには、二十里にすぎないのだ。⑱私が軍中に到着する頃合いを見計らって、そなたはそこで（宴席に）入れ。」と。

語句の解説 1

教42ページ

❶＊「已」＝ここでは「すでニ」と読む。すでに…してしまった。

❷**使都尉陳平召沛公** 都尉陳平に沛公を呼び戻させようとした。
「使A B」＝使役を表す。AにBさせる。

❸**未辞也** まだ別れの挨拶をしていない。
「辞」＝別れの挨拶をする。いとまごいをする。

❹**為之奈何** これをどうしたらよいだろうか。「之」は、「辞スルコト（＝別れの挨拶をすること）」を指す。
❖奈何＝疑問を表す。どうしようか。

❺**如今** 今。ただいま。

❻**人方為刀俎、我為魚肉** 「人」は項王側を、「我」は沛公側を指している。
＊「方」＝ここでは「まさニ」と読む。ちょうど。まさに。
＊「為」＝ここでは「たリ」と読む。

❼**何辞為** どうして別れの挨拶をするであろうか、いや、その必要はない。危険を冒してまで別れの挨拶をする必要はない、ということ。

❖何〜（セン）＝反語を表す。どうして〜だろうか、いや〜ない。

❽**遂** そのまま。

❾＊「乃」＝ここでは、「すなはチ」と読み、そこで、の意。

❾**令張良留謝** 張良に（命じて）留まって謝らせた。
「令A B」＝使役を表す。AにBさせる。

❿**大王** 沛公のこと。

❿**何操** 何を持ってきたか。
❖何〜（スル）＝疑問を表す。何を〜か。
「操」＝手に持つ。

⓫**欲献項王……欲与亜父** 項王には謙譲語の「献」を用い、亜父には「与」を用いて区別している。

⓫**不敢献** 思い切って献上することができなかった。
「不敢A」＝否定を表す。思い切ってAできない。

⓬**公為我** あなたが私のために。つまり、私に代わって、ということ。「公」は敬称で張良のこと。「我」は沛公のこと。

⓭**謹諾** 項王に対する自分の言動に、自軍の運命がかかっているため、「謹」をつけている。

⑭**当二是時一**　ちょうどこの時に。

⑮**相去四十里**　互いの距離は四十里である。

「相」＝互いに。

「去」＝隔たる。離れる。

⑯＊「従」＝ここでは、「より」と読む。

⑯**道**　道をとって。…を通って。

⑰**沛公謂二張良一曰**　以下の言葉は脱出する前に言ったもの。

⑰**不レ過二二十里一耳**　二十里にすぎない。

「耳」＝強調を表す。

⑱**度三我至二軍中一、公乃入**　逃げ帰る途中で追手にかかれば命が危ない。そこで、張良に時間稼ぎを命じたのである。

「度」＝推し量る。推量する。

「乃」＝ここでは、そこではじめて、そこで、の意。

【大　意】　2　教43ページ2〜10行

張良は宴席に戻り、白璧を項王に、玉斗を范増に献じて、沛公の辞去を謝罪した。項王は白璧を受け取り席のそばに置いたが、范増は玉斗を剣で突き壊し、項王の天下を奪うものは沛公であろうと嘆じた。一方、自軍に帰った沛公は、ただちに曹無傷を誅殺した。

【書き下し文】

❶沛公已に去り、間びて軍中に至る。❷張良入りて謝して曰はく、「沛公桮杓に勝へず、辞すること能はず。❸謹みて臣良をして白璧一双を奉じ、再拝して大王の足下に献じ、玉斗一双をば、再拝して大将軍の足下に奉ぜしむ。」と。❹項王曰はく、「沛公安くにか在る。」と。❺良曰はく、「大王之を督過するに意有りと聞き、身を脱して独り去れり。❻已に軍に至らん。」と。❼項王則ち璧を受け、之を坐上に置く。❽亜父玉斗を受け、之を地に置き、剣を抜き、撞きて之を破りて曰はく、「唉、豎子与に謀るに足らず。❾項王の天下を奪ふ者は、必ず沛公ならん。❿吾が属今に之が虜と為らん。」と。⓫沛公軍

【現代語訳】

❶沛公はすでに(鴻門を)去り、抜け道を通って(自分の)軍中に到着した。❷張良が(宴席に)入って謝って言うには、「沛公は(酔って、これ以上)酒を飲むことができず、辞去の挨拶も申しあげられません。❸謹んで私、良に(命じ)白璧一対をささげ、再拝して大王のおそばに献上し、玉斗一対を、再拝して大将軍のおそばに差しあげよとのことでした。」と。❹項王が言うには、「沛公はどこにいるのか。」と。❺張良が(答えて)言うには、「大王が沛公の過失をおとがめになるお気持ちがあると聞き、身を逃れて一人で立ち去りました。❻すでに(自分の)軍に着いたことでしょう。」と。❼項王はそこで璧を受け取り、これを座席のそばに置いた。❽亜父は玉斗を受け取り、これを地に置き、剣を抜いて、突いてこれを壊して言うには、「ああ、青二才め、ともに(天下を取る策を)相談するに値しない。❾項王の天下を奪う者は、きっと沛公であろう。❿我々の一族は今に彼

に至り、立ちどころに曹無傷を誅殺す。　（項羽本紀）

（＝沛公）の捕虜にされてしまうだろう。」と。⓫沛公は軍営に到着し、ただちに曹無傷を誅殺した。

語句の解説 2

教43ページ

❷不レ勝ニ桮杓一　（これ以上）酒を飲むことができず。
「不レ勝」＝耐えられない。こらえられない。
「桮杓」＝酒を飲むこと。「桮」は杯、「杓」は酒を酌むひしゃく。

❷不レ能レ辞　別れの挨拶をすることができない。
「不レ能レA（スルコト）ハ」＝不可能を表す。A（すること）ができない。

❸奉　ささげ。差しあげ。

❸再拝　丁寧にお辞儀して。深い敬意を表す。

❸足下　足下に。おそばに。相手に敬意を表している。

❸大将軍　亜父（＝范増）のこと。

❹沛公安在　沛公はどこにいるのか。
❖安～（スル）＝疑問を表す。どこに～か。

❼坐上　座席のそば。
「上」＝かたわら。そば。

Q　沛公が無事に脱出できたのはなぜか、話し合ってみよう。

考え方　冒頭の沛公と樊噲のやりとりに注目するとよい。

解答例　宴席を出た沛公は、別れの挨拶をせずに去ることをためらったが、樊噲の説得に従い、張良に後事を託して脱出したから。

❽抜レ剣、撞而破レ之　沛公を取り逃がした無念さと、すんなりと白璧を受け取った項王への怒りを表している。

❽❖唉＝詠嘆を表す。「嗚呼・于嗟・嗟乎」なども同じ。

❽不レ足ニ与謀一　ともに相談するに値しない。
「不レ足レA（スル）ニ」＝A（する）に値しない。
「与」＝ともに。一緒に。
「謀」＝相談する。謀議する。

❾＊「也」＝ここでは置き字。

❿今為ニ之虜一矣　今に沛公の捕虜にされるだろう。「之」は沛公のこと。
「為」＝ここでは受身を表し、「為ニ之所レ虜」と同じ。受身の構文「為ニAノ所レB」は、AにBされる、の意。
「今」＝すぐに。そのうち。

Q　この場面における范増の心情を説明してみよう。

考え方　張良から玉斗を受け取ったときの対応に注目するとよい。

解答例　沛公を取り逃がしてしまった無念さと、事の重大さを理解せず、平気で白璧を受け取った項王への怒り。

課題

一　項王と沛公の性格がよく表れている部分をそれぞれ指摘し、比較してみよう。

考え方　それぞれの言動や態度から性格を読み取り比べてみる。

〈項王〉

・此沛公左司馬曹無傷言レ之。不レ然、籍何以至レ此。（教38ページ3行）→疑っていた沛公の言葉をすぐに信じ、密告者の名をあっさりと打ち明けてしまう、単純、短気で率直な人物。

・項王即日因留二沛公一与飲。（教38ページ5行）→疑念が晴れるとすぐに気持ちを改め、和解することのできる、豪放磊落な人物。

・項王黙然不レ応。（教38ページ8行）→前夜項伯と交わした「沛公を討たない」という約束を守る、信義に厚い人物。あるいは、謝罪した沛公を殺すことを潔しとしない、優柔不断な人物。

・項王未レ有二以応一。（教41ページ8行）→樊噲の堂々たる弁明に圧倒されて反論できずにいる、単純な人物。

・項王則受レ璧、置二之坐上一。（教43ページ6行）→沛公が自軍に帰ったと聞いても事の重大さに気づかず、贈り物を素直に受け取ってしまう、お人よしで深慮遠謀に欠ける人物。

〈沛公〉

・謝曰、「臣与二将軍一戮レ力而攻レ秦。……令二将軍与レ臣有レ郤。」（教37ページ14行）→情勢を分析して自分に不利なことはせず、時機を待つことのできる、情勢判断に優れ、隠忍自重の人。

・沛公曰、「今者出未レ辞也。為レ之奈何。」（教42ページ1行）→独断専行せず、部下に意見を求め、その言を聞き入れることのできる、度量のある人物。

・度三我至二軍中一、公乃入。（教42ページ11行）→万一のことを想定し、周到に事を運ぶことのできる人物。

・沛公至レ軍、立誅二殺曹無傷一。（教43ページ9行）→理非曲直を厳正に正し、非情な決断を下せる実行力のある人物。

解答例　項王＝単純率直で、深慮遠謀に欠ける人物。その一方で、豪放磊落で信義に厚いところもある。

沛公＝隠忍自重、深慮遠謀の人で、度量もある人物。また、理非曲直を厳正に正す決断力をも備えた人物である。

二　項王側と沛公側のそれぞれの登場人物について、心理と役割とを整理してみよう。

解答例　〈項王側〉

項伯＝信義に厚い人物。項荘が剣舞に事寄せて沛公を暗殺しようとしていることを察すると、張良との前夜の約束を守るため、自らも剣舞を舞って、身をもって沛公をかばった。

范増＝項王の参謀で、冷徹な戦略家。項王が天下に覇を唱えるためには沛公を排除すべきだと考え、宴会での沛公暗殺を項王に迫る。項王に無視されると、項荘に剣舞に事寄せての暗殺を命じるが、それも失敗する。項王の惰弱さに失望しながら、沛公が天下を取るであろうことを予言する。

項荘＝命令を忠実に実行する武人派。范増の命令に従い、剣舞に事寄せて沛公を殺そうとするが、項伯の邪魔立てにあって失敗する。

〈沛公側〉
張良＝冷静沈着な戦略家であり、豪胆さも兼ね備えた人物。状況判断力に優れ、急迫の事態とみるや、項王を説き伏せる人物として樊噲を選び、沛公脱出の機会を作った。また、一人宴席に戻り、動ずることなく沛公の辞去を告げ、土産の品を献上した。
樊噲＝豪胆さと知略とを兼ね備えた人物。沛公の危機を聞くや宴席に乗り込み、項王から与えられた酒や生肉を豪快に平らげ、堂々の論陣を張って項王を圧倒した。また、決断に迷う沛公に理を説き、無事脱出させた。

語句と表現

一 「謝」(37・14)について、文中で使われている以外の意味を調べ、それぞれの意味でこの字を用いている熟語をあげてみよう。

解答例 ・礼を言う。「感謝」など。　・ことわる。「謝絶」など。

二 「辞」(41・1)と「辞」(42・2)について、それぞれの意味でこの字を用いている熟語をあげてみよう。

解答例 「辞」(41・1)＝辞退、固辞など。
「辞」(42・2)＝辞去、辞世など。

四面楚歌

【大意】 教46ページ1〜11行
垓下に立て籠もった項王らを包囲した漢軍から、項王の故郷の楚の民謡が聞こえてきた。もはやこれまでと覚悟した項王は部下たちと酒盛りをし、自作の歌を歌い上げる。虞美人がそれに唱和すると、項王ははらはらと涙を落とし、部下たちもうつむいて泣くばかりであった。

【書き下し文】
❶項王の軍垓下に壁す。❷兵少なく食尽く。❸漢軍及び諸侯の兵、之を囲むこと数重なり。❹夜漢軍の四面皆楚歌するを聞き、項王乃ち大いに驚きて曰はく、「漢皆已に楚を得たるか。❺是れ何ぞ楚人の多きや。」と。❻項王則ち夜起ちて帳中に飲す。❼美人有り、名は虞。❽常に幸せられて従ふ。❾駿馬あり、名は騅。❿常に之に騎す。⓫是に於いて項王乃ち悲歌忼慨し、自ら詩を為りて曰はく、

【現代語訳】
❶項王の軍は垓下の城壁の中に立て籠もった。❷(すでに)兵は少なく、食糧も尽き果てた。❸(沛公の)漢軍と(沛公に味方する)諸侯の兵は、これ(＝項王の軍)を幾重にも取り囲んだ。❹夜、(項王は)漢軍が垓下の四方で皆(項王の故郷である)楚の地方の民謡を歌うのを聞き、項王は大変驚いて言うには、「漢(の軍)はもうすっかり楚の国を手に入れてしまったのか。❺これはなんとまあ(漢軍の中に)楚の人の多いことよ。」と。❻項王は、そこで、夜起き上がって、とばりを巡らせた陣営の中で酒盛りをした。❼(項王には)美人がいて、名は虞といった。❽いつも寵愛されて付き従っていた。❾(ま

⑫力は山を抜き気は世を蓋ふ
⑬時利あらず騅逝かず
⑭騅の逝かざる奈何すべき
⑮虞や虞や若を奈何せんと。
⑯歌ふこと数闋、美人之に和す。⑰項王泣数行下る。⑱左右皆泣き、能く仰ぎ視るもの莫し。
（項羽本紀）

た）名馬がいて、名は騅といった。⑩（項王は）いつもこの馬に乗っていた。⑪そこで、項王は悲しげに歌い、憤り嘆いて、自ら詩を作って歌うには、
⑫わが力は山を引き抜き、わが気力は天下を圧倒するほど盛んであった。
⑬（だが）時勢は我に利がなく、（名馬の）騅も進まない。
⑭騅の進まないのをどうすることができようか、いや、どうすることもできはしない。
⑮（ましていとしい）虞よ、虞よ、おまえをどうすればよいのか、いや、（もはや私の力では）どうしようもないのだ、と。
⑯歌うこと数回、虞美人もこれに調子を合わせて歌った。⑰項王は涙を幾筋か流した。⑱側近の家来も皆泣き、（誰も）顔を上げて（項王を）見ることができる者はいなかった。

語句の解説

教46ページ

③漢軍　漢王（＝沛公）の率いる軍勢。この時三十万ほどであった。

❶「漢軍」とは誰の軍勢か。

答　沛公。

③諸侯　ここでは、戦勝後の領土の分与を漢王から約束されて垓下に集まってきた有力な武将を指す。

③囲レ之数重　「之」は項王の軍のこと。

④四面皆楚歌　四方を取り囲んだ漢の軍勢が、皆（項王の故郷の）楚の地方の民謡を歌う。項王の戦意をくじくための漢軍の計略である。現在「四面楚歌」は、周囲を敵に囲まれ、孤立無援の状態の意で用いられている。

④＊「乃」＝ここでは、「すなはチ」と読む。

❷項王は、なぜ驚いたのか。

答　漢の軍勢が楚の地方の民謡を歌ったから。

④漢皆已得レ楚乎　漢はすでにすっかり楚を手に入れてしまったのか。

＊「已」＝ここでは、「すでニ」と読む。
＊「乎」＝ここでは、「か」と読む。
❺何楚人之多也　なんとまあ楚人の多いことよ。
❖何〜也＝詠嘆を表す。なんと〜であることよ。
＊「也」＝ここでは、「や」と読む。
❻＊「則」＝ここでは、「すなはチ」と読む。
❻飲二帳中一　とばりの中で酒盛りをした。
「飲」＝酒盛りをする。宴会をする。
「帳」＝幕。ここでは、項王の本営の周囲に張られた幕のこと。
❽常幸従　いつも寵愛されて付き従っていた。
「幸」＝寵愛される。「こうセラル」と受身に読む。
❾駿馬　足の速い優れた馬。名馬。
⓫＊「於是」＝「ここニおイテ」と読む。
＊「為」＝ここでは、「つくリテ」と読む。
⓬力抜レ山兮気蓋レ世　力は山を引き抜き、気力は天下を覆い尽くすほどである。「抜山蓋世」として、力や気力が強大なことのたとえとして用いられている。
「兮」＝置き字。語調を整えたり詠嘆を表したりする助字。
⓭時不レ利　時の運は自分に利がなく。
「時」＝時勢。時運。
⓭騅不レ逝　騅も進んで行こうとしない。戦況が不利で、窮地に追い詰められたことの比喩。
⓮可二奈何一　反語を表す。どうすることができようか、いや、できはしない。
⓯奈レ若何　おまえをどうすればよいのか、いや、どうしようもないのだ。
「奈何」＝「如何」に同じで、手段・方法などを問う疑問詞。
❖奈レ〜何＝反語を表す。〜をどうしようか、いや、どうしようもない。「奈何」の間に、目的語が入った形。
＊「若」＝ここでは、「なんぢ」と読む。
⓱泣数行下　涙を幾筋か流した。卓抜した武勇と豪胆をもって戦場を駆け巡り、敵を粉砕してきた項王が、涙を流したのである。
⓲左右　側近の家来。君主の左右に仕えることからいう。
⓲莫二能仰視一　顔を上げて見ることのできる者はなかった。
❖莫レ〜＝否定を表す。〜する者はいない。
＊「能」＝ここでは、「よク」と読む。

課題

一 項王の詩から、どのような心情が読み取れるか、話し合ってみよう。

考え方 楚で挙兵して以来、その武勇と豪胆で敵を撃破してきた項王が、絶体絶命の窮地に追い込まれ、己の不運を嘆き、愛する者を救うこともできないと嘆き歌う。その歌に、自らの運命を悟った虞美人が唱和するのである。項王の胸にこみ上げる思いを想像しよう。

語句と表現

一 「四面楚歌」は、現在どのような意味で使われているか、調べてみよう。

解答例 孤立無援な様子。周囲が敵や反対者ばかりで、味方がいないことのたとえ。

句法

一 書き下し文に直し、太字に注意して、句法のはたらきを書こう。

1 **何**楚人之多**也**。
(　　　　　　　　)(　　　　)

2 虞兮虞兮**奈**若**何**。
(　　　　　　　　)(　　　　)

答
1 何ぞ楚人の多きや。／詠嘆
2 虞や虞や若を奈何せん。／反語

項王最期

【大　意】 1 教48ページ1〜9行

項王は烏江から長江を渡ろうとした。そこで項王を待っていた亭長から、江東の地で王となるよう懇請され、船を提供される。しかし項王は、天が私を滅ぼそうとしているし、江東の子弟を死なせた私がおめおめ帰ることはできないと辞退する。そして愛馬騅を亭長に与えた。

【書き下し文】

❶是に於いて項王乃ち東して烏江を渡らんと欲す。❷烏江の亭長船を檥して待つ。❸項王に謂ひて曰はく、「江東小なりと雖も、地は方千里、衆は数十万人あり。❹亦王たるに足る。❺願はくは大王急ぎ渡れ。❻今独り臣のみ船有り。❼漢軍至るも、以て渡ること無からん。」と。❽項王笑ひて曰はく、「天の我を亡ぼすに、我何ぞ渡ることを為さん。❾且つ籍江東の子弟八千人と、江を渡りて西せしも、今一人の還るもの無し。❿縦ひ江東の父兄憐れみて我を王とすとも、我何の面目ありてか之に見えん。⓫縦ひ彼言はずとも、籍独り心に愧ぢざら

【現代語訳】

❶そこで項王は東へ向かって烏江(の渡しから長江)を渡ろうとした。❷烏江の亭長が船を出す用意をして待っていた。❸項王に向かって言うには、「江東の地は狭い所ではありますが、土地は千里四方(あり)、人民は数十万人おります。❹(ここも)また王となるに十分(な所)でございます。❺どうか大王様、急いで(長江を)お渡りください。❻今はただ私だけが船を持っております。❼漢軍がやって来ましても、渡る方法はないでしょう。」と。❽項王が笑って言うには、「天が私を滅ぼすというのに、私はどうして(天命に逆らい)渡るであろうか、いや、渡ったりしない。❾その上私は(かつて)江東の若者たち八千人とともに、長江を渡り(秦を討伐するために)西に向かったが、今、一人の帰る者もいない。❿もし江東の父兄たちが同情して私を王にし(てくれ)たとしても、私は何の面目があって

んや。」と。⑫乃ち亭長に謂ひて曰はく、「吾公の長者なるを知る。⑬吾此の馬に騎すること五歳、当たる所敵無し。⑭嘗て一日に行くこと千里なり。⑮之を殺すに忍びず。⑯以て公に賜はん。」と。

彼らにお会いすることができようか(、いや、できはしない)。⑪もし彼らが(恨みや不満を)言わないとしても、私はどうして心に恥じないでいられようか、いや、決して恥じずにはいられないのだ。」と。⑫そこで亭長に向かって言うには、「私はあなたが徳の高い人であることがわかった。⑬私はこの馬に乗ること五年、戦ってもかなう者はいなかった。⑭かつて一日に千里を走ったこともある(名馬である)。⑮この馬を殺すに忍びない。⑯だからあなたに差しあげよう。」と。

語句の解説 1

❶*「於是」＝「ここニおイテ」と読む。

❶*「乃」＝ここでは、「すなはチ」と読む。

❶**欲東渡烏江**　東へ向かって烏江を渡ろうとした。
「欲A」＝願望を表す。Aしようと思う。

❸**雖小**　狭い所ではあるが。
❖雖～＝仮定の形で逆接の確定条件を表す。

❸**方千里**　千里四方。「方」は、四方。

❹*「亦」＝ここでは、「また」と読む。

❹**足王也**　王となるに十分だ。「也」＝置き字。断定を表す。

❺**願大王急渡**　どうか大王様、急いで渡ってください。再起を図ってほしいという亭長の気持ちがこめられている。
❖願～＝願望を表す。どうか～してください。

❻**独臣有船**　ただ私だけが船を持っている。
❖独～＝限定を表す。ただ～だけだ。

❼**無以渡**　渡る方法はないだろう。渡ることはできないだろう。

❽*「亡」＝ここでは、「ほろボスニ」と読む。

❽**何渡為**　どうして渡るであろうか、いや、渡らない。
❖何～＝反語を表す。どうして～か、いや～ない。

❾*「且」＝ここでは、「かツ」と読む。また。その上。

❾*「与」＝ここでは、「と」と読む。

❾**子弟**　若者。青年。

❾**渡江而西**　長江を渡って西に向かったが。
「而」＝順接を表す。置き字として読まない場合は、直前に読む字に「テ・シテ」を送る。

❿**縦江東父兄憐而王我**　もし江東の父兄たちが同情して私を王にし(てくれ)たとしても。
❖縦～＝仮定を表す。もし～だとしても。

❿**何面目見之**　何の面目があって彼らにお会いすることができようか、いや、できはしない。「之」は、江東の父兄を指す。

*「見」＝ここでは「まみエン」と読む。

⑪独不レ愧ニ於心一乎　どうして心に恥じないでいられようか、いや、決して恥じずにはいられない。

❖独～乎＝反語を表す。「独」は「一人」の意ではない。

⑫乃　接続詞。そこで。

⑬此馬　項王の愛馬の騅のこと。

⑭*「嘗」＝ここでは、「かつテ」と読む。過去における動作を事実として述べる副詞。

⑮不レ忍レ殺レ之　これを殺すに忍びない。「之」は愛馬騅のこと。項王が死を覚悟したことがわかる。

【大　意】　2　教48ページ10行～49ページ3行

項王は部下たちを馬から下りさせ、漢軍に接近戦を挑んだ。戦いの中、敵勢の中に昔なじみの呂馬童を見つけた項王は、おまえのために賞金のついた私の首をやろうと、自ら首をかき切って死んだ。項王が死に、楚は漢に降伏した。

【書き下し文】

①乃ち騎をして皆馬を下りて歩行せしめ、短兵を持して接戦す。②独り項王の殺す所の漢軍数百人なり。③項王の身も亦十余創を被る。④顧みて漢の騎司馬呂馬童を見て曰はく、「若は吾が故人に非ずや。」と。⑤馬童之に面し、王翳に指さして曰はく、「此れ項王なり。」と。⑥項王乃ち曰はく、「吾聞く、『漢我が頭を千金・邑万戸に購ふ。』と。⑦吾若が為に徳せん。」と。⑧乃ち自刎して死す。⑨項王已に死し、楚の地皆漢に降れり。

（項羽本紀）

【現代語訳】

①そこで馬に乗った部下に（命じて）全員馬を下りて歩かせ、刀剣などの武器を持って（漢の追跡軍と）接近戦を行った。②項王一人で殺した漢軍（の兵）は数百人であった。③項王の身もまた十か所余りの傷を負った。④（ふと）振り返り（後を追う）漢軍の騎兵の指揮官の呂馬童を目にとめて言うには、「おまえは私の旧友ではないか。」と。⑤馬童は彼（＝項王）から顔を背けて、（味方の）王翳に指さして言うには、「これが項王だ。」と。⑥項王がそこで言うには、「私は、『漢は私の首を、千金と戸数が一万戸もある領地とを懸けて求めている。』と聞いている。⑦私はおまえのために恩恵を施してやろう。」と。⑧そこで自分で自分の首をかき切って死んだ。⑨項王がもはや死んでしまい、楚の領地（の者たち）は皆漢に降伏した。

語句の解説 2

①令ニ騎 皆下レ馬 歩行一　馬に乗った部下に（命じて）全員馬を下りて歩かせ。機動力において勝る騎兵を歩兵にしたということ。

「令ニ[A] [B]一」＝使役を表す。[A]に[B]させる。

「騎」＝ここでは騎馬兵のこと。

❷**独**（ひとリ）**項王**（こうおうノ）**所**（ところ）レ**殺**（ころス）**漢軍**（かんぐん）　項王一人で殺した漢軍（の兵）は。

「独」＝…だけで。一人で。

❸**亦**（また）　…もまた。前に述べられていることと同様であることを表す。ここでは、漢軍の兵を殺した項王もまた、ということ。

❸**十余創**（じゅうよそう）　十か所余りの傷。

「創」＝刀傷。

❹**顧**（かえりミテ）　振り返って。後方の敵を警戒するために振り向いたのである。

❹**呂馬童**（りょばどう）　もと項王の部下で、今は沛公に従っている。項王が「故人（＝旧友。昔なじみ）」と呼んだのはそのため。

❹＊「若」＝ここでは、「なんぢハ」と読む。おまえ。二人称代名詞。

❹**非**（あらズ）二**吾**（わガ）**故人**（こじんニ）一**乎**（や）　旧友ではないか。

❖非レ～乎（ずニ）＝疑問を表す。～ではないか。

❺**馬童面**（ばどうめんシ）レ**之**（これニ）　馬童は項王から顔を背け。もとの主君である項王を討とうとしていることに後ろめたさを感じたためと考えられる。

「面」＝ここでは、顔を背ける、の意。

「之」は項王を指す。

❽**自刎**（じふんシテ）　**而死**（しス）　自分で自分の首をかき切って死んだ。敵の手にかかることを潔しとしない、項王の気概が表れている。

「刎」＝首を切る。

❾＊「已」＝ここでは「すでニ」と読む。

課題

一　項王が烏江を渡ることを思いとどまったのはなぜか、説明してみよう。

考え方　項王は長江を渡ろうと思い烏江の渡しにやって来た。だが、そこで、亭長の温かい言葉を聞き考えを改める。項王は亭長の言葉を聞き、どんなことに気づいたのか。笑って答えた項王の言葉から読み取る。

解答例　天が自分を滅ぼそうとしているのであり、天命には逆らえないから。また、かつて一緒に長江を渡った江東の若者八千人を全て失いながら、自分だけが帰ることを、江東の父兄たちが受け入れ許してくれると思っていた自分の甘さを亭長の言葉によって気づかされ、おめおめと帰ろうとした自分を恥じたから。

二　部下に、馬を下りて歩行することを命じた項王の心情はどのようなものだったか、話し合ってみよう。

考え方　項王はすでに愛馬騅を亭長に贈っている。つまり、馬を下りているのである。この「馬を下りる」という行為はどんな決意を表しているのかを考えて、心情を想像するとよい。

項王は長江を渡るのを断り、ここ烏江を死に場所だと決めて、愛馬騅を亭長に贈った。指揮官が馬を下りた以上、部下たちにも下馬させねばならない。歩兵に比べ、騎兵は戦闘力（機動力）にかけて圧倒的に有利である。にもかかわらず下馬を命じたのは、歴戦をともに戦い抜いてきた部下たちと一緒に最後の戦いに臨み、項王の名に恥じないような華々しい最期を飾りたいと思ったからではないだろうか。

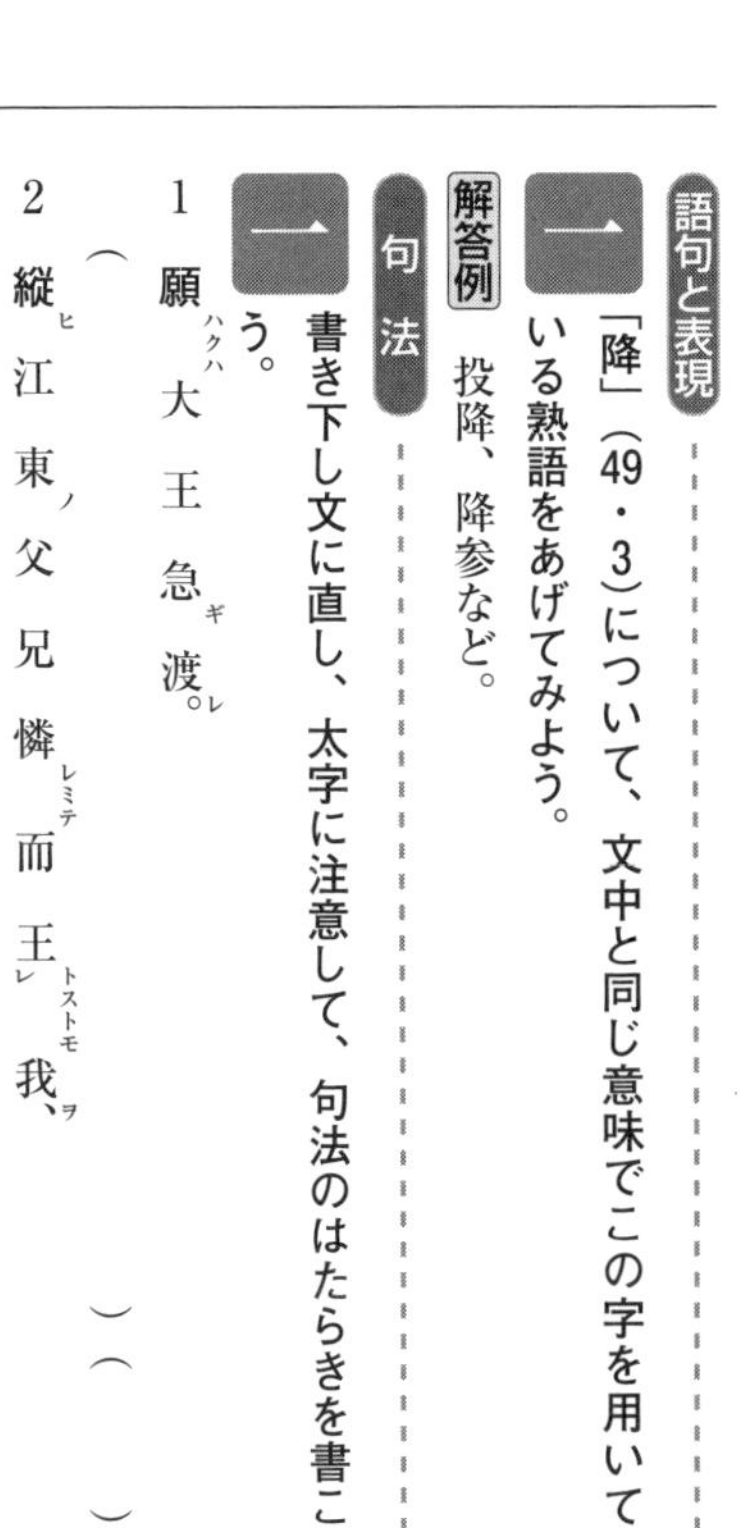

語句と表現

一　「降」（49・3）について、文中と同じ意味でこの字を用いている熟語をあげてみよう。

解答例　投降、降参など。

句法

一　書き下し文に直し、太字に注意して、句法のはたらきを書こう。

1　**願ハクハ**大王急ギ渡レ。（　　）（　　）

2　**縦ヒ**江東ノ父兄憐レミテ而王トストモレ我ヲ、（　　）（　　）

3　**独リ不ランレ**愧ヂ二於心一ニ**乎**。（　　）（　　）

4　**非ズ二**吾ガ故人一ニ**乎**。（　　）（　　）

答
1　願はくは大王急ぎ渡れ。／願望
2　縦ひ江東の父兄憐れみて我を王とすとも、／仮定
3　独り心に愧ぢざらんや。／反語
4　吾が故人に非ずや。／疑問

学びを広げる　項王の生きざま

教科書P.50〜51

それぞれの詩に表現された、項王に対する思いを説明してみよう。

考え方　烏江とは、漢軍に追われた項王が辿（たど）りついた、最期の地である。烏江の亭長は項王に長江を渡って逃げることを勧めるが、項王はこれを拒む。「烏江」を題材にとった三つの作品について、この地における項王の運命をどのように解釈しているかを、共通している表現・内容や、異なる表現・内容に注目して、比較してみる。

解答例　「題二烏江亭一」は、項王が烏江を渡って江東に行っていたら、再起することができただろうと述べているのに対し、「烏江亭」では、江東に行ったとしても再起はできなかっただろうと述べている。このことから、前者は項王に対して同情的であり、後者は非情といえる。また、「烏江」では、そもそも項王が烏江を渡ることはなかったとし、『史記』の「項王笑曰、『天之亡レ我、……於心一乎。』」という部分に表された、項王の心情をよく理解したものになっている。

項王の生きざまについて考えたことを話し合ってみよう。

考え方　漢軍に敗戦し、追いつめられた状況に置かれた項王は、「天が自分を滅ぼそうとしている」と考えてその運命をあえて受け入れ、烏江を渡らず、漢軍と戦ったのち、自害して果てた。そのような項王の生きざまについて、『史記』の叙述をふまえて考え、自分がどう思うかを述べ、話し合ってみよう。

四　文章

漁父辞

屈原

教科書P.54～56

【大意】 教54ページ1行～55ページ10行

屈原は追放され、沼沢のほとりをさまよっていた。それを見た漁師が理由を尋ねると、自分だけが汚れた世俗に同調しなかったからだと答える。漁師は、なぜ皆と同調して生きないのかと問うと、屈原は世俗の汚れを受け入れるぐらいなら死を選ぶと答えた。漁師は世の中の変化に同調して生きればよいと歌いながら去って行った。

【書き下し文】

❶屈原既に放たれて、江潭に遊び、行沢畔に吟ず。❷顔色憔悴し、形容枯槁せり。

❸漁父見て之に問ひて曰はく、「子は三閭大夫に非ずや。❹何の故に斯に至れる。」と。

❺屈原曰はく、「世を挙げて皆濁れるに、我独り清めり。❻衆人皆酔へるに、我独り醒めたり。❼是を以て放たる。」と。

❽漁父曰はく、「聖人は物に凝滞せずして、能く世と推移す。❾世人皆濁らば、何ぞ其の泥を淈して、其の波を揚げざる。❿衆人皆酔はば、何ぞ其の糟を餔ひて、其の釃を歠らざる。⓫何の故に深く思ひ高く挙がりて、自ら放たしむるを為す。」

【現代語訳】

❶屈原は追放されてしまい、川のほとりをさまよい、道すがら沼沢のほとりで詩を口ずさんでいた。❷顔つきはやつれおとろえ、(その)姿は痩せおとろえていた。

❸漁師が見て彼(＝屈原)に尋ねて言うことには、「あなたは、三閭大夫ではありませんか。❹どうしてこのようなところにやって来てしまったのですか。」と。

❺屈原が言うことには、「世の中全てが濁っている中で、私一人が清らかです。❻多くの人々が皆酔っている中で、私一人が醒めているのです。❼こういうわけで、追放されたのです。」と。

❽漁師が言うことには、「聖人は物事にこだわることがなく、世俗と移り変わる(＝世俗に同調する)ことができるのです。❾世間の人が皆濁っているのなら、どうしてその泥水をかき混ぜて濁し、その波をかきたてないのですか、いや、そうすればよいではないです

と。

⑫屈原曰はく、「吾之を聞けり。⑬『新たに沐する者は必ず冠を弾き、新たに浴する者は必ず衣を振るふ。』と。⑭安くんぞ能く身の察察たるを以て、物の汶汶たる者を受けんや。⑮寧ろ湘流に赴きて、江魚の腹中に葬らるとも、安くんぞ能く皓皓の白きを以てして、世俗の塵埃を蒙らんや。」と。

⑯漁父莞爾として笑ひ、枻を鼓して去る。⑰乃ち歌ひて曰はく、

⑱滄浪の水清まば　⑲以て吾が纓を濯ふべし

⑳滄浪の水濁らば　㉑以て吾が足を濯ふべし　と。

㉒遂に去りて復た与に言はず。

（古文真宝）

か）。⑩多くの人々が皆酔っているのなら、どうしてその酒の搾りかすを食べて、その酒のかすに水を加えて搾った薄い酒を飲もうとしないのですか、いや、そうすればよいではないですか。⑪どうして（世のため、人のためなどと）深刻に考え、孤高を保って、自分から追放され（るようなことをし）たのですか。」と。

⑫屈原が言うことには「私はこういうことを聞いています。⑬『髪を洗ったばかりの人は、（冠をかぶる時は）必ず冠のちりを指ではじき落とし、体を洗ったばかりの人は（着物を着る時は）必ず着物を振る（って埃を払）う。』と。⑭どうして（私の）身が潔白であるのに、（世俗の）汚れているものを受け入れることができましょうか、いや、（決して）できません。⑮いっそ湘江の流れに沿って行って（身を投げ）、川魚の（餌となって、その）腹の中に葬られるとしても、どうしてこの潔白な白さでもって、俗世間の汚れをかぶることができましょうか、いや、（決して）できない。」と。

⑯漁師はにっこりと笑って、音をたてて勢いよくかいをこいで去って行った。⑰そこで歌って言うことには、

⑱滄浪の水が澄んでいるなら　⑲それで私の冠のひもを洗おう。

⑳滄浪の水が濁っているなら　㉑それで私の足を洗おう、と。

㉒とうとうそのまま去り、二度とは一緒に話をしなかった。

語句の解説

教54ページ

○**辞**　南方の楚の地方に発達した文体をいう。もともと韻文で韻を踏むが、形としては散文に近い。

❶**放**　追放されて。放逐されて。文脈から受身に読む。

❶**遊**　さまよい。ここでは位置などが定まらない意。

❷**形容**　姿かたち。

❸**子 非二三閭大夫一与** あなたは三閭大夫ではないか。
❖非レ～与＝疑問を表す。～ではないのか。
「子」＝あなた。男子に対する敬称。
❹**何故至二於斯一** どうしてこのようなところに来たのか。
❖何故～＝疑問を表す。どうして～なのか。
「斯」＝こんな場所。こんな境遇、と解する説もある。
❺**挙レ世** 世の中全て。
❺**清** 清らかである。「濁」に対する表現で、無欲であることのたとえ。清廉潔白。

① **「濁」「清」とは、それぞれどのようなことをたとえているか。**

答 「濁」＝欲深いこと。人々が利欲に溺れること。
「清」＝無欲であること。

❻**酔** 酔っているのに。正しい判断ができなくなることのたとえ。
❻**醒** 醒めている。「酔」に対する表現で、冷静な判断ができていることのたとえ。
❼**是以** 接続詞。こういうわけで。そのため。
❼**見レ放** 追放される。
❖見レ～＝受身を表す。～される。
❽**聖人** 道を悟った人。ここでは、道家的な無為自然の道を悟った人の意で、儒家的な聖人ではない。
❽**能与レ世推移** 世俗と一緒に移り変わることができる。つまり、世俗と同調できるということ。

＊「能」＝ここでは、「よク」と読む。
＊「与」＝ここでは、「と」と読む。
❾**何不下淈二其泥一而揚中其波上** どうしてその泥水をかき混ぜて濁し、その波をかきたてないのか、いや、そうすればよいではないか。
❖何不レ～＝反語を表す。

教55ページ

⓫**深思** 深刻に考えて。深く考え込んで。
⓫**自令レ放為** 自分から追放されるようなことをする。
「令レ[A]」＝使役を表す。
⓭**新沐者** 髪を洗ったばかりの人は。
「新[A]」＝[A]したばかり。
⓮**安能……乎** どうして私の身は潔白なのに、汚れたものを受け入れることができようか、いや、決して受け入れられない。
❖安～乎＝反語を表す。「乎」は疑問・反語の終尾詞。
⓯**寧赴二湘流一……乎** いっそ湘江の流れに向かって行って、川魚の腹の中に葬られるとしても、どうしてこの潔白な白さでもって、俗世間の汚れをかぶることができようか、いや、決してできない。つまり、俗世間の汚れを身に受けるぐらいなら死んだ方がましだということ。
＊「寧」＝ここでは、「むしロ」と読む。
⓱＊「乃」＝ここでは、「すなはチ」と読む。
「江魚」＝川にすむ魚。
⓲**滄浪之水清兮** 滄浪の水が澄んでいるなら。
「兮」＝語調を整える置き字。

⑲ 可三以濯二吾纓一（ベシもつテあらフわガえいヲ）　それで私の冠のひもを洗おう。
＊「可」＝ここでは、「ベシ」と読む。

㉒ ＊「遂」＝ここでは、「つひニ」と読む。とうとう。そのまま。

㉒ 不二復与言一（ずまタともニいハ）　二度とは一緒に話をしなかった。
❖不二復タ～一（セ）＝部分否定を表す。二度とは～ない。
＊「与」＝ここでは、「ともニ」と読む。一緒に。

課題

一　漁父の歌は、どのようなことをいおうとしたものか、説明してみよう。

考え方　「滄浪の水」は世の中の状況のことを例えている。

解答例　世の中の状況に合わせて自分の生き方も変化させよう、ということ。

二　屈原と漁父の考え方の違いを、まとめてみよう。

考え方　二人の問答や歌から考える。

解答例　屈原＝世の人と同調して世俗的な汚れを受け入れるくらいなら死んだ方がよいとする考え方。
漁父＝世の人と同調して生きるのがよいとする考え方。

語句と表現

一　本文中の対句を抜き出してみよう。

解答
・顔色憔悴↔形容枯槁（教54ページ1～2行）
・挙世皆濁、我独清↔衆人皆酔、我独醒（教54ページ5～6行）
・世人皆濁、何不淈其泥、而揚其波↔衆人皆酔、何不餔其糟、而歠其釃（教54ページ8行～55ページ1行）
・新沐者必弾冠↔新浴者必振衣（教55ページ3～4行）
・以身之察察↔受物汶汶者（教55ページ4行）
・滄浪之水清兮　可以濯吾纓↔滄浪之水濁兮　可以濯吾足（教55ページ8～9行）

学びを広げる　対立する人生観　教科書P.56

漁父と屈原、どちらの考え方を支持するか。立場を明らかにして、ディベート形式で討論してみよう。

考え方　「漁夫辞」において、「漁夫」と「屈原」のどちらを支持するかを選び、その理由を述べながら話し合う。
屈原を支持する場合は、屈原が汚れた世の中・人々に対し、清らかな自分を主張し、彼らと交わることを拒絶していることを押さえる。これに対して、漁夫を支持する場合は、漁夫が汚れた世の中・人々に、清らかな身の屈原も順応するべきだということを一貫して主張していることを押さえる。
正解があるわけではないので、自分の考えに合ったほうを選ぶようにしよう。

春夜宴桃李園序

李白

教科書P.58～59

【大意】 教58ページ1行～59ページ3行

人生は短くはかないのだから、古人にならい、昼はもとより夜も楽しむべきだ。天から詩才を授かった私は、このうららかな春の夜、楽しまずにはいられない。詩才豊かな若者たちと桃李の庭園に会した。花と月と酒を味わいつつ、詩作して楽しく過ごそうではないか。

【書き下し文】

❶夫れ天地は万物の逆旅にして、光陰は百代の過客なり。❷而して浮生は夢のごとし、歓を為すこと幾何ぞ。❸古人燭を秉りて夜遊ぶ、良に以有るなり。❹況んや陽春我を召くに煙景を以てし、大塊我に仮すに文章を以てするをや。❺桃李の芳園に会して、天倫の楽事を序す。❻群季の俊秀は、皆恵連たり。❼吾人の詠歌は、独り康楽に慚づ。❽幽賞未だ已まず、高談転た清し。❾瓊筵を開きて以て花に坐し、羽觴を飛ばして月に酔ふ。❿佳作有らずんば、何ぞ雅懐を伸べん。⓫如し詩成らずんば、罰は金谷の酒数に依らん。

（古文真宝）

【現代語訳】

❶そもそも天地とは、あらゆるものの宿屋（のようなもの）であり、年月は永遠の旅人（のようなもの）である。❷そしてはかない人生は、夢のようであって、楽しいことをする時間はどれくらいであろうか。❸昔の人は灯火を手に持って夜まで遊んだ（と古詩にいう）が、本当にもっともなことである。❹ましてうららかな春が、かすみたなびく春景色で私を招き、（天地を作った）造物主が私に文章を作る才能を一時貸し与えてくれたのだから、なおさら（楽しむべき）なのだ。❺桃や李の花が香る庭園に集まって、兄弟たちの楽しみを繰り広げる。❻優れた詩才をもつ多くの年少の者たちは、皆（南北朝宋の詩人）謝恵連のよう（に詩に巧み）である。❼（それに比べて）私の作る詩は、ただ（謝恵連のいとこの）康楽に及ばないことを恥じるばかりだ。❽心静かに（風景を）味わうことはまだ終わることなく、高尚な談話は、（時間が進むにつれて）ますます清らかになっていった。❾立派な宴席を開いて（桃李の）花のもとに座り、鳥が羽を広げた形の杯をやりとりして、月を眺めつつ酔う。❿（このような時に）すばらしい作品（＝立派な詩）ができなければ、どうして（心の中の）風流な心情を述べることができようか、いや、できない。⓫もし詩がで

語句の解説

教58ページ

❶＊「夫」＝ここでは、「そレ」と読む。そもそも。発語の辞。

❶＊「者」＝ここでは、「は」と読む。主語を提示する助字。

❷＊「而」＝ここでは、「しかシテ」と読む。そして。順接を表す接続詞。文頭にある場合は訓読する。

❷**若**(ごとシ)**夢**(ゆめノ)　夢のようだ。

＊「若」＝ここでは、「ごとシ」と読む。

❷❖**幾何**(いくばくゾ)＝疑問を表す。「幾何」は、どれほど、どれくらい、の意で、時間または数量を尋ねる疑問詞。

❸＊「以」＝ここでは、「ゆゑ」と読む。

❹**況**(いわンヤ)　**陽春召**(ようしゅんまねクニ)**我**(われヲ)……**文章**(ぶんしょうヲ)　ましてこのすばらしい時節にして、私にはそれを表現できる詩才があるのだから、なおさら楽しむことにしよう、ということ。

❖況(シャ)～(スル)ヲヤ＝抑揚を表す。前文に程度の軽いものをあげ、後文の程度のものは当然であることを強調する。まして～(するの)はなおさらだ。普通「況(シャ)～(スル)ヲ乎(や)」と「乎」で受けるが、「乎」がなくても「…ヲヤ」と結ぶ。

「召」＝招く。「招」と同じ。

＊「以」＝ここでは、「もつテシ」と読む。

「文章」＝ここでは、文章を作る才能、の意。

❺**序**(じょスル)**天倫之楽事**(てんりんのらくじヲ)　兄弟たちの楽しみを繰り広げる。

「序」＝順序よくとり行うこと。

「天倫」＝天の定めた順序ある間柄のことで、兄弟・父子など肉親関係をいう。

❻**俊秀**(しゅんしゅう)　ここでは、詩才が優れていること。また、その人。

❻＊「為」＝ここでは、「たリ」と読む。

❼**吾人**(ごじん)　本来一人称複数の、我々、の意で用いられるが、ここは、自分(李白)、の意。

教59ページ

❼**独**(ひとり)　限定を表す副詞。

❽**未**(いまダ)**已**(やマ)**ず**　まだ終わらない。

「未(ダ)[A](セ)」＝「未」は再読文字で、まだ[A]しない、の意。

＊「已」＝ここでは、「やマ」と読む。

❽**転清**(うたタきよシ)　ますます清らかになった。

＊「転」＝ここでは、「うたタ」と読む。いよいよ。ますます。

「清」＝「談」を受けて「清」と表現したもの。文字どおり「清談」なのである。

❾**飛**(とバシテ)**羽觴**(うしょうヲ)　鳥が羽を広げた形の杯をやりとりして。「羽觴」に対応させて「飛」を用いたもの。

❿**何**(なんゾ)**伸**(のベン)**雅懐**(がかいヲ)　どうして風流な心情を述べることができようか、いや、できない。

❖何(ゾ)～(セン)＝反語を表す。どうして～か、いや～ない。

………

きなかったならば、罰は金谷園の故事にならった酒杯の数(＝三杯)(を飲ませること)にしよう。

「伸」＝気持ちを述べる。「述」と同じ。

⑪如（もシ）詩（し）不（ずンバ）レ成（なラ）　もし詩ができなかったならば。

＊「如」＝ここでは、「もシ」と読む。

課題

一　文章のリズムや、言葉の響きを確かめながら、本文を朗読してみよう。

考え方　返り点、再読文字、置き字などに注意し、抑揚をつけながら丁寧に読もう。「語句と表現」の文体の特徴も踏まえるとよい。

二　李白は、この文章でどのような楽しみを述べているか、まとめてみよう。

考え方　この文章では、人生ははかないものだから、昼夜の別なく楽しむべきだということが述べられている。その楽しみの具体的な内容は第二段落に述べられているので、そこからまとめるとよい。

解答例　陽春の時節、桃李の庭園に一族の兄弟たちが集まって美しい景色を見ながら酒宴を張り、夜を徹して詩歌を競い、歓談し、酒杯を酌み交わすという楽しみ。

語句と表現

一　この文章の表現にはどのような特徴があるか、話し合ってみよう。

考え方　この文章は「駢文（べんぶん）（駢麗文（べんれいぶん））」といわれる文体で書かれており、次の三つの特徴がある。①四字句、六字句が基本をなす。②対句を用いる。③故事を多く用いる。それぞれの特徴が現れている箇所を示すので、話し合いの参考にしてほしい。

①四字句＝（而）浮生若夢・為歓幾何・良有以也・群季俊秀・皆為恵連・吾人詠歌・独慚康楽・幽賞未已・高談転清・不有佳作・何伸雅懐・如詩不成

六字句＝古人秉燭夜遊・会桃李之芳園・序天倫之楽事・開瓊筵以坐花・飛羽觴而酔月・罰依金谷酒数

②（夫）天地者万物之逆旅⇔光陰者百代之過客

（況）陽春召我以煙景⇔大塊仮我以文章

会桃李之芳園⇔序天倫之楽事

群季俊秀、皆為恵連⇔吾人詠歌、独慚康楽

幽賞未已⇔高談転清

開瓊筵以坐花⇔飛羽觴而酔月

不有佳作⇔何伸雅懐

③古人秉燭夜遊・為恵連・慚康楽・金谷酒数

句法

一　書き下し文に直し、太字に注意して、句法のはたらきを書こう。

1　浮生（ハ）若（シ）レ夢（ノ）、為（スコト）レ歓（ヲ）**幾何**（ゾ）。

（　　　　　　　　）（　　　）

答　1　浮生は夢のごとし、歓を為すこと幾何ぞ。／疑問

参考 日本永代蔵（えいたい） 井原西鶴（いはらさいかく）

教科書P.60

【大意】 教60ページ1〜6行

生きている間は、金銀をためることが肝心である。しかし、人間の命ははかなく、死ねば金銀は役に立たなくなる。

【品詞分解／現代語訳】

一生 一大事 身 を〔格助〕 過ぐる〔上二・体〕 の〔格助〕 業、士農工商 の〔格助〕 外、出家・神職 に〔格助〕 かぎら〔四・未〕 ず〔助動・打・用〕、始末大明神
一生の一大事は我が身を過ごす仕事であり、士農工商のほか、出家者・神職に限らず、倹約大明神の

の〔格助〕 御託宣 に〔格助〕 まかせ〔下二・用〕、金銀 を〔格助〕 溜む〔下二・終〕 べし〔助動・当・終〕。これ〔代〕 二親 の〔格助〕 外 に〔助動・断・用〕 命 の〔格助〕 親
お告げに従い、金銀をためなければならない。これ（＝金銀）は両親のほかであって命の親である。

なり〔助動・断・終〕。人間、長く〔ク・用〕 みれ〔上一・已〕 ば〔接助〕 朝 を〔格助〕 しら〔四・未〕 ず〔助動・打・用〕、短く〔ク・用〕 おもへ〔四・已〕 ば〔接助〕 夕 に〔格助〕 おどろく〔四・終〕。されば〔接〕、
人間は、長いと思うとあくる朝はわからず（死んでしまうかもしれないし）、短いと思う夕方にはっと（死期の訪れに）気づく（かもしれない）。だから、

「天地 は〔係助〕 万物 の〔格助〕 逆旅、光陰 は〔係助〕 百代 の〔格助〕 過客、浮世 は〔係助〕 夢幻」 と〔格助〕 いふ〔四・終〕。時の間〔連語〕 の〔格助〕 煙、
「天地はあらゆるものの旅宿（のようなもの）であり、年月は永遠の旅人（のようなもの）であり、この世は夢幻である」と言う。一瞬の（火葬の）煙（のように）、

死すれ〔サ変・已〕 ば〔接助〕 何ぞ〔副〕 金銀 瓦石 に〔格助〕 は〔係助〕 おとれ〔四・已(命)〕 り〔助動・存・体〕。黄泉 の〔格助〕 用 に〔格助〕 は〔係助〕 立ち がたし〔ク・終〕。
（人間が）死ぬとどうして金銀は瓦石に劣っていようか、いや、劣らない。（金銀は）あの世の役には立ちにくい。

語句の解説

教60ページ

4 **「天地（てんち）は……夢幻（ゆめまぼろし）」** 『奥の細道』の冒頭の文章を引用している。
人生のはかなさを述べている。

5 **時の間の煙（ときのまのけむり）** 一瞬の煙。死んだ人を火葬する煙を指す。
「時の間」＝「時」＋「の（格助）」＋「間」。

5 **何ぞ（なんぞ）** ここでは、どうして…か、いや…ない、という反語の意味。
死んでしまえば、金銀は瓦や石と同じくらいの価値しかないということ。

5 **黄泉（こうせん）** あの世。死者が赴く地下の世界。

参考 奥の細道 松尾芭蕉

教科書P.60

【大意】 教60ページ7～9行

月日も年月も旅人のようなものであり、船頭や馬子、古人は旅の中で生涯を過ごす。

【品詞分解／現代語訳】

月日 は〔係助〕 百代 の〔格助〕 過客 に〔助動・断・用〕 して〔接助〕、行きかふ〔四・体〕 年 も〔係助〕 また〔副詞〕 旅人 なり〔助動・断・終〕。

月日は永遠の旅人（のようなもの）であって、移り変わる年もまた旅人（のようなもの）である。

舟 の〔格助〕 上 に〔格助〕 生涯 を〔格助〕 浮かべ〔下二・用〕、馬 の〔格助〕 口 とらへ〔下二・用〕 て〔接助〕 老い を〔格助〕 迎ふる〔下二・体〕 者 は〔係助〕、日々 旅 に〔助動・断・用〕 して〔接助〕 旅 を〔格助〕 栖 と〔格助〕 す〔サ変・終〕。

（船頭として）舟の上で一生を送る者や、（馬子として）馬のくつわを取って老年を迎える者は、毎日が旅であって旅をすみかとしている。

古人 も〔係助〕 多く〔ク・用〕 旅 に〔格助〕 死せ〔サ変・未〕 る〔助動・完・体〕 あり〔ラ変・終〕。

昔の人（＝風雅の道を究めた人）もたくさん旅で亡くなった人がいる。

語句の解説

教60ページ

7 **百代** 永遠。長い年月を指す。「はくだい」「ひゃくだい」とも言う。

7 **過客** 旅人。「月日」を擬人化し、旅人にたとえている。

7 **行きかふ年** 移り変わる年。「行きかふ」＝あるものが去り、別のものがそれに代わってやってくる。

7 **舟の上に生涯を浮かべ** 舟の上で一生を送り。船頭・船方を指す。

8 **馬の口とらへて老いを迎ふる者** 馬のくつわを取って老年を迎える者。馬子・馬方を指す。

8 **栖** 住む場所。

9 **古人** ここでは、昔の人のこと。具体的には、芭蕉が尊敬していた日本の能因法師や西行、中国の李白や杜甫といった文人を指す。

9 **死せるあり** 亡くなった人がいる。「死せる」の後に、「者」「人」が省略されている。

五 思想 儒家・道家の思想

儒家・道家の思想

教科書P.62～72

儒家について

儒家は、春秋時代の孔子がその始まりである。孔子は紀元前五五一年頃、魯の国に生まれた。周の封建制が崩壊し始めると、孔子は「仁」と「礼」とを唱え各地を遊説したが、富国強兵を目指す諸侯たちに受け入れられることはなかった。戦国時代に入り、孔子の思想を継承したのが孟子（孟軻）と荀況である。孟子は紀元前三七二年に鄒の国に生まれ、孔子の唱えた「仁」を発展させ、王道による政治と「性善説」を唱えた。一方、荀況は孟子の五十年ほど後の人で、「礼」を重んじ、天人分離の考えのもと「性悪説」を唱えた。

『論語』は、孔子の死後、孔子の弟子たちによって編纂された、孔子と門人たちの言行録。約五百章の短い章が二十編にまとめられており、孔子が学問、政治、社会などについて、どのように考えていたのかがわかる。四書（儒教の四つの経典）の一つ。

『孟子』は、孟子（孟軻）が遊説した諸侯や門人たちとの問答や議論などをまとめたもの。門人たちの編纂とも、本人と門人たちの編纂とも言われている。孔子の思想や主張を受け継ぎ発展させたものだが、孟子の個性が色濃く出ている。七編。四書の一つ。

『荀子』は、荀況とその学派の著作。前漢末に三十二編に編定され、のち唐時代に二十巻三十二編に改編された。そのうち六編は門弟の著述だとされているが、おおむね荀況の思想を忠実に伝えているとされる。

道家について

道家の祖とされる老子の事績については不明。その思想は儒家と対立し、儒家の人為的な道徳や規範、秩序といったものを否定、「無為自然」（天地自然の道理）に従った生き方を理想としている。その老子と並び称されるのが荘周である。荘周は戦国時代の楚（一説には宋）の国の人。その詳細は明らかでないが、老子の「無為自然」を重視し発展させ、忘我無心の境地に生き、天地自然と一体になることを理想とした。二人の思想を合わせて「老荘思想」とも呼ばれる。

『老子』は、老子の著作とされ、上巻（道経）三十七章、下巻（徳経）四十四章からなる。「道」に則った「無為自然」「柔弱」の処世術を説いたもので、『老子道徳経』とも呼ばれる。

『荘子』は、荘周とその学派の著作とされ、現行本は三十三編からなる。巧みな比喩と寓話に富んだ文学性の高い文章で、人為を捨てて無為自然に回帰すべきことを説く。

論語

【大 意】 教62ページ7行～63ページ2行

富貴と貧賤とは結果にすぎず、君子にとって大切なことは、いついかなる場合においても「仁」に基づいて行動することである。

【書き下し文】

❶子曰はく、「富と貴とは、是れ人の欲する所なり。❷其の道を以て之を得ざれば、処らざるなり。❸貧と賤とは、是れ人の悪む所なり。❹其の道を以て之を得ざれば、去らざるなり。❺君子仁を去りて、悪くにか名を成さん。❻君子は終食の間も仁に違ふこと無く、造次にも必ず是に於いてし、顛沛にも必ず是に於いてす。」と。

（里仁）

【現代語訳】

❶先生が言われるには、「財産が多いことと身分が高いこととは、人が（誰しも）得たいと望むものである。❷（しかし、）それにふさわしいやり方によってこれ（＝富貴）を得たのでなければ、（その境遇に）とどまらない。❸貧しいことと身分が卑しいこととは、人が（誰しも）嫌うものである。❹（しかし、）それにふさわしいやり方によってこれ（＝貧賤）を得たのでなければ、（その境遇から）去ることをしない。❺君子が仁から離れたら、どこで（君子という）名を成すことができようか、いや、どこにも成すことはできない。❻君子は、食事を終えるまでの短い時間であっても仁に背くことはなく、急ぎ慌てる場合にあっても必ず仁に基づいて行動し、つまずき倒れるような場合でも、必ず仁に基づいて行動するのである。」と。

語句の解説

教62ページ

❶子 男性に対する敬称。『論語』では孔子を指す。先生。

❶富 与レ貴 財産が多いことと身分が高いことは。

＊「与」＝ここでは、「と」と読む並列を表す助字。

❶所レ欲 得たいと思うもの。欲求するもの。

「所」＝下の用言を体言化し、動作の対象を表す。

❷不下以二其道一得上レ之、不レ処也 それにふさわしいやり方で得た富貴でなければ、その境遇にとどまらない。

❖不レA不レB ＝仮定を表す。Aしなければ Bしない。

「其道」＝それにふさわしいやり方。

「之」＝富貴を指す。

❸貧 与レ賤 貧しいことと身分が卑しいこととは。

＊「悪」＝ここでは、「にくム」と読む。

❹不下以二其道一得上レ之、不レ去也 それにふさわしいやり方で得

た貧賤でなければ、その境遇から逃げ出さない。

「之」＝貧賤を指す。

教63ページ

⑤君子（くんし）　徳を修めた立派な人間。

⑤仁（じん）　孔子が、人として生きていく上の基盤とした理念。

⑤悪（いづクニカ）**平成レ名**（なさンなヲ）　どこで名を成そうか、いや、どこにも成せない。

❖**悪**（クニカ）**〜**（（セ）ン）　＝反語を表す。どこで〜か、いや、どこにもない。

＊「乎」＝ここでは、場所を表す置き字。

⑥＊「於是」＝ここでは、「ここニおイテシ」と読む。

問1　「是」とは、何を指すか。

答　仁。

【大　意】　教63ページ3〜4行

民は、法や刑罰によって統制するのではなく、道徳や礼義によって導くべきである。

【書き下し文】

❶子曰はく、「之を道くに政を以てし、之を斉ふるに刑を以てすれば、民免れて恥無し。❷之を道くに徳を以てし、之を斉ふるに礼を以てすれば、恥有りて且つ格る。」と。

（為政）

【現代語訳】

❶先生が言われるには、「これ（＝民）を導くのに法律や禁制を用い、これ（＝民）を統制するのに刑罰を用いてすれば、民は（刑罰から）免れさえすればよいと考えて、恥ずかしいとも思わない。❷これ（＝民）を導くのに道徳を用い、これ（＝民）を統制するのに礼義を用いてすれば、恥じることを知り、さらに善に至るだろう。」と。

語句の解説

教63ページ

❶道レ之以レ政（みちびクニこれヲもつテシまつりごとヲ）　民を導くのに法律や禁制を用い。

「Ａ以レＢ」（ＡスルニＢヲもつテス）＝ＢでＡする、の意。

「道」＝導く。「導」と同じ。

＊「以」＝ここでは、「もつテシ」と読む。

❶斉レ之以レ刑（ととのフルニこれヲもつテスレバけいヲ）　民を統制するのに刑罰を用いてすれば。

❶而　接続詞。ここは順接で、直前の語に「テ」を送っている。

❶恥（はじ）　自らの行為を恥じる心をもつこと。

❷道レ之以レ徳（みちびクニこれヲもつテシとくヲ）　為政者が法律を厳しくするよりも、まず自らが道徳的人格者となって行動すること。

❷礼（れい）　礼義。社会の秩序維持のための礼節。物事のそうあるべき条理。

❷＊「且」＝ここでは、「かツ」と読む。さらに。接続詞。

【大 意】 教63ページ5〜8行

政治で大切なものは、食の充足、軍備の充実、民に信義の心をもたせることであり、その中で最も大切なのは、信義の心をもたせることである。

【書き下し文】

❶子貢政を問ふ。❷子曰はく、「食を足らし、兵を足らし、民之を信にす。」と。❸子貢曰はく、「必ず已むを得ずして去らば、斯の三者に於いて何をか先にせん。」と。❹曰はく、「兵を去らん。」と。❺子貢曰はく、「必ず已むを得ずして去らば、斯の二者に於いて何をか先にせん。」と。❻曰はく、「食を去らん。❼古より皆死有り。❽民信無くんば立たず。」と。

（顔淵）

【現代語訳】

❶子貢が(先生に)政治について尋ねた。❷先生が言われるには、「(民に)食糧を十分にしてやり、(国を守るために)軍備を充実させ、民に信義の心をもたせることだ。」と。❸子貢が(さらに)言うことには、「どうしてもやむを得ずに取り去るとしたら、この三つの中で、何を先にしますか。」と。❹(すると先生が)言われるには、「軍備を取り去ろう。」と。❺(すると重ねて)子貢が言うことには、「どうしてもやむを得ずに取り去るとすれば、この二つの中で、何を先にしますか。」と。❻(先生が)言われるには、「食糧を取り去ろう。❼昔から人は誰でも死ぬものなのだ。❽(しかし、)民に信義の心がなければ、(政治は)成り立たないのだ。」と。

語句の解説

教63ページ

❶**問レ政** 政治を行うにあたって、為政者が心すべき政治の要諦を尋ねている。

❷**足レ食** 食糧を十分にして。食糧を十分確保していれば、民の心は落ち着く。

❷**足レ兵** 軍備を充実させ。軍備が整っていれば、民の動揺は防げる。

*「矣」＝ここでは、文末に置かれる置き字。

❸**必不レ得レ已** どうしてもやむを得ずに。

*「已」＝ここでは、「やムヲ」と読む。

❸**斯三者** 食と兵と信。

❸**何先** 何を先にしようか。

❖何ヲカ〜(セン)＝疑問を表す。何を〜か。疑問代名詞が目的語である場合は、原則として動詞の前にある。

2 「斯二者」とは、何と何を指すか。

答 食と信。

❼**自レ古**　昔から。以前から。

＊「自」＝返り点が付いた場合は「より」と読み、起点を表す前置詞。

❽**無レ信不レ立**　信義の心がなければ政治は成り立たない。政治を行うためには、「信」が不可欠であることを言っている。

❖無レ[A]不レ[B]（セ）＝[A]がなければ[B]しない。「不レ[A]（セ）不レ[B]（セ）」と同じで、上の句が仮定条件を、下の句がその結果を表す。

Q　孔子は、「君子」（63・1）の姿勢についてどのようなことを重視しているか、説明してみよう。

考え方　「里仁」編の「君子去レ仁、……」以下の部分に着目する。

解答例　いついかなる場合においても「仁」に基づいて行動することを重視している。

Q　孔子は「政」（63・3、5）で何が大切だと述べているか、まとめてみよう。

考え方　「為政」編の「道レ之以レ徳、斉レ之以レ礼」、「顔淵」編の「民無レ信不レ立」に着目する。

解答例　「徳」（道徳）と「礼」（礼義）によって民を導くことと、政治の三要件である「食」（食糧）、「兵」（軍備）、「信」（民の信義の心）のうち、「信」を重視することが大切である。

句法

一　書き下し文に直し、太字に注意して、句法のはたらきを書こう。

1　**不**下以二其ノ道一得上レ之ヲ、**不**レ処ラ也。
（　　　　　　）（　　　）

2　**悪**クニカ乎成レ名ヲ。
（　　　　　　）（　　　）

答
1　其の道を以て之を得ざれば、処らざるなり。／仮定
2　悪くにか名を成さん。／反語

孟子　無二恒産一而有二恒心一者

【大　意】 教64ページ1行～65ページ2行

（王道政治を行うためには、）民に一定の職業・収入をもたせて生活を安定させた上で、礼と義をおさめさせるべきである。

【書き下し文】

❶孟子曰はく、「恒産無くして恒心有る者は、惟だ士のみ能くするを為す。❷民のごときは則ち恒産無ければ、因りて恒

【現代語訳】

❶孟子が言われるには、「一定の職業・収入・財産がなくて、一定不変の道徳心があるというのは、学問教養のある人だけができるのである。❷庶民などは、一定の職業・収入・財産がなければ、そ

心無し。❸苟しくも恒心無ければ、放辟邪侈、為さざる無きのみ。❹罪に陥るに及びて、然る後に従ひて之を刑するは、是れ民を罔するなり。❺焉くんぞ仁人位に在りて、民を罔するを為すべきこと有らんや。❻是の故に、明君は民の産を制するに、必ず仰ぎては以て父母に事ふるに足り、俯しては以て妻子を畜ふに足り、楽歳には終身飽き、凶年にも死亡を免れしめ、然る後駆りて善に之かしむ。❼故に民の之に従ふや軽し。❽今や民の産を制するに、仰ぎては以て父母に事ふるに足らず、俯しては以て妻子を畜ふに足らず、楽歳にも終身苦しみ、凶年には死亡を免れざらしむ。❾此れ惟だ死を救ひて而も贍らざるを恐る。❿奚ぞ礼義を治むるに暇あらんや。」

(梁恵王 上)

と。

れにつれて一定不変の道徳心もない。❸もし一定不変の道徳心がないとしたら、勝手気ままで、したいほうだいのことをして、どんなことでもしないことはない。❹(罪を犯す原因を知っていながら)罪を犯した時、その(犯罪を犯した)後にそこで(待ち構えていて)刑に処するのは、これは人民に網をしかけて捕らえるようなものだ。❺どうして仁徳のある人が(民を治める)地位についていながら、人民に網をしかけて捕らえるようなことをしてよいであろうか、いや、決してしてはならない。❻このために、(古の)明君は、民の生業を定めるのに、必ず目上は父母に仕えるのに十分であり、目下は妻子を養うのに十分であり、豊作の年には、ずっと腹いっぱい食べ、凶作の年にも餓死を免れるようにさせ、その後民を励まして善行におもむかせる。❼だから民がこれ(=明君)に従うことは(まことに)たやすかったのだ。❽(ところが)今(の君主)は民の生業を定めるのに、目上は父母に仕えるのに十分でなく、目下は妻子を養うのに十分でなく、豊作の年でもずっと苦しみ、凶作の年には餓死を免れない。❾これでは(民は)ひたすら餓死を免れようとして、力が足りないことを恐れている。❿(こんな状態で)どうして礼と義をおさめる余裕などあるだろうか、いや、決してない。」と。

語句の解説

教64ページ

❶惟士為レ能 士だけができる。

❖惟ダ〜ノミ =限定を表す。〜だけだ。「惟」は限定の副詞で、ここでは限定する対象を明示するために副助詞「ノミ」が送られている。

「為レ能」=できる。「能為」と同意。

*「能」=ここでは、「よクスルヲ」と読む。

❷若レ民 民などは。

「若レAノ」=Aなどは。Aのようなものは。

*「若」=ここでは、「ごとキハ」と読む。

*「則」＝ここでは、「すなはチ」と読む。

❷無ニ恒産一、因無ニ恒心一 一定の職業・収入・財産がなければ、一定不変の道徳心ももてない、ということ。

*「因」＝ここでは、「よリテ」と読む。上述のことから以下のことが起こることを表す接続詞。

❸苟無ニ恒心一 仮に一定不変の道徳心がないとしたら。

❖苟～(ナラ)バ＝仮定を表す。もし～なら。「苟」は、「若」(もシ)よりやや強い仮定の意を表す。

❸無レ不レ為已 しないことはない。必ずする。

❖無レ不レ～＝二重否定を表す。～しないものはない＝必ず[A]する、の意。

❖～已＝限定を表す。～だけだ。

❹及レ陥ニ於罪一 罪を犯す時になって。

「及」＝ここでは、…の時になる、の意。

❹然後 その後に。

*「然」＝ここでは、「しかル」と読む。

❺焉有ニ仁人在一レ位、罔レ民而可レ為也 仁徳のある人が民を治める地位にありながら、網をしかけて捕らえるようなことは決してしてはならない。

❖焉(クンゾ)～也(セン)＝反語を表す。どうして～か、いや～ない。なお、反語では、文末を「未然形＋ンヤ」の形で結ぶ。

*「可」＝ここでは、「ベキコト」と読み、許可を表す。…してよい。

*「也」＝ここでは、「や」と読む。文中にある場合は「や」と訓じ、…は、…の時には、の意を表す。

❻明君 賢明な王。ここでは古の明君のこと。

① 「仰」と対になる語はどれか。

答 「俯」。

解説 父母は目上にあたるので「仰ぐ」といい、妻子は養う立場から目下にあたるので「俯す」といったもの。

❻*「事」＝ここでは、「つかフルニ」と読む。

❻使下…免中於死亡上 餓死を免れるようにさせ。

「於」＝ここでは、目的語を導く前置詞。

❻之レ善 善行におもむかせる。

*「之」＝ここでは、「ゆカシム」と読む。行く。おもむく。

❼従レ之也軽 明君に従うことはたやすい。

「之」＝ここでは、古の明君を指す。

教65ページ

❾*「而」＝ここでは、「しかモ」と読む。

❿奚暇レ治ニ礼義一哉 どうして礼や義をおさめる余裕などあろうか、いやあるはずがない。

❖奚(ゾ)～哉(セン)＝反語を表す。どうして～か、いや～ない。「奚」は疑問詞「何」と同じで、ここでは疑問の終尾詞「哉」と呼応している。

「礼義」＝「礼」と「義」で、人として実践すべき道徳のこと。

Q 孟子は、民にとっての「恒産」と「恒心」はどのような関係にあると述べているか、まとめてみよう。

考え方 「士」と「民」とでは、「恒産」と「恒心」の関係が異なるが、この文章では「民」のことが中心に述べられている。孟子の言葉の冒頭部分「無恒産而有恒心者、……因無恒心。」から読み取る。

解答例 「士」の場合は、「恒産」がなくとも「恒心」をもち続けることができるが、「民」の場合は、「恒産」がなければそれにつれて「恒心」もない。「民」にとって「恒産」と「恒心」は不可分な関係にあるといえる。

孟子 不忍人之心

【大意】 教65ページ3行～66ページ7行

人は皆人の不幸を見過ごすことのできない気持ちをもっている。君王がその心を用いて政治を行えば、天下を治めることは簡単である。また、人は仁・義・礼・智の端(糸口)である惻隠・羞悪・辞譲・是非の心も本来そなえているのだ。

【書き下し文】

❶孟子曰はく、「人皆人に忍びざるの心有り。❷先王人に忍びざるの心有りて、斯に人に忍びざるの政有り。❸人に忍びざるの心を以て、人に忍びざるの政を行はば、天下を治むること之を掌上に運らすべし。❹人皆人に忍びざるの心有りと謂ふ所以の者は、今人乍ち孺子の将に井に入らんとするを見れば、皆怵惕惻隠の心有り。❺交はりを孺子の父母に内るる所以に非ざるなり。❻誉れを郷党朋友に要むる所以に非ざるなり。❼其の声を悪みて然するに非ざるなり。❽是に由りて之を観れば、惻隠の心無きは、人に非ざるなり。❾羞悪の心無きは、人に非ざるなり。❿辞譲の心無きは、人に非ざるな

【現代語訳】

❶孟子が言われるには、「人は皆人の不幸を見過ごすことのできない気持ちがある。❷古代の聖王は、(この)人の不幸を見過ごすことのできない気持ちをもっていたので、そこで人の不幸を見過ごすことのできない(憐れみのある)政治を行ったのである。❸(このように)人の不幸を見過ごすことのできない気持ちを用いて、人の不幸を見過ごすことのできない政治を行えば、天下を治めることなど手のひらで物を転がすように(簡単に)できるのである。❹人は皆人の不幸を見過ごすことができない気持ちがあるという理由は、(以下の例で明らかである。それは)今ある人が不意に幼児が井戸の中に落ちようとしているのを見たとすれば、(人は)皆はっと驚きいたましく思う心が生じ(て、これを助けようとす)る。❺(それは)幼児の父母と交際を結ぼうという理由からではない。❻(また)そこに住む村人や友人に賞賛を求めようという理由からでもない。❼(子ど

り。⓫是非の心無きは、人に非ざるなり。⓬惻隠の心は、仁の端なり。⓭羞悪の心は、義の端なり。⓮辞譲の心は、礼の端なり。⓯是非の心は、智の端なり。⓰人の是の四端有るや、猶ほ其の四体有るがごときなり。」と。

（公孫丑　上）

もを見殺しにしたという）悪い評判（が立つこと）を嫌ってそうする（＝助ける）のでもない。❽こうしたことから考えてみると、いたましく思う心がない者は、人ではない。❾自分の不善を恥じ、他人の不善を憎む心のない者は、人ではない。❿人に譲る心のない者は、人ではない。⓫善と悪とを弁別する心のない者は、人ではない。⓬（そして）いたましく思う心は、仁の糸口である。⓭自分の不善を恥じ、他人の不善を憎む心は、義の糸口である。⓮遠慮して人に譲る心は、礼の糸口である。⓯善と悪とを弁別する心は、智の糸口である。⓰（このように）人にこの四つの糸口があるのは、ちょうど人に両手両足があるのと同じである。」と。

語句の解説

教65ページ

❶不レ忍レ人之心　後出の「惻隠之心」とほぼ同意である。孟子によれば、人であればこの心が先天的にそなわっているとし、「性善説」の根幹をなしている。

❷先王　古代における伝説的な尭・舜・禹・湯などの聖王を指す。

❷斯　そこで。当面の事物を指す語。「則」と同じ。

❷不レ忍レ人之政　人の不幸を見過ごしにしない、仁の政治。

＊「矣」＝置き字。断定を表す。

①　「可レ運二之掌上一」とは、どういうことをたとえているか。

答　手のひらの上で物を転がすように簡単にできる。つまり、天下を治めることは別段難しいことではなく、「不忍人之心」を用いれば、いともたやすくできるということ。

❸＊「可」＝ここでは、「ベシ」と読む。

❹所四以謂三人皆有二不レ忍レ人之心一者　人は皆人の不幸を見過ごすことのできない気持ちがあるとする理由は。

＊「所以」＝ここでは、「ゆゑん」と読む。「原因・理由」の意。

❹孺子　ここでは、やっと歩けるようになったくらいの子どもを指す。

❹将レ入二於井一　今にも井戸の中に落ちようとするのを。

＊「将」＝ここでは、「まさニ〜すルヲ」と読む。再読文字。

❺非四所三以内二交於孺子之父母一也　幼児の父母と交際を結ぼうという理由からではない。以下❼まで、「不レ忍レ人之心」が利害得失や評判を気にしてのことではなく、自然に生まれる心であることを述べている。

「非三所二以A一也」＝Aという理由からではない。

教66ページ

❻要ニ誉於郷党朋友一　そこに住む村人や友人に名誉を求める。ここでは子どもを助けたことで皆から賞賛されること。

「誉」＝名誉。よい評判。

❼＊「悪」＝ここでは、「にくミテ」と読む。

②「声」とは、具体的にはどのような内容か。

答　子どもを見殺しにしたという、悪い評判。

❼然　そのようにする。ここでは、井戸に落ちかかった子どもを助けることを指す。

❽由レ是観レ之　これによって考えてみると。上の文を受けて、下の文で結論を述べる場合の慣用句。

＊「由」＝ここでは、「よリテ」と読む。

❽非レ人也　人ではない。

「非レ[A]一」＝[A]ではない。否定を表す。

❿辞譲之心　遠慮して人に譲る心。

⓫是非之心　是を是とし、非を非とする心。つまり、善悪の弁別ができる心。

⓰四端　「仁」「義」「礼」「智」の四つの糸口。「惻隠」「羞悪」「辞譲」「是非」の心のこと。

⓰猶三其有二四体一也　ちょうど両手両足があるのと同じだ。

＊「猶」＝ここでは、「なホ～ごとキ」と読む。再読文字。

Q　孟子は、「孺子」のたとえによってどのようなことを言おうとしているのか、説明してみよう。

考え方　「孺子」のたとえが出てくる前後の部分から読み取ろう。

解答例　人が皆、他人の不幸を見過ごすことができない気持ちがあるという理由を言おうとしている。子どもが井戸に落ちそうになっているときに助けようとするのは、利害損得や評判を気にしてのことではなく、自然に生まれる心であることから、人は皆、他人の不幸を見過ごすことができないのだ、ということを孟子は言っている。

Q　「惻隠」「羞悪」「辞譲」「是非」と、「仁」「義」「礼」「智」との関係はどのようなものか、整理してみよう。

考え方　漢文の後半部分から、それぞれの心が「仁義礼智」という徳につながっていることをおさえよう。

解答例
・「惻隠」→いたましく思う心。やがて「仁」となる糸口になる。
・「羞悪」→自分の不善を恥じ、他人の不善を憎む心。やがて「義」となる糸口になる。
・「辞譲」→人に譲る心。やがて「礼」となる糸口になる。
・「是非」→善と悪とを弁別する心。やがて「智」となる糸口になる。

これら四つの心をまとめて「四端」といい、人が生まれながらに持っている「人に忍びざるの心」に由来し、「仁」「義」「礼」「智」につながる。

荀子 人之性悪

【大 意】 教67ページ1～9行

人の本性は悪であり、先生の教えや礼義の導きによってはじめて善になるのであって、善であることは後天的な人間の作為でしかない。

【書き下し文】

❶人の性は悪なり、其の善なる者は偽なり。❷今人の性、生まれながらにして利を好む有り。❸是に順ふ、故に争奪生じて、辞譲亡ぶ。❹生まれながらにして疾悪する有り。❺是に順ふ、故に残賊生じて、忠信亡ぶ。❻生まれながらにして耳目の欲有り、声色を好むこと有り。❼是に順ふ、故に淫乱生じて、礼義文理亡ぶ。❽然らば則ち人の性に従ひ、人の情に順はば、必ず争奪に出で、犯文乱理に合して、暴に帰す。❾故に必ず将に師法の化、礼義の道き有りて、然る後に辞譲に出で、文理に合して、治に帰せんとす。❿此を用て之を観れば、然らば則ち人の性は悪なること明らかなり。⓫其の善なる者は偽なり。

（性悪）

【現代語訳】

❶人間の本性は悪であり、その善であることは後天的な、人間の作為でしかない。❷さて、人間の本性は、生まれながらに利益を好むところがある。❸この本性に従うために、争い奪うことが生じ、人に譲ることがなくなってしまう。❹（また、人間の本性は）生まれながらに妬み憎むところがある。❺この本性に従うために、人を損ない、傷つけることが生じ、誠意と信義が失われてしまう。❻（また、人間の本性は）生まれながらにして聞きたい見たいという欲望があり、美しい音楽と女性を好むところがある。❼この本性に従うために、節度をなくした行いが生じ、礼義や道理がなくなってしまう。❽そうだとしたら、人間の本性に従い、人間の感情に従うならば、必ずや争い奪うことが生じて、文理を犯し乱すこととなり、（結局）混乱状態に陥ってしまう。❾それ故必ず先生の教えや礼義による導きがあり、そうしてはじめて人に譲ることが生じ、道理にかない、（世の中は）治まることになるのである。❿こうしてみると、人間の本性が悪であることは明白である。⓫その善であることは後天的な人間の作為なのである。

語句の解説

教67ページ

❶性 本性。生まれながらにもっている性質。

❷今 さて。ところで。話題の転換を表す接続詞。発語の辞。

❷生而有好利焉 生まれながらに利益を好むところが

ある。

「而」＝順接の接続詞。直前の語に助詞「シテ」を送っている。

＊「焉」＝置き字。決意・断定を表す。

❸**順レ是**（したがフこれニ）　この本性のままに従う。

「順」＝流れのままに従っていく。

「是」＝「生而有好利」を指す。

❸**争奪**（そうだつ）　争い合い奪い合うこと。争い奪うこと。

❸**辞譲**（じじょう）　遠慮して人に譲ること。

＊「亡」＝ここでは、「ほろブ」と読む。

❺**忠信**（ちゅうしん）　誠意と信義。

「忠」＝誠意。まごころ。自分の心に偽りのないこと。

「信」＝信義。人に対して偽りのないこと。

❻**耳目之欲**（じもくのよく）　聞きたい見たいという感覚的な欲望。

❼**礼義**（れいぎ）　礼と義。ともに人が守るべき正しい道をいう。

❽＊「然則」＝ここでは、「しかラバすなはチ」と読む。そうだとしたら。接続詞。前文を受け結果を表す。

❽**帰二於暴一**（きスぼうニ）　混乱状態に陥る。

「帰」＝行き着く。ここでは、陥る、と訳した。

「於」＝動作の及ぶ対象を示す前置詞。送り仮名「ニ」を導く。

「暴」＝無秩序状態をいい、後に出てくる「治」と対照をなす。

❾**必将下有二師法之化一、……而帰中於治上**（かならズまさニしほうのかアリテ……きセントちニ）　必ずや先生の教え、礼義による導きがあり、そうしてはじめて人に譲ることが生じ、道理にかない、世の中が治まることになるのだ。

「必将二[A]一、然後[B]一」＝必ずや[A]して、はじめて[B]する。

＊「将」＝ここでは、「まさニ～す」という再読文字。ここでは、近未来を表す。

「道」＝導く。「導」に同じ。

「治」＝平和で落ち着いた状態。

❾**然後**（しかルのちニ）　その後。そうしてはじめて。

❿**用レ此観レ之**（もっテこれヲみレバこれヲ）　こうしてみると。以上のことから考えてみると。

「用」＝「以」と同じ。

Q　荀子が「人之性悪」と考えるのはなぜか、まとめてみよう。

考え方　人間の本性にはどういうところがあり、それに従うとどうなってしまうのか、まとめればよい。

解答例　人間の本性には利益を好み、美しい音楽と女性を好むところがある。この本性に従えば、必ず争い奪うことが生じ、文理を犯し乱すことになり、混乱状態になってしまうから。

Q　孟子の考え方と荀子の考え方について、どちらにより共感するか、話し合ってみよう。

考え方　孟子と荀子、それぞれの漢文から読み取れる考え方をふまえて、自分がどちらに共感するかを考えよう。孟子は、人間の本性を「善」と考える「性善説」を唱えている思想家である。一方、荀子は、人間の本性を「悪」と考える「性悪説」を唱えている思想家である。自分が見聞きしたことなども含めて、意見をまとめよう。

老子　大道廃、有仁義

【大　意】 教68ページ1～2行

老子の説く無為自然の道が廃れてくると、儒家の重んじる仁義や、大偽・孝慈・忠臣といった人為的なものが現れてくる。

【書き下し文】

❶大道廃れて、仁義有り。❷智慧出でて、大偽有り。❸六親和せずして、孝慈有り。❹国家昏乱して、忠臣有り。

（第十八章）

【現代語訳】

❶無為自然の道が廃れてくると、儒家の重んじる「仁」「義」の道徳が説かれるようになる。❷智慧（を働かせる儒家）が出てくると、わるだくみが行われるようになる。❸親子・兄弟・夫婦の家族が不和になると、よく親に仕え子孫をいつくしむ者が目立つようになる。❹国家が乱れてくると、忠臣が出てくるようになる。

語句の解説

教68ページ

❶大道廃、有仁義 「大道」が廃れたために「仁義」といった人為的な道徳が説かれるようになったのであり、「大道」こそ尊ぶべきであると、「仁義」を否定している。

❷智慧 頭のはたらき。人知。ここは儒家を念頭に置いて言ったもので、よい意味で用いられたのではない。

❷大偽 儒家の唱える「仁」「義」「礼」「智」といった人為的な秩序・制度を念頭に置いたもの。

❸六親不和、有孝慈 家族間が不和になると「孝慈」が現れてもてはやされるが、むしろ「孝慈」の現れていない時こそが、本当の「孝慈」が行われているのだ、という逆説的な表現。

「孝慈」＝よく親に仕え、子孫をいつくしむ者。

❹国家昏乱、有忠臣 国家が乱れてくると「忠臣」が現れほめそやされるが、「臣」が君主に忠実であるのは当然のことであり、それがほめそやされるのは、国が乱れ（「大道」が廃れ）たためだ、と言っているのである。

Q 「大道」が廃れて「仁義」があるというのはどのようなことか、説明してみよう。

考え方 逆説的な言い回しによって、老子が何を言いたかったのかをよく考えてみよう。

解答例 老子の説く「無為自然」の世の中であれば、「仁義」といった人為的な道徳によって人民を教化する必要はない。偉大な道が廃れ、「無為自然」の世の中でないからこそ、「仁義」といったものが儒家によって唱えられるようになったのだ。

老子　無用之用

【大　意】　教68ページ3行～69ページ1行
形のあるものに価値があるのは、形のないものがその役目を果たしているためである。

【書き下し文】
❶三十輻、一轂を共にす。❷其の無きに当たりて、車の用有り。❸埴を埏して以て器を為る。❹其の無に当たりて、器の用有り。❺戸牖を鑿ちて以て室を為る。❻其の無に当たりて、室の用有り。❼故に有の以て利を為すは、無の以て用を為せばなり。
（第十一章）

【現代語訳】
❶三十本の車輪の「や」は、一つのこしきを共有している。❷そのないことによって（＝こしきの中の空洞によって）、車としての働きがある。❸粘土をこねて器を作る。❹そのないことによって（＝器の中に空洞があることによって）、器としての働きがある。❺戸や窓の穴を開けて部屋を作る。❻そのないことによって（＝部屋の中に空間があることによって）、部屋としての働きがある。❼だから、形のあるものが役に立つのは、何もない部分が役割を果たしているからである。

語句の解説

教68ページ

❶三十輻、共二一轂一　三十本の車輪の「や」は、一つのこしきを共有している。三十本の車輪の「や」が、中心にある一つのこしきによって止められていることを表す。

❷当二其無一　そのないことによって。「其」はここではこしきを指している。このあとにも、同じ表現が繰り返されている。
・三十輻……。当二其無一、有二車之用一。
・埏レ埴……。当二其無一、有二器之用一。
・鑿二戸牖一……。当二其無一、有二室之用一。
それぞれの「無」が、「車之用」「器之用」「室之用」を成り立たせているという内容になっている。

① 三つの「其無」は、それぞれ何を指すか。

答
・一つ目の「其無」…こしきの中の空洞。
・二つ目の「其無」…器の中の空洞。
・三つ目の「其無」…部屋の中の空間。

❷車之用　車としての働き。
「用」＝ここでは、働き、用途の意。

❸埴　瓦や陶器の原料となる赤土。粘土。

❸以　ここでは、……を用いる、の意。こねた粘土を用いて、と

いうこと。

❸**為レ器**　器を作る。

＊「為」＝ここでは、「つくル」と読む。「作」と同義。

❺**鑿二戸牖一**　戸や窓の穴を開けて。戸や窓にするために壁に穴を開けるということ。

教69ページ

❼**故**　だから、したがって。

❼**為レ利**　役に立つ。

「利」＝ここでは、得られるもの、利益、の意。

「為」＝ここでは、そのようにする、の意。

Q　**「無用之用」とはどのようなことか、説明してみよう。**

考え方　「車」「器」「室」の例において、それぞれの「無」が果たしている役割を述べた後、最終の一文で、そのことからいえることを整理して述べている。

解答例　形のあるものが役に立つのは、それを成り立たせている形のないものの存在があるからだということ。

荘子　曳二尾於塗中一

【大　意】　**教69ページ2行〜70ページ3行**

死んで尊ばれるより、泥の中で自由に生きるほうが亀にとっては幸せである。束縛なしに無為自然に生きる、それが理想的な生き方なのである。

【書き下し文】

❶荘子濮水に釣る。❷楚王大夫二人をして往きて先んぜしむ。❸曰はく、「願はくは竟内を以て累はさん。」と。

❹荘子竿を持し顧みずして曰はく、「吾聞く、楚に神亀有り、死して已に三千歳なり。❺王巾笥して之を廟堂の上に蔵むと。❻此の亀は、寧ろ其れ死して骨を留めて貴ばるるを為さんか、寧ろ其れ生きて尾を塗中に曳かんか。」と。❼二大夫曰はく、

【現代語訳】

❶荘子が黄河の支流である濮水で釣りをしていた。❷(その荘子のところへ)楚王が大夫二人に先に行かせて、王の意向を伝えさせた。❸(大夫たちが)言うことには、「(先生に楚の)国内の政治をお任せしたいのです。」と。

❹(しかし)荘子は釣り竿を持ったまま(使者のほうを)振り向きもしないで言うことには、「私は、楚の国に吉凶を占うのに使う神聖な亀の甲があり、それは死んでからすでに三千年もたっている。❺(そして)王は布で包んで箱に入れてこの亀の甲を先祖の霊を祭る建

「寧ろ生きて尾を塗中に曳かん。」と。❽荘子曰はく、「往け。❾吾将に尾を塗中に曳かんとす。」と。

（秋水）

物の上にしまっていると聞いています。❻この亀は、死んで骨を残して貴ばれる（ほうがよい）か、生きていて尾を泥の中に引きずる（ほうがよい）か（、どちらがよいだろう）。」と。❼二人の大夫が言うには、「（それは）生きていて尾を泥の中に引きずるほうがよいでしょう。」と。❽（そこで）荘子が言うには、「お帰りなさい。❾私も尾を泥の中に引きずっていこうと思う。」と。

語句の解説

教69ページ

❶**於**　場所を表す助字で、動作が行われる所を指す。訓読はしないが、「濮水」についている「ニ」がその意味を表している。

❷**楚王使二大夫二人一往先一焉**　楚王は大夫二人に先に行かせた。

❖使二A一B一＝使役を表す。AにBさせる。

＊「焉」＝文末に置かれる助字で、文意を強める。

「大夫」＝官名の一つで、「卿」の下、「士」の上にあたる。

❸**願以二竟内一累　矣**　国の政治をお任せしたい。

❖願～＝願望を表す。どうか～してください。

＊「矣」＝置き字。断定・強意を表す。

①　「以二竟内一累」とは、具体的には何をすることか。

答　楚の国内の政治を任せるということ。

❹**持レ竿不レ顧**　竿を持ったまま、振り返ろうともしないで。なんの興味も示さなかったということ。

❹**吾聞**　私は…と聞いている。「廟堂之上」まで係る。この言葉で、荘子が楚の内情を知っていることも暗に示唆している。

❹**死　已三千歳　矣**　死んでからすでに三千年もたっている。

＊「已」＝ここでは、「すでニ」と読む。「既」に同じ。

❻**此亀者**　この亀は。

＊「者」＝ここでは、「は」と読む。主格を表す助字。…は。

❻**寧其死　為二留レ骨而貴一乎、寧其生　而曳二尾於塗中一乎**　死んで骨を残して貴ばれるか、それとも生きて尾を泥の中に引きずるか。

❖寧其A乎、寧其B乎＝比較を表す。Aのほうがよいか、Bのほうがよいか。

教70ページ

❽**往矣**　行きなさい。帰りなさい。

❾**吾将レ曳二尾於塗中一**　私も尾を泥の中に引きずっていこうと思う。つまり、なんの束縛も受けず、自由に生きていきたいのだ、ということ。

＊「将」＝ここでは、「まさニ～す」と読む再読文字。

Q 荘子は、「曳尾於塗中」でどのような生き方がよいと言っているか、説明してみよう。

考え方 「神亀」のたとえは何を言おうとしているのか考える。また、一国の宰相になるということは、世俗間のもろもろのこと、法制度に縛られるということである。

解答例 亀にとっては、死んで尊ばれるよりも自由に生きている方がよいに違いない。同じように、束縛されることのない、自由で伸び伸びとした（無為自然の）生き方がよい。

荘子　渾沌

【大　意】 教70ページ4行～71ページ1行

南海の帝王儵と北海の帝王忽が、二人を厚くもてなした渾沌の恩義に報いるために、人には皆ある七つの穴を渾沌に開けてやったところ、渾沌は死んでしまった。

【書き下し文】

❶南海の帝を儵と為し、北海の帝を忽と為し、中央の帝を渾沌と為す。❷儵と忽と、時に相与に渾沌の地に遇ふ。❸渾沌之を待すること甚だ善し。❹儵と忽と渾沌の徳に報いんことを謀りて曰はく、「人皆七竅有りて、以て視聴食息す。❺此れ独り有ること無し。❻嘗試みに之を鑿たん。」と。❼日に一竅を鑿ち、七日にして渾沌死す。

（応帝王）

【現代語訳】

❶南海の帝王（の名）を儵といい、北海の帝王（の名）を忽といい、中央の帝王（の名）を渾沌といった。❷儵と忽とが、ある時一緒の渾沌の（治めている）地で出会った。❸渾沌はこれ（＝儵と忽）を大変手厚くもてなした。❹（そこで）儵と忽とは、渾沌の恩義に報いようと相談して言うことには、「人には皆目・耳・鼻・口の七つの穴があって、それらを用いて見たり聞いたり食べたり呼吸したりしている。❺（ところが）この渾沌だけは（その穴が）ない。❻ためしに、これ（＝穴）を開けてやろう。」と。❼一日に一つの穴を開け、七日目に（全ての穴を開けたところ）渾沌は死んでしまった。

語句の解説

教70ページ

❶**南海之帝為儵** 南海の帝王を儵といい。

「A為B」＝AをBという。

「儵」＝南海の帝王の名であるが、たちまち、にわかに、の意をもつ。「忽」も同じ意で、どちらもせせこましく、人為的であるさまを風刺している。

❶**中央**（ちゅうおう）　南でも北でもない意で、いわば未分化のところであると同時に、人為の及んでいない自然を表す。

❶**渾沌**（こんとん）　物事の区別が明らかでないさまで、いっさいが未分化で、秩序のない状態の形容。ここではそれを擬人化したもの。

❷**儵与レ忽**（しゅくトこつ）　儵と忽と。

❷＊「A与レBト」＝ここでは、AとBと。「与」は並列を表す。

❷**於**　置き字。ここでは、場所・位置を表す。

❷＊「与」＝ここでは、「ともニ」と読む。副詞で、一緒に、の意。

❹**謀レ報ニ渾沌之徳一**（はかリテむくインコトヲこんとんのとくニ）　渾沌の恩義に報いようと相談して。

答

①

「謀レ報」とは、ここではどういうことか。

手厚くもてなしてくれた渾沌の恩義に報いようと相談すること。

❹**以**（もっテ）　それで。それを用いて。ここでは「七つの穴を用いて」の意。

❹**視聴食息**（しちょうしょくそくス）　見たり聞いたり食べたり息をしたりしている。これが人間的な分別を生み、無為自然にある渾沌を死に追いやる原因となる。

❻**嘗試鑿レ之**（こころミニうがタンこれヲ）　ためしに穴を開けてやろう。

＊「嘗試」＝ここでは、「こころミニ」と読む。ためしに。「嘗」も「試」も、こころみる、ためす、の意。

❼**渾沌死**（こんとんしス）　渾沌は死んでしまった。「渾沌」は「自然」の象徴であり、儵や忽が「穴を開ける」行為は、人為の象徴である。儵と忽の人間的なこざかしい行為は、偉大なる自然には通用しないことを、渾沌の死が象徴している。

Q　「七竅」を得ることによって「渾沌」が死ぬとは、どのようなことを意味しているか、説明してみよう。

考え方　七竅（＝両目・両耳・鼻孔・口）によって、人は「視聴食息」する。そしてそこに人為的な判断・認識が生まれるのである。

解答例　七竅をうがつことは、人為的な判断・認識をもつことを意味する。それは「渾沌」がその本質である「無為自然」を失うことであり、結果として「渾沌」を死に至らしめたと考えられる。

課題

一　儒家と道家の思想をそれぞれまとめ、その違いについて話し合ってみよう。

考え方　儒家については、「仁」「義」「礼」「信」「智」といった徳目がキーワードとなる。道家については、「大道」「無為自然」がキーワードとなる。

解答例　儒家＝「仁」を最高の徳目として、「道徳」「礼義」に基づき、「信義」を重んじる生き方を唱える。そして、それらによった秩序ある社会、理想的な政治の実現を目指している。

道家＝儒家の説く「仁」「義」といった人為的行為を退け、あるがままの自然（無為自然）の道理に従い、人間本来の生き方に復帰することを目指している。

語句と表現

一　「論語」「孟子」「荀子」「老子」「荘子」から生まれた故事成語を調べてみよう。

解答例　「論語」＝「一を聞いて十を知る」（物事の一部を聞いただけですべてを理解できること）、「過ぎたるは猶及ばざるがごとし」（行き過ぎたことやり過ぎたことは及ばないことと同じで、よくないこと）、「可もなく不可もなし」（特によいわけでもなく、悪いこともないこと）など。

「孟子」＝「五十歩百歩」（多少の違いはあるが、大差はなく、似たりよったりであること）、「木に縁りて魚を求む」（木によじ登って魚を得ようとするように、的外れで、おろかな行為のこと）など。

「荀子」＝「青は藍より出でて藍より青し」（教えを受けた人が教えた人よりも優れること）など。

「老子」＝「舌は禍の根」（言葉は災難を招くもとであること）、「千里の行も足下に始まる」（大事を成し遂げるためには、小事を積み重ねるところから始まること）など。

「荘子」＝「蟷螂の斧」（力のない者が自らの力量をわきまえずに強敵に立ち向かうこと）、「井の中の蛙大海を知らず」（自分の中にある狭い知識にとらわれて、ものごとを大局的に判断することができないこと）など。

学びを広げる　儒家と道家

教科書P.71

身のまわりの事柄から儒家や道家の思想につながる例を探し、発表してみよう。

考え方　中国の思想を形成する大きな柱となる二つの思想について、その内容と、身のまわりの事柄でその思想につながる例がないかを調べ、発表する。

儒家は、孔子によって体系化された儒教（儒学）を信奉する学派。孔子は「仁」を中心とする徳治主義を主張した。孟子は、人は本来善であるという「性善説」を提唱した。これに対し、荀子は、人は本来悪であるという「性善説」を提唱した。

また、道家は、『老子』『荘子』などに示された思想を継承する学派で、その思想は「老荘思想」と呼ばれている。

老子は、無為自然を唱え、自然の法則に基づく「道」を重んじた。荘子は、老子の無為自然の考えを発展させた。

また、それぞれの思想につながる考え方は、故事成語などとして現代にも残っているので、それらの言葉について調べ、身のまわりの事柄にあてはめてみてもよいだろう。

解答例　孟子は、人は本来善であるという「性善説」を唱えた。この思想につながるものとして、無人販売があげられると思う。無人販売は、例えば野菜などの品物を、路上や店舗に並べ、文字通り無人でそれを販売するというものである。このシステムは、誰かが見張っていなくても、客が品物の料金を支払うはずだという、人が善であるということを信じているからこそ生まれたものだ。

六 小説

桃花源記

陶潜

教科書P.74〜77

【大意】 1 教74ページ1〜5行

晋の太元年間のことである。武陵の漁師が谷川に沿って行くうちに道に迷い、桃花の林に行きあたり、その奥に山の洞穴を見つけて入って行った。

【書き下し文】

❶晋の太元中、武陵の人、魚を捕らふるを業と為す。❷渓に縁りて行き、路の遠近を忘る。❸忽ち桃花の林に逢ふ。❹夾岸数百歩、中に雑樹無し。❺芳草鮮美、落英繽紛たり。❻漁人甚だ之を異とす。❼復た前行し、其の林を窮めんと欲す。❽林水源に尽きて、便ち一山を得たり。❾山に小口有り、髣髴として光有るがごとし。❿便ち船を捨て口より入る。

【現代語訳】

❶晋の太元年間に、武陵の人で、魚を捕まえることを生業としている者がいた。❷(ある日、漁師は船で)谷川に沿って行くうちに、どれほどの道のりを進んで来たかわからなくなった。❸突然桃の花の(咲く)林に出会った。❹(桃花の林は)両岸に数百歩(も続き)、その中には(桃以外の)ほかの木はなかった。❺香りのよい草が色鮮やかに美しく生い茂り、(桃の)花びらが乱れ散っている。❻漁師は(こんな場所があることを)たいそう不思議に思った。❼再び(船で)進んで、その林(の果て)を突き止めようとした。❽林は(谷川の)水源のところで終わり、(そのあと)すぐに一つの山を見つけた。❾その山には小さな洞穴があり、ぼんやりと光がさしているようだった。❿(漁師は)すぐに船を乗り捨て(その)洞穴から中に入って行った。

語句の解説 1

教74ページ

❶**業** 生業。なりわい。

❸**忽** 突然。急に。

❺**芳草鮮美** 香りのよい草が色鮮やかに美しく生い茂り。

❽＊「便」＝ここでは、「すなはチ」と読む。そこで。そのまま。すぐに。乃（教75ページ2行）、即（教76ページ2行）も同じ読みだが、意味が違うので注意しよう。

❾＊「若」＝ここでは、「ごとシ」と読む。

❿＊「従」＝ここでは、「より」と読む。

1　「得二一山一」とは、どういうことか。

答　一つの山を発見したということ。

【大　意】　2　教74ページ6行～75ページ1行

初めはとても狭く、人が通るのがやっとだったが、さらに進み続けると、眼前が開け明るくなった。そこには、俗世間からかけ離れた風景とそこに住む村人が平和な生活を営む別天地があった。

【書き下し文】

❶初めは極めて狭く、纔かに人を通ずるのみ。❷復た行くこと数十歩、豁然として開朗なり。❸土地平曠、屋舎儼然たり。❹良田美池、桑竹の属有り。❺阡陌交通じ、鶏犬相聞こゆ。❻其の中に往来し種作す。❼男女の衣著悉く外人のごとし。❽黄髪垂髫、並びに怡然として自ら楽しむ。

【現代語訳】

❶初めのうちは非常に狭く、やっと人（一人）が通れるだけであった。❷さらに数十歩進んで行くと、ぱっと眼前が開けて明るくなった。❸土地は平らで広々として、家屋はきちんと整っていた。❹よく肥えた田畑や美しい池、桑や竹のたぐいがある。❺田のあぜ道が縦横に通じ、鶏や犬の鳴き声が聞こえてくる。❻その中で（人々が）往来して耕作している。❼男女の衣服はすべて違う世界の人のようである。❽老人や子供も、皆それぞれ喜び楽しんでいる。

語句の解説　2

教74ページ

❶**纔通レ人**　やっと人が通れるだけだ。

❖纔～（スルノミ）＝限定を表す。やっと～だけだ。

❸**曠**　「広」と同じ。

❹**桑竹**　桑も竹も。農民の生活に必要なもの。

❺**鶏犬相聞**　この表現は、のどかな田舎の暮らしを表現している。理想郷を表す言い方。

教75ページ

❼＊「如」＝ここでは、「ごとシ」と読む。

【大意】 3 教75ページ2～8行

漁師は村人たちの歓待を受け、その村人たちから、先祖が秦の時代に戦乱を避けて一族で逃げて来たのだと説明を受ける。数日を過ごした後に武陵に帰る時、この村のことは人に言わないでほしいと言われる。

【書き下し文】

❶漁人を見て乃ち大いに驚き、従りて来たる所を問ふ。❷具に之に答ふ。❸便ち要して家に還り、為に酒を設け鶏を殺し食を作る。❹村中此の人有るを聞き、咸来たりて問訊す。❺自ら云ふ、「先世秦時の乱を避け、妻子邑人を率ゐて、此の絶境に来たり、復た出でず。❻遂に外人と間隔す。」と。❼問ふ、「今は是れ何れの世ぞ。」と。❽乃ち漢有るを知らず、魏・晋に論無し。❾此の人一一為に具に聞く所を言ふ。❿皆嘆惋す。⓫余人各復た延きて家に至り、皆酒食を出だす。⓬停まること数日にして辞去す。⓭此の中の人語げて云ふ、「外人の為に道ふに足らざるなり。」と。

【現代語訳】

❶(村人は)漁師を見つけると大変驚き、どこからやって来たのかを尋ねた。❷(漁師は)詳しくこれに答えた。❸すると(村人は)迎えて家につれて帰り、酒を用意し鶏を殺し食事を作っ(てもてなし)た。❹村中(の人たち)はこの人が来たことを聞いて、皆やって来て(外部の様子を)尋ねた。❺(村人たちが)自分から言うには、「先祖が秦代末の戦乱を避け、妻子や村人をひきつれて、この世間とかけ離れた土地にやって来て、決して(外に)出て行かなかった。❻そのまま外部の人々との交渉がなくなってしまったのです。」と。❼(そして)「今は何という時代なのですか。」と尋ねた。❽なんとまあ(この村人らは)漢(という王朝)があったことを知らず、(それぐらいだから、ましてそれより後の)魏や晋(があったことも知らないの)はいうまでもない。❾この人は一つ一つ村人のために(自分の)聞き知っていることをこと細かに話してやった。❿(その話を聞いた村人は)皆驚き嘆いている。⓫ほかの人たちもそれぞれまた(漁師を)案内して家につれて帰り、皆酒や食事を出し(てもてなし)た。⓬(漁師は)数日間滞在してから、立ち去ることにした。⓭(別れる時)この村の中の(ある)人が(漁師に)向かって言うことには、「(ここのことは)外部の人に言うほどのことではありません(から言わないでほしい)。」と。

語句の解説 3

教75ページ

❶*「乃」＝ここでは、「すなはチ」と読む。

❷**具答レ之** 答えたのは漁師。「之」は前文の「所二従来一」を指す。

*「具」＝ここでは、「つぶさニ」と読む。

❺**不二復出一焉** 決して出なかった。

❖不二復～一＝否定の強調を表す。決して～ない。

復不レ～は、二度目もまた～しない、の意となるので注意する。

*「焉」＝ここでは置き字。強意・断定の意。

❻*「与」＝ここでは、「と」と読む。下から返って読む助字。

❼**何世** 何という時代ですか。

❖何～＝疑問を表す。どの～か。

⑬*「道」＝ここでは、「いフニ」と読む。

【大　意】　4　教76ページ1～4行

漁師は帰り着いて郡の太守に村のことを報告した。太守は部下を差し向けて村を探しに行かせるが、発見することができなかった。南陽の劉子驥も行こうと計画したが、果たせなかった。その後は誰もこの地を訪れる者はいない。

【書き下し文】

❶既に出でて、其の船を得、便ち向の路に扶り、処処に之を誌す。❷郡下に及び、太守に詣り、説くこと此くのごとし。❸太守即ち人を遣はして、其の往くに随ひ、向に誌しし所を尋ねしむるに、遂に迷ひて復た路を得ず。❹南陽の劉子驥は、高尚の士なり。❺之を聞き欣然として往かんことを規る。❻未だ果たさず。❼尋いで病みて終はる。❽後遂に津を問ふ者無し。

（陶淵明集）

【現代語訳】

❶（漁師は村を）出てから、その（＝自分の）船を見つけ、ただちに前に来た道に沿ってゆき、あちらこちらに印をつけておいた。❷（そして）郡の役所がある町にやって来て、郡の長官に会い、このようであると（事の次第を）説明した。❸長官はすぐに人を差し向け、漁師が行くのについて行かせ、以前につけておいた目印を探させたが、そのまま迷ってしまい二度は（その村に通じる）道を見つけ出すことができなかった。❹南陽の人劉子驥は、志が高い人であった。❺この話を聞いて喜んで（その村に）行ってみたいと計画した。❻（しかし）まだ実現しなかった。❼（そして）間もなく病にかかって死んでしまった。❽その後とうとう桃花源へ行く渡し場を尋ねる人はいなかった。

語句の解説　4

教76ページ

②「誌レ之」という行動をとったのはなぜか。

答　また、この村に来られるようにするため。

❶*「向」＝ここでは、「さきノ」と読む。

❸＊「即」＝ここでは、「すなはチ」と読む。そのまますぐに、ただちに。「便」よりやや強い。

❸不(ず)ニ復(まタ)得(え)レ路(みちヲ)　二度とは道を見つけ出すことができなかった。

❺欣然(きんぜんトシテ)　喜んで。

❻未(いまダ)レ果(はタサ)ず　まだ実現しなかった。「未」は再読文字。

課題

一　桃花源は、どのような所として描かれているか。風景や住人の様子などに注目して、説明してみよう。

考え方　村人の発言 教74ページ6行目〜75ページ1行目の内容をおさえよう。「先世避(ケ)ニ秦時(ノ)乱(ヲ)一」(教75ページ4行)も参考になる。

解答例　桃の林の先の山の中にあり、平らな広々とした土地で田畑を耕し、道や家は整っている。男女の衣服は別世界の人のようだが、楽しそうに暮らしている。秦の戦乱を避けて住みついたが、以来長い間外部との関わりなく生活している。この世の楽園のような場所。

二　桃花源の人が「不(ル)レ足(ラ)下為(ニ)外人(ノ)一道(フニ)上也。」(75・8)と言ったのはなぜか、話し合ってみよう。

考え方　前の部分に注目すると、桃花源の人々の先祖が戦乱から逃れ、平和に暮らすために世間とかけ離れたこの場所にやってきたことが描かれている。このことを踏まえて、桃花源の人々が漁師に口外しないよう乞うた理由を考えよう。

解答例　外部の人に、この村の存在を知ってほしくなかったから。

語句と表現

一　この文章には、実在の年号・王朝名・人名などが用いられている。このことによりどのような効果があるか、話し合ってみよう。

考え方　実在の名称が用いられているのは以下の部分である。
年号→「晋太元」(74・1)
王朝名→「秦」(75・4)、「漢」「魏・晋」(75・6)
人名→「劉子驥」(76・3)
題名である「桃花源記」の「記」は文体の一種で、事実をそのまま述べている文章に用いられる。これらのことから、現実味のない空想の話ではあるが、事実であるという名目と、実在の事柄を物語に加えることによって、リアリティをもたらす効果があると考えられる。

句法

一　書き下し文に直し、太字に注意して、句法のはたらきを書こう。

1　**纔**(カニ)通(ズルノミ)レ人(ヲ)。
（　　　　　　　　）（　　　　）

2　**不**ニ**復**(タ)出(デ)一焉。
（　　　　　　　　）（　　　　）

答
1　纔かに人を通ずるのみ。／限定
2　復た出でず。／否定の強調

参考 小国寡民

教科書P.77

【大意】 教77ページ1～5行

小さな国で人民が少なく、文明の利器を用いずに自分の土地での生活に満足し、完全に独立しているのが理想の社会である。

【書き下し文】

❶小国寡民、什伯の器有れども用ゐざらしむ。❷民をして死を重んじて遠く徙らざらしめば、舟輿有りと雖も、之に乗る所無く、甲兵有りと雖も、之を陳ぬる所無し。❸民をして復た縄を結びて之を用ゐ、其の食を甘しとし、其の服を美とし、其の居に安んじ、其の俗を楽しましめば、隣国相望み、鶏犬の声相聞こゆるも、民老死に至るまで、相往来せざらん。

（『老子』）

【現代語訳】

❶小さな国で人民が少なく、いろいろな器具があっても（人民に）使わせない。❷（また）もし人民が命を大切にして遠くに移住しないならば、たとえ小舟と車があるとしても、それに乗ることはなく、たとえ鎧と武器があるとしても、それを並べ（て用い）ることはない。❸もし人民が再び（太古のように文字の代わりに）縄に結び目を作って約束の印としてこれを使い、その（＝自分たちの）食事をおいしいと思い、その（＝自分たちの）服を美しいと思い、その（＝自分たちの）住居に安住し、その（＝自分たちの）風俗習慣を楽しむならば、隣の国が互いに眺められ、鶏や犬の鳴き声が互いに聞こえる（ほど近くであった）としても、人民は老いて死ぬまで、互いに行き来することはないだろう。

語句の解説

教77ページ

❶**小国寡民** 小さな国で人民が少ないこと。老子が理想とする社会。

❶**使下有二什伯之器一而不上用** いろいろな器具があっても使わせない。

「使二A B一（セ）」＝使役を表す。AにBさせる、の意を表す。ここではAが省略されている。

「而」＝逆接を表す置き字。

❷**使三民重レ死而不二遠徙一** もし人民が命を大切にして遠くに移住しないならば。

「使二A B一（セ）」＝仮定を表す。使役の形を用いているので、もしAにBさせたとしたならば、と訳すこともできる。

❷**雖レ有二舟輿一** たとえ小舟と車があっても。

「雖レA」＝仮定を表す。たとえAとしても。

❷**無レ所レ乗レ之** これに乗ることはなく。

「所」＝下にくる用言を名詞化する助字。
❷**陳** 並べる。ここでは武器を準備することをいう。
❸**復** 今一度、再び、の意の副詞。
❸**甘㆓其食㆒** 自分たちの食事をおいしいと思い。
「甘」＝ここでは、おいしい、の意。
「其食」＝自分たちが普段食べている食事。自国の食事。

❸**安㆓其居㆒** 自分たちの住居に安住し。
「安」＝安住する。落ち着く。
❸**其俗** 自分たちの風俗習慣を。
「俗」＝風俗習慣。
❸**相望** 互いに眺められ。
「相」＝動作に対象があることを表す。

売鬼

干宝

教科書P.78〜80

【大 意】 教78ページ1行〜79ページ8行

幽霊に出くわした定伯は、自分も幽霊だと幽霊をだました。幽霊と一緒に宛の市場に向かう道中、幽霊に背負われた時や川を渡った時に幽霊ではないのではと怪しまれたが、幽霊になったばかりだからだとだまし続けた。また、幽霊の恐れ嫌うものは人間の唾だということも聞き出した。宛の市場の直前で、幽霊を背負ってつかまえた定伯は、市場に入って羊に化けた幽霊を売り、唾をかけて銭を手に入れた。

【書き下し文】

❶南陽の宋定伯、年少き時、夜行きて鬼に逢ふ。❷之に問ふに、鬼言ふ、「我は是れ鬼なり。」と。❸鬼問ふ、「汝は復た誰ぞ。」と。❹定伯之を誑きて言ふ、「我も亦鬼なり。」と。❺鬼問ふ、「何れの所にか至らんと欲する。」と。❻答へて曰はく、「宛市に至らんと欲す。」と。❼鬼言ふ、「我も亦宛市に至らんと欲す。」と。❽遂に行くこと数里なり。❾鬼言ふ、「歩行太だ遅し。❿共に逓ひに相担ふべし。⓫何如。」と。⓬定伯曰はく、「大いに善し。」と。⓭鬼便ち先づ定伯を担ふこと数

【現代語訳】

❶南陽の宋定伯は、若い頃、夜歩いていて幽霊に出くわした。❷これ（＝幽霊）に尋ねると、幽霊は言った、「私は幽霊だ。」と。❸幽霊は尋ねた、「おまえはいったい誰か。」と。❹定伯はこれ（＝幽霊）をだまして言った、「私もまた幽霊だ。」と。❺幽霊が尋ねた、「どこに行こうとしているのか。」と。❻（定伯は）答えて言った、「宛の市場に行こうとしている。」と。❼幽霊が言った、「私もまた宛の市場に行こうとしている。」と。❽そのまま数里（一緒に）歩いた。❾幽霊が言った、「（おまえは）歩くのがとても遅い。❿一緒に交互に互いを背負うのがよい。⓫どうであろうか。」と。⓬定伯が言うには、「たいそうよい（考えだ）。」と。⓭幽霊はすぐに最初に定伯を数

里なり。⑭鬼言ふ、「卿太だ重し。⑮将た鬼に非ざるや。」と。⑯定伯言ふ、「我は新鬼なり、故に身重きのみ。」と。⑰定伯因りて復た鬼を担ふに、鬼略重さ無し。⑱是くのごときこと再三なり。⑲定伯復た言ふ、「我は新鬼なれば、何の畏忌する所有るかを知らず。」と。⑳鬼答へて言ふ、「惟だ人の唾を喜ばざるのみ。」と。

㉑是に於いて共に行くに道に水に遇ふ。㉒定伯鬼をして先づ渡らしめ、之を聴くに、了然として声音無し。㉓定伯自ら渡るに、漕漼として声を作す。㉔鬼復た言ふ、「何を以てか声有る。」と。㉕定伯曰はく、「新たに死して、水を渡るに習れざるが故なるのみ。㉖吾を怪しむこと勿かれ。」と。㉗行きて宛市に至らんと欲す。㉘定伯便ち鬼を担ひて肩上に著け、急に之を執らふ。㉙鬼大いに呼び、声咋咋然として下ろさんことを索むるも復た之を聴かず。㉚径ちに宛市の中に至り、下ろして地に著くれば、化して一羊と為る。㉛便ち之を売る。㉜其の変化せんことを恐れ、之に唾す。㉝銭千五百を得て、乃ち去る。

(捜神記)

里背負った。⑭幽霊が言った、「おまえはとても重い。⑮もしかしたら幽霊ではないのか。」と。⑯定伯が言った、「私は幽霊になったばかりで、だから体が重いのだ。」と。⑰定伯がそこで今度は幽霊を背負うと、幽霊はほとんど体重がなかった。⑱このようなことが何度も繰り返された。⑲定伯が再び言った、「私は幽霊になったばかりなので、(幽霊に)どのような恐れ嫌うものがあるのかを知らない。」と。⑳幽霊が答えて言った、「ただ人間の唾を好まないだけだ(=恐れ嫌うのは人間の唾だけだ)。」と。

㉑こうして(定伯と幽霊が)一緒に歩いて行くと途中で川に行き当たった。㉒定伯は幽霊に先に(川を)渡らせ、これ(=川を渡る音)を聞くと、全く音がしない。㉓定伯が自分で(川を)渡ると、ざぶざぶと音を立てた。㉔幽霊が再び言った、「どうして音がするのか。」と。㉕定伯は言った、「死んだばかりで、川を渡るのに慣れていないためだ。㉖私を怪しむな。」と。㉗歩いて宛の市場に到着しようとしていた。㉘定伯はすぐに幽霊を背負って肩の上に乗せ、すぐさまこれ(=幽霊)をつかまえた。㉙幽霊は大声で叫び、声をぎゃあぎゃあと発して下ろすように求めたが(定伯は)決してこれ(=幽霊の頼み)を聞かなかった。㉚すぐに宛の市場の中に到着し、(幽霊を肩から)下ろして地面に置くと、(幽霊は)化けて一頭の羊になった。㉛(定伯は)すぐにこれ(=幽霊が化けた羊)を売った。㉜それ(=羊)が(後でまた)化けるようなことを恐れ、これ(=幽霊が化けた羊)に唾をかけた。㉝(定伯は)銭千五百貫を手に入れて、そこで立ち去った。

語句の解説

教78ページ

❶＊「少」＝ここでは、「わかキ」と読む。

❸汝復誰　おまえはいったい誰か。

「汝」＝おまえ。きみ。二人称の代名詞。

「復」＝そもそも。いったい。ここでは、強意を表したり、語調を整えたりする用法。

「A誰」＝疑問を表す。Aは誰か。

❹＊「亦」＝ここでは、「また」と読む。

❺欲レ至ニ何所一　どこに行こうとしているのか。

❖何所＝疑問を表す。場所を問う疑問詞。どこにか。

❽遂　そのまま。その結果。

❿可ニ共逓相担一　一緒に交互に互いを背負うのがよい。

＊「可」＝ここでは、「べシ」と読み、～(する)のがよい、の意。

＊「相」＝ここでは、「あひ」と読む。

⓫❖何如＝疑問を表す。どうであろうか。

⓭＊「便」＝ここでは、「すなはチ」と読む。接続詞。すぐに。

⓯将レ非レ鬼也　もしかしたら幽霊ではないのか。「鬼」は、幽霊なら体重は軽いはずなのに、定伯を背負うととても重かったため、本当に幽霊なのかどうか疑ったのである。

「A也」＝疑問を表す。A(なの)か。

⓰我新鬼、故身重耳　私は幽霊になったばかりで、だから体が重いのだ。「鬼」を納得させるための、定伯の巧みな嘘である。

「故」＝だから。したがって。理由を表す。

「A耳」＝Aだ。「耳」は、ここでは、断定の意味を表す。

⓱＊「因」＝ここでは、「よりテ」と読む。

⓲如レ是　このようなこと。

＊「如」＝ここでは、「ごとキコト」と読む。比況の助動詞。

①「如レ是」とはどうすることか。

答　定伯が、自分は幽霊になったばかりだと幽霊をだまし続けて、幽霊と交互に互いを背負い合って、宛の市場に向かうこと。

⓳不レ知レ有ニ何所一畏忌一　(幽霊に)どのような恐れ嫌うものがあるのかを知らない。

「所レA」＝Aするもの。Aすること。

⓴惟不レ喜ニ人唾一　人間の唾を好まないだけだ。

❖惟～＝限定を表す。～だけだ。

教79ページ

㉑＊「於是」＝「ここニおイテ」と読む。こうして。そこで。

㉒定伯令ニ鬼先渡一　定伯は幽霊に先に渡らせた。

❖令ニA B一＝使役を表す。AにBさせる。

㉔何以有レ声　どうして音がするのか。「鬼」は、幽霊なら川を渡るとき音は立てないはずなので、定伯が音を立てたことを不思議がったのである。

❖何以～＝疑問を表す。理由を問う。どうして～か。

㉖勿レ怪レ吾也　私を怪しむな。

❖勿レ～＝禁止を表す。～するか。

*「也」＝断定の語気を表す置き字。

㉙索(もとムルモ)レ下(おロサンコトヲ)　不(ず)二復(まタ)聴(きカ)一レ之(これヲ)　下ろすように求めたが決してこれを聞かなかった。定伯に捕らえられて肩に担がれた幽霊が、下ろすように頼んだが、定伯は無視したのである。「之」は幽霊の「下ろしてくれ」という頼みを指す。

❖不二復(タ)～一(セ)＝否定の強調を表す。決して～ない。

㉝*「乃」＝ここでは、「すなはチ」と読む。接続詞。そこで。

課題

一　本文に登場する「鬼」（78・1）の特徴をまとめてみよう。

解答例　外見は人間と似ているが、歩くのがとても速い。体重はほとんどなく、川を渡る時、音を立てない。人間の言葉を単純に信じ、だまされる。羊に化けることができるが、人間の唾には太刀打ちできない。

二　この話のおもしろさについて、話し合ってみよう。

考え方　この話に登場する幽霊は、「人間が怖がり恐れるもの」という一般的な幽霊のイメージと全く異なること、この話を簡潔にまとめると、「人間が幽霊をだました話」となることを踏まえて考える。言葉巧みに幽霊をだまし続けて、幽霊の恐れ嫌うものを聞き出し、最後には幽霊をつかまえ、羊になった幽霊を売って銭を手に入れた定伯の抜け目のない賢さと、定伯の言葉をそのまま信じ込んで歩き続け、最後にはつかまえられ、羊に化けたら唾をかけられ、売られてしまった幽霊のおろかさとの対比に、この話のおもしろさがあるといえよう。

語句と表現

一　「少」（78・1）について、文中と同じ意味でこの字を用いている熟語をあげてみよう。

解答例　少女、幼少など。

句法

一　書き下し文に直し、太字に注意して、句法のはたらきを書こう。

1　**惟**(ダ)不(ル)レ喜(バ)二人(ノ)唾(ヲ)一。（　　）（　　）

2　**何以**(ヲテカ)有(ル)レ声。（　　）（　　）

3　索(ムルモ)レ下(ロサンコトヲ)　**不二復**(タ)聴(カ)一レ之(ヲ)。（　　）（　　）

答
1　惟だ人の唾を喜ばざるのみ。／限定
2　何を以てか声有る。／疑問
3　下ろさんことを索むるも復た之を聴かず。／否定の強調

学びを広げる　さまざまな「鬼」

教科書P.80

これまでに学習した作品や、知っている作品に登場する「鬼」について調べ、その作品における特徴をまとめてみよう。さらに、各作品の「鬼」の共通点や相違点を比較し、レポートにまとめてみよう。

考え方　中国で「鬼」とは、幽霊のことを指す。「売鬼」を収録する『捜神記』は、神仙・鬼神・妖怪・死者についての話を集めた、志怪小説集である。このような作品にはほかに、『幽明録（ゆうめいろく）』『異苑（いえん）』などがあり、これらから、「鬼」が登場する作品を探してみるとよいだろう。

解答例　①「売鬼」（『捜神記』）における鬼の特徴
・ほとんど体重がないと思うほどに軽い。
・人間の唾を恐れる。
・川を渡るとき、音がしない。
②「新死鬼」（『幽明録』）における鬼の特徴
・幽霊に新参と古参がいる。
・幽霊であるが、ものを食べる（食べないと痩せる）。
・悪事を働くのは食べ物を得るためである（古参に新参がその方法を教わる）。
・悪事を働くが失敗もする。
③「院徳如」（『幽明録』）における鬼の特徴
・背丈が約二・五メートルあり、皮膚が黒く、目が大きい。
・黒い衣を身につけ、てっぺんが平らになっている頭巾を被っている。
・院徳如が鬼に「いやらしい奴だ」と言うと、鬼は恥ずかしくなり退散してしまった。
④「照誕」（『集異記』）における鬼の特徴
・大勢で人間に襲いかかる。
・目がつり上がっており、歯ぎしりをしている。
・刀でなぎ倒されると、海藻を分けてくれと懇願する。

○共通点
・特殊な身体的特徴を持っている鬼が登場する作品→「売鬼」・「院徳如」・「照誕」
・人間に危害を与えようとする鬼が登場する作品→「新死鬼」・「照誕」
・人間に負ける（言いくるめられる）鬼が登場する作品→「売鬼」・「院徳如」・「照誕」

○相違点
「売鬼」で登場する鬼についての描写は、鬼の体の特徴などが中心になっている。「新死鬼」で登場する鬼についての描写は、彼らが悪事を働く理由が中心になっている。「院徳如」で登場する鬼についての描写は、鬼の体の大きさや装束などが中心となっている。「照誕」で登場する鬼についての描写は、鬼たちの行動が中心になっている。

七　日本の漢詩文

自　詠

菅原道真

教科書P.82

● 主　題

己の境遇に対する嘆き。　◎五言絶句　韻　行・蒼

【書き下し文】

○自詠

❶家を離れて三四月
❷落涙百千行
❸万事皆夢のごとし
❹時時彼の蒼を仰ぐ

（菅家後集）

【現代語訳】

○自らを詠じる

❶家からはなれてさすらって三、四か月がたち、
❷涙がとめどなく落ちてくる。
❸あらゆることはすべて夢のようであり、
❹しばしば青空を仰ぎ見ている。

語句の解説

教82ページ

❶**三四月**　三、四か月。「月」は、ひと月の意。

❷**落涙百千行**　涙がとめどなく落ちてくる。

「百千行」＝涙が幾筋も、とめどなく流れている様子を表している。

❸**万事皆如レ夢**　あらゆることはすべて夢のようである。大宰府に左遷されたという事情をふまえると、都での生活も現在の状況も何もかもが虚しく感じられている様子が読み取れる。

「万事」＝あらゆるもの。何もかも。

＊「如」＝ここでは、「ごとシ」と読む。まるで～のようだ。

❹**時時**　しばしば。折にふれて。

❹**仰二彼蒼一**　青空を仰ぎ見ている。

「仰」＝ここでは、見上げる、の意。第三句の内容から、空を見上げる道真の心にあるのは虚しさのようなものであると考えられる。

山茶花（さんちゃか）

義堂周信（ぎどうしゅうしん）

教科書P.82

●主題
大切な客を迎える家と住人（＝作者）の華やぐ心。

◎七言絶句　韻　遮・車・花

【書き下し文】
○山茶花
❶老屋凄涼として苔半ば遮る
❷門前誰か肯へて暫し車を留めん
❸童児我が佳客を招くを解して
❹掃はず山茶満地の花を
（空華集）

【現代語訳】
○山茶花（＝つばきの花）
❶古びた家は寂しくひっそりとしており、苔がその半分ほどを覆っている。
❷（その家の）門前に、誰がすすんでわずかの間でも車を留めるだろうか、いや誰も車を留めはしない。
❸召し使いの少年は私が賓客を招くことを理解して、
❹掃き清めることをせずに（＝そのままにして）いるのだ、地面いっぱいに満ちている山茶花を。

語句の解説

教82ページ

❶老屋　古びた家。ここでは、作者の自宅を指している。

❶苔半遮　苔がその半分ほどを覆っている。
「遮」＝ここでは、見えなくしている、の意。苔が生えて、家の様子がよく見えないということを表している。

❷門前誰肯暫留レ車　（その家の）門前に、誰がしばらくの間でも車を留めるだろうか、いや誰も車を留めはしない。第一句で描かれた「老屋」の様子をうけて、誰もこのような家には訪ねてこないということを述べている。

❖誰～（セン）＝反語を表す。誰が～か、いや誰も～ない。
＊「肯」＝ここでは「あへテ」と読む。すすんで～する。
「暫」＝わずかの間。短い時間。

「留」＝とめる、とどめる。

第一・二句では、「老屋」（＝作者の自宅）が寂しくひっそりとし、訪ねてくる人もいないという様子が描かれている。

❸童児解三我招二佳客一　召し使いの少年は私が賓客を招くことを理解して。
「童児」＝召し使いの少年。ここでは、作者が召し使っている者

を指す。

「佳客」＝賓客。大切な客人。

❹**不掃山茶満地花**　地面一面に満ちているつばきの花を掃き清めることをせずに（＝そのままにして）いるのだ。

「掃」＝掃き清める。

「満地」＝地面一面に満ちている様子。ここでは、つばきの花が地面にたくさん落ちている様子を表現している。

第三句の内容をうけている。「童児」は、作者が賓客を家に招いたということを知り、地面に落ちた花をそのままにしたのである。それは、主人（＝作者）の客に対するもてなしである。

第三・四句では、第一・二句で描かれた、ひと気のない「老屋」の様子とは対照的に、「佳客」のために「山茶花」の花が地面いっぱいに敷かれた、鮮やかな色彩が感じられる。

夜下墨水

服部南郭

教科書P.83

●主題

墨水（＝隅田川）を小舟で進む心地よさ。

◎七言絶句　韻　浮・流・州

【書き下し文】

○夜墨水を下る

❶金龍山畔江月浮かぶ

❷江揺らぎ月湧きて金龍流る

❸扁舟住まらず天水のごとし

❹両岸の秋風二州を下る

（南郭先生文集）

【現代語訳】

○夜墨水（＝隅田川）を下る

❶金龍山のほとりを流れる川（＝隅田川）に月が浮かんでいる。

❷（水流によって）川は揺らぎ、月の光が（川から）わき出るようにきらめいて、金色の龍が流れていくようである。

❸小舟は（一か所に）とどまらず（進んでいき）、（見える景色は）天と水が一体化したようである。

❹（小舟は、川の）両岸を吹く秋風によって、二つの国（＝武蔵の国と下総の国）を下っていく。

語句の解説

教83ページ

○**墨水**　隅田川の「隅」に「墨」の字を当てた。

❶**金龍山畔**　金龍山のほとり。

「畔」＝ここでは、ほとり、の意。

❶江月浮　隅田川に月が浮かんでいる。
「江」＝大きな川、の意。ここでは、隅田川を指している。
❷江揺　月湧　（水流によって）川は揺らぎ、月の光が（川から）わき出るようにきらめいている。
「江」＝隅田川を指す。

「揺」＝揺れ動く様子を表す。

「湧」＝ここでは、水がわき出るように物事が盛んに起こる、の意。隅田川に映った月光が、川の揺らぎによって光っていることを表している。

答 ① 「金龍」とは何をたとえているか。
隅田川に映った月影。

❷金龍流　金色の龍が流れていく。隅田川に映った月影が、水流で揺れ動く様子を、「金龍」にたとえた表現。
❸扁舟　小舟。
「扁」＝ここでは、小さい、の意。
❸不レ住　とどまることがない。
「住」＝ここでは、とどまる、の意。
❸天如レ水　（見える景色は）天と水が一体化したようである。天が水が一つになったような景色を表す。
＊「如」＝ここでは、「ごとシ」と読む。まるで〜のようだ。
❹両岸 秋風下二二州一　（小舟は、川の）両岸を吹く秋風によって、二つの国（＝武蔵の国と下総の国）を下っていく。小舟が、「秋風」とともに進んでいくことを表す。
「両岸」＝小舟が進む隅田川の両岸。

悼亡

大沼枕山

教科書P.84

● **主題**
亡くなった妻をしのび、悲しむ思い。

◎七言律詩　韻　驚・卿・声・情・生

【書き下し文】
○悼亡
❶一夕幽閨短夢驚く
❷屏を隔てて復た卿卿と喚ぶ無し
❸忽然鏡面鸞影を収め

【現代語訳】
○亡くなった妻をいたみ悲しむ
❶ある晩、奥まった寝室で短い夢から覚める。
❷ついたてを隔てて、二度と（妻が）「あなた」と（私を）呼ぶ声を聞くことはないのだ。
❸突然、鏡に鸞の姿が映り、

❹此れより琴心鳳声を絶つ
❺泣公する能はず暗涙を弾く
❻縁了すべきこと難し衷情を繋ぐ
❼低頭黙して空王に向かひて祈る
❽好し他生を把りて此の生を補はん

（枕山詩鈔）

❹このときから、琴心（＝夫が妻をしたわしく思う心）を伝える鳳の鳴き声は聞こえなくなった。
❺涙をあからさまに見せることはできず、ひそかに流した涙を指ではじく。
❻（夫婦の）縁は終わらせることは難しい、（そして）衷情（＝人を思うまごころ）を持ち続ける。
❼頭を低くして黙って仏に向かって祈る。
❽（これで）よいのだ、来世をもって今の人生を補おう。

語句の解説

教84ページ

❶**一夕**　ここでは、ある晩、の意。

❶**驚**　ここでは、目が覚める、の意。

❷**隔レ屏**　ついたてを隔てて。ついたての向こうからということ。

「屏」＝ここでは、ついたて、の意。

❷**無三復喚二卿卿一**　二度と（妻が）「あなた」と（私を）呼ぶ声を聞くことはないのだ。

「復」＝二度と、再び。

「喚」＝ここでは、呼ぶ、の意。

❸**忽然鏡面鸞収レ影**　突然、鏡に鸞の姿が映る。

「鏡面」＝鏡の表面。

「収」＝ここでは、取り込む、の意。

「影」＝ここでは、姿や形、の意。

第四句と対を成している。

忽然	鏡面	鸞収レ影
⇔	⇔	⇔
従レ此	琴心	鳳絶レ声

①「鸞収レ影」とはどのようなことを表わしているか。

答　妻が死ぬこと。

❹**従レ此**　このときから。

＊「従」＝ここでは、「より」と読む。〜より、〜から、の意。

❹**鳳絶レ声**　鳳は鳴かなくなった。

「鳳」＝伝説上の鳥。鳳凰。

❺**泣不レ能レ公　弾二暗涙一**　涙をあからさまに見せることはできず、ひそかに流した涙を指ではじく。

❖**不レ能レ〜**　＝不可能を表す。〜できない。

「弾」＝ここでは、指ではじく、の意。

「暗涙」＝ひそかに流す涙。

第六句と対を成している。

泣　不レ能レ公　弾ニ暗涙一

⇔　⇔　⇔

縁　難レ可レ了　繋ニ衷情一

❻**難レ可レ了**　終わらせることは難しい。

「難」＝難しい、〜しづらい、の意。

＊「可」＝ここでは、「ベキコト」と読む。〜できる、の意。

❼**低頭**　頭を低くする。

❽**好　把ニ　他生一補ニ　此生一**　（これで）よいのだ、来世をもって今の人生を補おう。

「把」＝ここでは、もつ、とる、の意。

「補」＝ここでは、足りないものを補う、の意。

「此生」＝この一生、の意。

無題

夏目漱石

教科書P.85

●**主題**

秋に催す我が身に対する不安。

◎五言絶句　韻　楼・愁

【書き下し文】

○無題

❶秋風万木鳴り

❷山雨高楼を撼がす

❸病骨稜として剣のごとし

❹一灯青くして愁へんと欲す

（漱石詩集）

【現代語訳】

○無題

❶秋風が吹いて多くの木々が鳴り、

❷山に降る雨は高い建物を揺るがす（ほど激しい）。

❸（私の）病気の体は角張って剣のようにやせ細り、

❹一つの青白い灯火が憂いをもたらそうとする。

語句の解説

教85ページ

○**無題**　題がないこと。または、題をもうけずに作られた詩歌。

❶**秋風鳴ニ万木一**　秋風が吹いて多くの木々が鳴る。

「万木」＝多くの木々。

第二句と対をなしている。

秋風　鳴ニ万木一
⇔　⇔
山雨　撼ニ高楼一

❷撼ニ高楼一　高い建物を揺るがす。
「撼」＝物を動かしたり揺らしたりする。
「高楼」＝高い建物。ここでは、宿屋の二階。

❸病骨稜　如レ剣　（私の）病気の体は角張って剣のようである。
＊「如」＝ここでは、「ごとシ」と読む。～のようだ。
第四句と対をなしている。

病骨稜　如レ剣
⇔　⇔
一灯青　欲レ愁

①　「稜如レ剣」とは、どのような様子をたとえているのか。

答　体が病気によってこわばり、やせ細って痛む様子。

❹欲レ愁　憂えようとする。ここでは、「一灯青」が、作者に憂いをもたらし、もの思いにふけっていることを表現している。
❖欲レ～（セント）＝願望を表す。～しようとする。

送三夏目漱石之二伊予一

正岡子規

教科書P.86

● 主題

はるか彼方の伊予松山に赴任する友人を激励し再会を願う心情。

【書き下し文】

○夏目漱石の伊予に之くを送る
❶去けよ三千里
❷君を送れば暮寒生ず
❸空中に大岳懸かり
❹海末に長瀾起こる
❺僻地交遊少なく

◎五言律詩　韻　寒・瀾・難・残

【現代語訳】

○夏目漱石が伊予に行くのを送る
❶行きたまえ、はるか三千里（の彼方まで）。
❷（長い間）君を見送っていると、夕暮れの寒さが身にしみる。
❸（君が行く旅路の）空には大いなる山（＝富士山）が（天に）ぶら下がって（いるかのようにそそり立ち）、
❹（君が渡る）海の果てには大きな波が起こっている。
❺（伊予のような）都会から遠く離れた地では、友達との付き合いも少なく、

❻狡児教化難し
❼清明再会を期す
❽後るる莫かれ晩花の残はるるに
（漢詩稿）

❻いたずらっ子たちは、教えるのもままならない。
❼（四月の）清明節にはまた会うことを約束しよう、
❽遅咲きの（桜の）花が散ってしまうのに遅れるなよ。

語句の解説

教86ページ

○夏目漱石　作者の子規が漱石と初めて知り合ったのは、大学予備門時代。子規の手掛けた文集『七草集』の批評を、漱石が文集末尾に漢文で書き、この頃から、本格的な交友が始まったとされている。漱石が伊予（現在の愛媛県）の旧制松山中学に赴任したのは一八九五（明治二八）年で、その年の八月、子規は病気療養のため松山に帰郷し、再び十月に上京するまで漱石の下宿に同宿していた。この詩が作られたのは翌年の一月。漱石は年末に東京に帰省して子規と会い、年末年始を東京で過ごして任地へ戻っている。

❶去　矣　行きたまえ。漱石に対して出発を促しているのである。
「矣」＝きっぱりと言い切る語気を表す終尾詞。

❶三千里　「三」には多い、多数という意があり、ここは伊予までの道のりがはるか遠いことをいう。

❷生㆓暮寒㆒　夕暮れの寒さとともに、遠方に赴任する友人を送る寂しさが身にしみたのである。
「暮寒」＝夕暮れの寒さ。

❸空中　懸㆓　大岳㆒　第四句と対句を成している。

空中　懸　大岳
⇔　⇔　⇔
海末　起　長瀾

この対句で、伊予に向かう道中の情景を思いやっている。

「懸大岳」＝「大岳」は富士山を指す。それが空中に「懸かる」というのは、山がまるで天にぶら下がっているかのように、高くそびえ立っていることをいう。

❹海末　海の果て。漱石の赴任先の伊予に行くためには、当然海（＝瀬戸内海）を渡らなければならない。その海の情景を表現している。
「末」＝果て。先。

❺僻地交遊少　第六句と対句を成している。この対句は、故郷のことを熟知している作者が、漱石の苦労を思い、同情の意を表したもの。
「僻地」＝都会から遠く離れた地。具体的には伊予松山を指す。
「交遊少」＝「交遊」は友達付き合い。友達付き合いに恵まれないことをいう。

❻狡児　わんぱくな子ども。いたずらっ子。ここでは松山中学校の

生徒のこと。
「狡」＝悪賢い。はしこい。

❻**教化**　教え導いてよい方向に向かわせること。具体的には、教師として「狡児」に勉強を教えること。

❼**期二再会一**　再会を約束する。
「期」＝約束する。

❽**莫レ後**　遅れてはならない。

❖莫レ～(スル)＝禁止を表す。～するな。「莫」は「無」と同義。
「後」＝遅れる。間に合わない。

答 ①

最後の二句は、作者のどのような気持ちを反映しているか。

伊予では、生活の上でも仕事の上でも苦労が多く大変だろうが、困難にくじけることなく、再会できる日まで元気でやってほしい、という気持ち。

航西日記

森鷗外

教科書P.86～87

● **主題**

ドイツに向かう船がコルシカ島を通り過ぎる。かの英雄ナポレオン一世の壮大な志は、この小さな港町から始まったのだという感慨。

◎七言絶句　韻　追・涯・時

【書き下し文】

○航西日記

❶初六日。❷風波昨のごとし。❸午後四時、泊第尼の山脈を望む。❹十時、哥塞牙、泊第尼の間を過ぐ。❺哥塞牙は拿破崙一世の生まれし所の地なり。❻今此の境を過ぎて、感無きこと能はず。

❼往事雲のごとく追ふべからず

❽英雄の故里水の涯

❾他年欧洲を席捲せんとするの志

【現代語訳】

○船で西洋に渡る折の日記

❶十月六日。❷風と波(があるの)は昨日と同じ。❸午後四時、サルデーニャ島の山並みを遠くに眺める。❹十時、コルシカ島とサルデーニャ島の間を(船は)通り過ぎる。❺コルシカ島はナポレオン一世の生まれた地である。❻今、この場所を通り過ぎると、感慨を覚えずにはいられない。

❼昔のできごとは、(流れる)雲のようなもので、思い返すことはできない。

❽(かつての)英雄(であるナポレオン一世)の故郷は、(すぐ近くの)岸にある。

❿已に小園沈思の時に在り

（航西日記）

❾後年、（ナポレオン一世が）ヨーロッパ全土を支配しようとしたその志は、
❿すでに（あのコルシカ島の家の）小さな庭で（ナポレオンが）沈思黙考していた時に、生まれていたのであろう。

語句の解説

教86ページ

○**航西日記**　一八八四（明治一七）年六月、鷗外は衛生学研究のためとドイツ陸軍の衛生制度を調査するため、ドイツ留学を命じられた。八月二十四日に陸軍省の派遣留学生として横浜港を出発、十月七日にフランスのマルセイユ港に到着し、同十一日にベルリンに入った。この日記は、その間の船旅の様子を中心に記した漢文体による日記である。

❶**初六日**　初旬六日。ここでは、脚注にあるとおり十月六日のこと。
「初」＝月のはじめ。ただし、「航西日記」では、月の初旬を指す。

❷**如レ昨**　昨日のようだ。昨日と同じだ。
＊「如」＝ここでは、「ごとシ」と読む。～のようだ。

❸**望二泊第尼山脈一**　サルデーニャ島の山並みを遠くに眺める。
「望」＝遠くに眺める。
「山脈」＝ここでは、サルデーニャ島の山並み、の意。

❹**過**　ここは、通り過ぎる、の意。

教87ページ

❺＊「者」＝ここでは、「は」と読む。上にくる内容を指定・強調する助字。ここでは「哥塞牙」を指定する。

❺**所レ生之地**　生まれた地である。
「所」＝用言を名詞化する助字。
「之」＝連体修飾語を作る助字。ここでは、「地」を「所レ生」で修飾している。

❻**境**　一定の範囲の場所のこと。ここでは、ナポレオン一世の生まれ故郷であるコルシカ島のアジャクシオの辺りをいう。

❻**不レ能レ無レ感**　感慨を覚えないことはできない。つまり、感慨を覚えずにはいられない、ということ。
❖不レ能レ～　＝不可能を表す。～できない。
「無レ感」＝感動することがない。

❼**如レ雲**　流れる雲のようなもので。「如レA」は❷に同じ。

❼**不レ可レ追**　思い返すことはできない。
❖不レ可レ～　＝①不可能（～できない）、②禁止（～してはならない）の意を表す。ここは①。
「追」＝ここでは、過去に遡る、思い返す、の意。

❽**水之涯**　作者が船で通過している辺りの岸のこと。

❾**席捲**　次々に土地を攻めとってゆくこと。

❿＊「已」＝ここでは、「すでニ」と読む。完了の意を表す副詞。

❿**沈思**　じっくりと考えること。沈思黙考すること。

課題

一　それぞれの詩に表現されている情景や心情について、まとめてみよう。

解答例　「自詠」＝青空を仰ぎ見て、己の境遇に対して嘆いている。

「山茶花」＝大切な客を迎えるにあたり、家の前に満ちているつばきの花が、住人(＝作者)の心と同様に華やいでいる。

「夜下墨水」＝金色の龍のような月光が揺れる墨水(＝隅田川)を小舟で進む心地よさ。

「悼亡」＝ある晩の寝室で、亡くなった妻をしのび、悲しむ思い。

「無題」＝秋の様子を感じ、我が身に対する不安を催す。

「送夏目漱石之伊予」＝はるか彼方の伊予松山に赴任する友人を激励し再会を願う心情。

「航西日記」＝ドイツに向かう船がコルシカ島を通り過ぎる。かの英雄ナポレオン一世の壮大な志は、この小さな港町から始まったのだという感慨。

二　好きな詩を選んで鑑賞文を書いてみよう。

考え方　何度も音読して、自分の心象に合うものを選ぶとよい。その上で、詩の構成や詠まれている情景・心情を押さえ、自分がどう感じたかをまとめる。

語句と表現

一　それぞれの詩の詩形・押韻(おういん)を調べてみよう。

解答　「自詠」＝詩形…五言絶句　押韻…行・蒼

「山茶花」＝詩形…七言絶句　押韻…遮・車・花

「夜下墨水」＝詩形…七言絶句　押韻…浮・流・州

「悼亡」＝詩形…七言律詩　押韻…驚・卿・声・情・生

「無題」＝詩形…五言絶句　押韻…楼・愁

「送夏目漱石之伊予」＝詩形…五言律詩　押韻…寒・瀾・難・残

「航西日記」＝詩形…七言絶句　押韻…追・涯・時

句法

一　書き下し文に直し、太字に注意して、句法のはたらきを書こう。

1　門前**誰**カ肯ヘテ暫シ留メンレ車ヲ　（　　　　）（　　　　）

2　泣**不**レ**能**ハ公スル弾クニ暗涙ヲ一　（　　　　）（　　　　）

3　一灯青クシテ**欲**レ愁ヘント　（　　　　）（　　　　）

4　**莫**カレレ後ルル晩花ノ残ハルルニ　（　　　　）（　　　　）

答

1　門前誰か肯へて暫し車を留めん／反語

2　泣公する能はず暗涙を弾く／不可能

3　一灯青くして愁へんと欲す／願望

4　後るる莫かれ晩花の残はるるに／禁止

池亭記

慶滋保胤

教科書P.88〜89

【大意】教88ページ1行〜89ページ5行

筆者は、書物を通して、優れた君主、優れた師、優れた友との出会いを果たした。筆者は、悠々自適な生活に満足している。

【書き下し文】

❶朝に在りては身暫く王事に随ひ、家に在りては心永く仏那に帰す。❷予出でては青草の袍有り、位卑しと雖も職尚ほ貴し。❸入りては白紵の被有り、春よりも暄かに雪よりも潔し。❹盥漱の初め、西堂に参じ、弥陀を念じ法華を読む。❺飯飡の後、東閣に入り、書巻を開き、古賢に逢ふ。❻夫れ漢の文皇帝は異代の主たり、倹約を好み人民を安んずるを以てなり。❼唐の白楽天は異代の師たり、詩句に長じ仏法に帰するを以てなり。❽晋朝の七賢は異代の友たり、身は朝に在れども志は隠に在るを以てなり。❾予賢主に遇ひ、賢師に遇ひ、賢友に遇ひ、一日に三遇有りて、一生に三楽を為す。❿近代人世の事、一として恋ふべき無し。⓫人の師たるは、貴きを先にし、富めるを先にし、文を以て次でとせず。⓬師無きに如かず。⓭人の友たるは、勢を以てし、利を以てし淡を以て交はらず。⓮友無きに如かず。⓯予門を杜ぢ戸を閉ぢ、独り

【現代語訳】

❶朝廷においては少しの間帝に関する仕事を行い、家においては心はずっと仏教に帰依する。❷私は出仕の際には緑の着物があり、身分は低いとはいえ、職はそれでもなお貴い。❸(家に)入っては白い麻の掛け布団があり、春よりも暖かく、雪よりも清らかだ。❹朝の洗面や身繕いの初め、西堂に参上し、阿弥陀仏を唱え法華経を読む。❺食事の後は、東閣に入って、書物を開き、いにしえの賢人に出会う。❻そもそも漢の文皇帝が異なる君主であったのは、倹約を好み、人民を満足させたからである。❼唐の白楽天が異なる師であったのは、詩句にすぐれ、仏道に帰依していたからである。❽晋の朝廷の七賢が異なる友であったのは、その身は朝廷にあっても、その志は隠者であったからである。❾私は優れた君主に会い、優れた師に会い、優れた友に会い、一日に三つの出会いがあって、一生のうちに三つの喜びを実現した。❿最近の世の中のものには、一つとして心ひかれるようなものがない。⓫(最近の)人の師は、貴人を優先し、富裕者を優先し、人を教養で順序付けて評価することをしない。⓬(そんな師なら)師がいないほうがましだ。⓭(最近の)人の友は、成り行きまかせで、利益を優先し、あっさりした付き合いをしない。⓮(そんな友なら)友がいないほうがましだ。⓯私は門を閉ざし戸を

吟じ独り詠ず。⑯若し余興有れば、児童と少船に乗り、舷を叩き棹を鼓す。⑰若し余暇有れば、僮僕を呼びて、後園に入り、以て糞ひ以て灌ぐ。⑱我吾が宅を愛し、其の佗を知らず。

（本朝文粋）

閉じて、独り詩を吟詠する。⑯もし感興を覚えれば、子供と一緒に船に乗り、船の側面を叩き、さおを鳴らして船を動かす。⑰もし余暇があれば、召し使いを呼んで、家の裏の畑に入り、肥料を施し植物に水をやる。⑱私は私の家を愛し、それ以外のものを知らない。

語句の解説

教88ページ

❶在レ朝 身暫 随二王事一　朝廷においては少しの間帝に関する仕事に従い。

「暫」＝少しの間。

この部分は、同じ一文の後半部分と対をなしている。

在レ朝　身暫　随二王事一
⇔　⇔　⇔
在レ家　心永　帰二仏那一

❶永　長く。久しい、の意。

❶帰　ここでは、仏教に帰依すること。

❷予出……尚貴　私は出仕の際には緑の着物があり、身分は低いとはいえ、職はそれでもなお貴い。

＊「予」＝ここでは、「よ」と読む。私。一人称。

＊「尚」＝ここでは、「なホ」と読み、それでもなお、の意。

この一文は、直後の「入有二白紵之被一、暄二於春一潔二於雪一」の一文と対をなしている。

また、「位雖レ卑職尚貴」「暄二於春一潔二於雪一」では、それぞれ「卑」と「貴」、「春」と「雪」という対の語が見られる。

❸暄二於春一 潔二於雪一　春よりも暖かく、雪よりも清らかだ。

「潔」＝ここでは、清らかだ、の意。

❖[A]二於[B]一＝比較を表す。[B]よりも[A]だ。

❹盥漱之初、…読二法華一　朝の洗面や身繕いの初め、西堂に参上し、阿弥陀に祈って法華経を読む。

「弥陀」＝阿弥陀仏のこと。

「法華」＝法華経のこと。

この一文は、直後の「飯飡之後、……逢二古賢一。」の一文と対をなしている。

❺古賢　いにしえの賢人。

❻＊「夫」＝ここでは「そレ」と読む。そもそも。発語・話題転換の助字。

❻漢文皇帝……以下好二倹約一安中人民上也　漢の文皇帝が他と異なる君主であったのは、倹約を好み、人民を満足させたからである。

「文皇帝」＝漢の第五代皇帝。

＊「為」＝ここでは、「たリ」と読む。～である、の意。

「安」＝ここでは、満足させる、の意。

この文は、続く、「唐白楽天……以下長二詩句一帰中仏法上也」と「晋朝七賢……以二身在レ朝志在レ隠也」という二つの文と対をなしている。

❼長　すぐれて。

❽隠　隠者。隠者は俗世を捨て、自適の生活を送る者のことだが、ここでは、朝廷に出仕していながら、心は自由であること。

❾遇　思いがけなく出会い。

❾一日有二三遇一、一生為二三楽一　一日に三つの出会いがあって、一生のうちに三つの喜びを実現した。「一日有二三遇一」と「一生為二三楽一」が対の表現になっている。

「一日」＝ここでは、わずかな時間、の意。

「為」＝ここでは、実現する、の意。

「三楽」＝三つの楽しみ。『論語』にある表現を踏まえて述べているもの。

❶ **「三遇」とは、何を指すか。**

答 「賢主」「賢師」「賢友」に出会ったこと。

❿人世　世の中。

❿無二一可レ恋　一つとして心ひかれることのできるものがない。

＊「可」＝ここでは、「ベキ」と読む。～できる、の意。

「恋」＝ここでは、心ひかれる、の意。

⓫人之為レ師者……不二以レ文次一　(最近の)人の師というものは、貴人を優先し、富裕者を優先し、人を教養で順序付けて評価することをしない。

＊「者」＝ここでは、「は」と読む。強調・仮定を表す助字。この場合は、強調を表す。

⓬不レ如レ無レ師　(そんな師は)師がいないことに及ばない。つまり、そんな師なら師がいないほうがましだ。

❖不レ如レ～　＝比較を表す。～に及ばない。

「人之為レ師者……次一。」の一文と、直後の「不レ如レ無レ師。」の二つの文がセットになって、その後に続いている二つの文「人之為レ友者、以レ勢以レ利、不二以レ淡交一。不レ如レ無レ友。」と対をなしている。

❷ **「不レ如レ無レ師」「不レ如レ無レ友」と述べるのはなぜか。**

答 最近の師や友は、筆者の求めるようなものではないから。

教89ページ

⓭以レ勢　成り行きまかせで。

＊「以」＝ここでは、「もつテシ」と読む。～でもって。～を用いて。

⓭淡　あっさりしている。

⓰若有二余興一者……鼓レ棹　もし感興を覚えれば、子供と一緒に船に乗り、船の側面を叩き、さおを鳴らして船を動かす。この一文は、直後の「若有……以濯。」の一文と対をなしている。

＊「若」＝ここでは、「もシ」と読む。もし～ならば。仮定を表す。

＊「者」＝ここでは、置き字で、順接の仮定条件を表している。

＊「与」＝ここでは、「と」と読む。～と。並列の助字。

課題

一　筆者は「賢主」「賢師」「賢友」のどのような点を評価しているか。それぞれ整理してみよう。

考え方　それぞれについて書かれた文の中から、筆者の評価していることを読み取る。

解答例　・「賢主」…倹約を好み、人民を満足させた点。
・「賢師」…詩句にすぐれ、仏道に帰依していた点。
・「賢友」…朝廷に仕えながらも、隠者の精神をもっていた点。

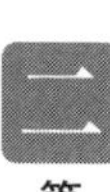

二　筆者の暮らしぶりについてまとめてみよう。

考え方　「在レ朝……帰二仏那一。」(88・1)、「予出……潔二於雪一。」(88・1)、「盥漱……逢二古賢一。」(88・3)、「近代人世……可レ恋。」(88・9)、「予杜レ門……以灌。」(89・1)などの叙述から、筆者の暮らしぶりがわかる部分を抜き出し、箇条書きなどにしてみるとよい。

解答例　・朝廷に出仕し、仏教に帰依している。
・書物を読み、その中から知識を得たり、ものを学んだりしている(「三遇」を得ている)。
・最近の物事については批判的で、関心がない。
・独りでいることを好み、詩歌を吟詠する。
・興が乗れば船遊びをしたり、時間があれば畑仕事をしたりしている。

三　筆者が求める生き方はどのようなものか。また、その生き方についてどのように考えるか、話し合ってみよう。

考え方　叙述にある、暮らしぶりや物事に対する考え方・価値観に注目し、筆者がどのような生き方を理想としていたのかを考える。そして、そのような生き方について、自分が思うことを述べ、意見交換を行う。

語句と表現

一　この文章には対句が多用されている。その効果について、話し合ってみよう。

考え方　文章の中から、対句になっている部分を指摘し、対応している語句などについて検討したうえで、それがどのような効果を生んでいるかを話し合う。書き下し文を声に出して読むと、対句のリズムなどを感じることができる。

句法

一　書き下し文に直し、太字に注意して、句法のはたらきを書こう。

1　暄（あたたカ）二 **於** 春一（ヨリモ） 潔（シ）二 **於** 雪一（ヨリモ）。　（　　）（　　）

2　**不**レ **如**（カ）レ 無（キ）二 師一。　（　　）（　　）

答　1　春よりも暄かに雪よりも潔し。／比較
2　師無きに如かず。／比較

取塩於我国

頼山陽

教科書P.90～91

【大　意】 教90ページ1～10行

謙信は、信玄が塩の供給源を失ったと知ると、塩を買えるように手配した。また、後年、信玄の死を知ると深く嘆いた。

【書き下し文】

❶信玄の国海に浜せず。❷塩を東海に仰ぐ。❸今川氏真北条氏康と謀り、陰かに其の塩を閉づ。❹甲斐大いに困しむ。❺謙信之を聞き、書を信玄に寄せて曰はく、「氏康・氏真君を困しむるに塩を以てすと聞く。❻勇ならず義ならず。❼我公と争へども、争ふ所は弓箭に在りて米塩に在らず。❽請ふ、今より以往は塩を我が国に取れ。❾多寡は唯だ命のままなり。」と。❿乃ち賈人に命じて価を平らかにして之に給せしむ。⓫天正元年四月、信玄卒す。⓬北条氏政、使ひを馳せて之を謙信に告ぐ。⓭謙信方に食す。⓮箸を舎きて歎じて曰はく、「吾が好敵手を失へり。⓯世に復た此の英雄男子有らんや。」と。⓰因りて潸然として涕を流す者之を久しうす。

（日本外史）

【現代語訳】

❶信玄の国（＝甲斐）は海に面していない。❷（そのために）塩を東海（の国）に頼っていた。❸今川氏真が北条氏康と計画して、密かにその（甲斐への）塩（の供給）を止めた。❹（そのため）甲斐は非常に苦しんだ。❺謙信がこのことを聞き、手紙を信玄に送って言うには、「氏康・氏真はあなたを苦しめるのに、塩を用いたと聞いている。❻（そのようなことは）勇気がなく、道理に反している。❼私はあなたと争っているが、（その）争っているところは、弓と矢（＝戦争においてで）であって、米や塩（において）ではない。❽どうか、今から以後は、塩を私の国から手に入れてください。❾（その塩の）量はただ（あなたが）命じるままにします。」と。❿そこで、（謙信は）商人に命令して（塩の）値段を適正なものにして、これ（＝信玄の国）に供給させた。⓫天正元年四月、信玄が死んだ。⓬北条氏政は、使者を走らせて謙信にこのこと（＝信玄の死）を告げた。⓭（それを聞いた）謙信はちょうど食事をしていた。⓮（謙信は）箸を置き、嘆いて言ったことには、「私の好敵手を失ってしまったことだなあ。⓯この世に再びこの（信玄の）ような英雄男子は現れるだろうか、いや、現れまい。」と。⓰こうしてしばらくの間、涙をはらはらと流していた。

語句の解説

教90ページ

❶信玄国不レ浜レ海 信玄の治めていた甲斐(＝現在の山梨県)は海に面していないということ。
「浜」＝土地が海に面している、の意。

❷仰 ここでは、頼みとする、の意。

❸今川氏真与二北条氏康一謀 今川氏真が北条氏康と計画して。駿河近辺(＝現在の静岡県)を治める今川氏真と、相模(＝現在の神奈川県)を治めていた北条氏康、そして信玄、謙信の四者は、領地拡大のため、それぞれが敵対関係にあった。そんな中、氏真と氏康が共謀したということ。
＊「与」＝ここでは、「と」と読む。～と。並列を表す助字。
「謀」＝はかりごとを行う、の意。

❸陰 ひそかに。人に知られぬように。

❸閉二其塩一 甲斐への塩の供給を止めた。
「其塩」＝ここでは、甲斐へ供給していた塩のこと。

❹甲斐大困 (そのため)甲斐は非常に苦しんだ。塩の供給が断たれたことで、人民が困ったことを表している。
「困」＝困る、苦しむ。

❺之 氏真と氏康が共謀し、甲斐の塩の供給源を断ったこと、それによって甲斐の人民が困っていることを指す。

❺聞二氏康・氏真困レ君以レ塩 氏康・氏真はあなたを苦しめるのに、塩を用いたと聞いている。
＊「以」＝ここでは、「もつテスト」と読む。～をもって。～で。手段・方法などを表す。

❻勇 勇気。

❻義 ここでは、道理にかなっていること、の意。

❼我与レ公……不レ在二米塩一 私はあなたと争っているが、(その)争っているところは、弓と矢(＝戦争において)であって、米や塩(において)ではない。
「公」＝あなた。敬意を含む二人称。ここでは信玄を指している。
「米塩」＝米と塩。人が生きるために必要なもの。

❽請 ここでは、どうか～してください、の意。

❽自レ今以往 今から以後は。
＊「自」＝ここでは、「より」と読む。～から、～より、の意。

❾多寡 その量のこと。多いか少ないか。

❾唯命 ただ命じるままである。信玄がほしい量だけ塩を取らせる、ということを言っている。
「唯」＝ここでは、ひたすら、の意。

❿＊「乃」＝ここでは、「すなはチ」と読む。そこで。

❿命二賈人一平レ価給レ之 そこで、(謙信は)商人に命じて(塩の)値段を適正なものにして、これ(＝信玄の国)に供給させた。
❖命二A一B(セシム)＝使役を表す。Aに命令してBさせる。
「平」＝ここでは、偏りがない、という意。
「給」＝ここでは、供給する、の意。
「之」＝ここでは、信玄の国(＝甲斐)を指す。

⓫天正元年四月 一五七三年四月。

⓫＊「卒」＝ここでは、「しゅつス」と読む。「死ぬ」という意味。貴人の死に対して用いられることが多い。日本語では他に、「崩ずる」（天皇・上皇・皇后・皇太后などの死）、「薨ずる」（皇太子・親王・女御・大臣の死）などの表現もある。

⓬**北条氏政、馳使告之謙信**　北条氏政は、使者を走らせて謙信にこのこと（＝信玄の死）を告げた。

「馳」＝速く走る、の意。ここでは、「氏政」が「使」を「走らせた」という意味になっている。

「之」＝信玄の死を指す。

⓭＊「方」＝ここでは、「まさニ」と読む。ちょうどその時。「まさニ」と読む漢字には他に、「正に」などがある。

⓮**舎**　置いて。その動作をやめることを意味する。

⓮**歎**　ここでは、嘆いて、の意。

⓮**失吾好敵手矣**　私の好敵手を失ってしまったことだなあ。

「好敵手」＝競争相手として、実力が拮抗している者。信玄を指す。

＊「矣」＝置き字。断定・推量・詠嘆などを表す助字。ここでは、「……だなあ」という、信玄を失った謙信の嘆きを表している。

⓯**世復有此英雄男子乎**　この世に再びこの（信玄の）ような英雄男子は現れるだろうか、いや、現れまい。「復有〜乎」は、「再び有るだろうか、いや、ない」という反語の意味を表している。

「復」＝再び。

「英雄男子」＝武勇にすぐれた男性。ここでは、信玄を指している。

「乎」＝疑問・反語・仮定・詠嘆などを意味する助字。ここでは、反語の意味。

⓰＊「因」＝ここでは、「よリテ」と読む。こうして。そこで。

⓰**流涕者久之**　長い間、涙をはらはらと流していた。

「涕」＝涙。

＊「者」＝ここでは、「こと」と読む。「こと」と同義。「者」は、「人・もの」という意味で使われるほか、助字で「は」と読まれたり、「今者」などと時を表す語に添えられたりと、多様な用法がある。

「久之」＝しばらくの間。

課題

一　**謙信にとって信玄はどのような存在だったか、話し合ってみよう。**

考え方　謙信と信玄とは、領地拡張をめぐって、敵対関係にあった。しかし、この文章では、塩の供給源を断たれて窮地に陥った信玄に対し、謙信が、自ら進んで助けの手を差し伸べたことが描かれている。また、信玄が死んだということを知ると、謙信は、彼のことを「好敵手」「英雄男子」と呼び、その死を深く嘆いている様子が読み取れる。それらの叙述をもとに、謙信が信玄のことをどのように受け止めていたのかを考え、意見の交換を行う。

語句と表現

一 この話から生まれた故事成語を調べてみよう。

考え方 謙信と信玄が敵対関係にあったというこの文章の背景にある事情や、この文章の中から読み取れる、「塩を送る」ことの意味などから、この話をもとにしている故事成語を探し、その意味を調べる。

解答例 ・「敵に塩を送る」

意味…苦境にある敵を、その弱みにつけこむことをせず、助けてやること。

句法

一 書き下し文に直し、太字に注意して、句法のはたらきを書こう。

1 命二賈人一平レ価給レ之。

（　　　　）（　　）

答 1 賈人に命じて価を平らかにして之に給せしむ。／使役

参考 題下不識庵撃二機山一図上

頼山陽

教科書P.91

● **主題**

不識庵（＝上杉謙信）が機山（＝武田信玄）を討ち逃した無念。

【書き下し文】

○不識庵機山を撃つ図に題す

❶鞭声粛粛夜河を過る

❷暁に見る千兵の大牙を擁するを

❸遺恨なり十年一剣を磨く

❹流星光底に長蛇を逸す

（山陽詩鈔）

◎七言絶句　韻　河・牙・蛇

【現代語訳】

○不識庵（＝上杉謙信）が機山（＝武田信玄）を討つ図を題とする

❶（馬に当てる）鞭の音も静かに、夜に河（＝千曲川）を渡る。

❷明け方に見る、（上杉の）大軍が大牙（＝謙信の旗印）を擁するのを。

❸残念である、長年剣の腕前を磨いたというのに、

❹流星（のような名刀）のきらめくところに邪悪な敵（＝信玄）を逃してしまった。

語句の解説

教91ページ

一 ○題ス　題名とする。題名をつける。

○**不識庵撃二機山一**　不識庵（＝上杉謙信）が機山（＝武田信玄）を討つ。
「不識庵」（＝上杉謙信）と「機山」（＝武田信玄）は敵対関係にあり、信濃（現在の長野県）への進出をかけて、川中島で数度にわたって戦いを繰り広げた、「川中島の戦い」で有名。これは、歌舞伎や浄瑠璃の題材ともなっている。

❶**鞭声**　馬に鞭を当てる音。馬を急がせていることがわかる。

❶**過レ河**　河（＝千曲川）を渡る。不識庵が機山のもとに向かっていく様子を描く。

❷**暁**　明け方。第一句では「夜」とあり、そこから時間が経過したことが表現される。

❷**見**　見る。見たものは直後に示されている。

❷**千兵**　（上杉の）大軍。「千」＝多くの。具体的な数ではなく、多いということを表現している。

❷**擁**　従える。率いる。

❸**遺恨**　ここでは、残念に思うこと、の意。「遺恨」である内容については、直後に示されている。

❸**十年磨二一剣一**　十年剣の腕前を磨く。慣用句的に用いられる。「十年一剣」（＝長い間、武術の修練を重ね、それを発揮する機会を待つこと）と同じ。

❹**流星光底**　名刀のきらめくところ。すばやく振り下ろす刀剣の放つ光を流星にたとえている。

❹**逸二長蛇一**　邪悪な敵（＝信玄）を逃してしまった。第三・四句において、「遺恨」であるとする主体が謙信であり（作者が謙信に肩入れして語っている）、そのように思う内容が、信玄を討ちそこねたということであることが示されている。
「逸」＝ここでは、逃がす、の意。

桜巒春容

林鶴梁

教科書P.92〜93

【大　意】 教92ページ1〜10行

春の景色を眺めるのには、飛鳥山・隅田川といった名所ではなく、麻渓こそがふさわしい。

【書き下し文】

❶漫たり斯れ雲かと疑ひ、而も色は則ち艶なり。❷翻たり斯れ鷺かと訝り、而も香は則ち淡なり。❸姿態妖冶にして韻致瀟洒たり。❹又雪華柳絮の喩ふべきに非ずんば、豈に桜花の春容を逞しくすること非ざらんや。❺都人往往にして花を

【現代語訳】

❶（桜が咲く様子は）一面に広がっていてこれを雲かと疑い、しかも色は実にあでやかで美しい。❷（桜の花びらが）ひらひらとひるがえっていてこれを鷺かと疑わしく思い、しかも香りは実にあっさりしている。❸姿形はあでやかで美しく、風流な味わいが清らかである。❹また、雪のように白い花や、柳に生じる白い綿毛をたとえる

飛鳥・墨陀に賞するは、其の花多きを以てなり。❻而して相馬氏の邸内は岡巒畳連し、挺抜して凸たり。❼地は清く趣は幽にして、境と花と称ふ。❽此麻渓第一の勝たり。❾但だ之を飛鳥・墨陀に視ぶれば花数の半ばを望むこと能はず。❿然れども飛鳥・墨陀は則ち遊客雑遝し、頗る殺風景たり。⓫独り此の花のみ幽清の境に在りて、点塵の汚す所と為らず。⓬乃ち其の過だ飛鳥・墨陀に絶すること遠し。⓭豈に啻だに其の麻渓に冠たるのみならんや。

（鶴梁文鈔）

のでなければ、どうして桜花が春の景色をほしいままにすることがないだろうか、いや、ほしいままにする。❺江戸の人々がしばしば(桜の)花を飛鳥山と隅田川沿いの土手で観賞するのは、その(＝桜の)花が多いためである。❻そして、相馬氏の藩邸内は丘陵が重なり続き、周囲から抜け出ていて飛び出している。❼地は清く趣は奥深く、場所と花とが釣り合っている。❽これが麻渓の第一の優れている点である。❾ただし、これ(＝麻渓)を飛鳥山・隅田川沿いの土手に比べると、花の数は半分も望むことはできない。❿しかしながら、飛鳥山・隅田川沿いの土手は実に多くの人が入り乱れ、非常に興ざめする様子である。⓫この花(＝桜)だけが奥深く清らかな場所にあって、わずかな汚れに汚されることもない。⓬つまり、その(＝麻渓の)非常に飛鳥山・隅田川沿いの土手に優れることははるかだ(＝はるかに優れている)。⓭どうして麻渓の中で優れているだけだろうか、いや麻渓の中で優れているだけではない。

語句の解説

教92ページ

❶**漫焉斯疑レ雲、而色則艶矣** 一面に広がっていてこれを雲かと疑い、しかも色は実にあでやかで美しい。

「漫」＝ここでは、一面を覆っているさま。

「斯」＝ここでは、「これ」の意。

*「焉」＝助字。語調を調える。

*「而」＝ここでは、「しかモ」と読む。接続(逆接)を表す。

*「則」＝ここでは、「すなはチ」と読む。強調を表す。

「艶」＝あでやかで美しい様子。

*「矣」＝助字。断定・推量・詠嘆などの意味を表す。ここでは、断定の意味。

また、この文は、直後の一文と対をなしている。

❷**翻** ひるがえるさま。

❸**姿態** 姿形。

❹**非ニ雪華……逞ニ春容一耶** 雪のように白い花や、柳に生じる白い綿毛をたとえるのでなければ、どうして桜花が春の景色をほしいままにすることがないだろうか、いや、ほしいままにする。

「雪華」＝雪のように白い花。

＊「可」＝ここでは、「ベキニ」と読む。可能の意。
❖豈～耶＝「耶」は疑問・反語・感嘆を表す助字だが、ここでは反語を表す。どうして～か、いや～ない。

「逞」＝ここでは、ほしいままにする、の意。

① 「雪華柳絮」は何をたとえたものか。

答 桜の花が散る様子。

❺**往往** しばしば。物事がよくある様子。
❺**賞** 観賞するのは。
❻＊「而」＝ここでは、「しかシテ」と読む。そして。それから。接続(順接)を表す。

② 「凸」とは何のどのような状態か。

答 相馬氏の藩邸内の中央が盛り上がっている状態。

❼**幽** 奥深い様子であって。「幽」は、奥深く、かすかである様子。
❼**境与レ花称矣** 場所と花とが釣り合っている。
「境」＝ここでは、場所、の意。
＊「与」＝ここでは、「と」と読む。～と。並列の助字。
「称」＝ここでは、釣り合う、の意。
❽**此為二麻渓第一勝一** これが麻渓の第一の優れている点である。
＊「為」＝ここでは、「たリ」と読む。～である、の意。
「勝」＝ここでは、優れている、の意。

❾**但** ここでは、ただし、の意。
❾**花数不レ能レ望レ半** 花の数は半分も望むことができない。
❖不レ能二～一＝不可能を表す。～できない。「能」は、～できる、の意。
❿＊「然」＝ここでは、「しかレドモ」と読む。しかしながら。そうではあるが。接続の助字。
❿**頗** 非常に。たいへん。
❿**殺風景** ここでは、興ざめする、趣がない様子であること。

③ 「殺風景」なのはなぜか。

答 多くの人が入り乱れているから。

⓫**独此花在二幽清之境一、不レ為二点塵一所レ汚** この花(＝桜)だけが奥深く清らかな場所にあって、わずかな汚れに汚されることもない。

❖独～＝限定を表す。～だけだ。

❖為二A一所レB＝受身を表す。AにBされる。

「点塵」＝わずかな汚れ。

⓬＊「乃」＝ここでは、「すなはチ」と読む。つまり。接続の助字。

⓬＊「過」＝ここでは、「はなはダ」と読む。非常に。たいへん。普通の程度を超越している様子。

⓬**絶** ここでは、優れている、の意。

⓭**豈啻其冠二麻渓一而已哉** どうして麻渓の中で優れているだけだろうか、いや麻渓の中で優れているだけではない。

❖豈ニ啻ダニ～而已ナラン哉＝累加を表す。どうして～だけだろうか、いや～だけではない。

「冠」＝ここでは、優れている、の意。

課題

一　筆者は、「飛鳥・墨陀」（92・4）の春の様子をどのように捉えているか、まとめてみよう。

考え方　「都人……花也。」（92・3）、「但視……殺風景。」（92・6）など、文章の中から、「飛鳥・墨陀」について述べた部分を抜き出し、整理する。

解答例　江戸の人々は、桜の名所として、飛鳥山・隅田川沿いの土手で桜を観賞することが多い。そのようにするのは、その花の数が多いからである。しかし、そこには、多くの人が入り乱れていて興ざめすると捉えている。

二　筆者は、「相馬氏ノ邸内」（92・4）の春の様子をどのように評価しているか、説明してみよう。

考え方　「而相馬氏邸内……望㆑半。」（92・4）、「独此……所㆑汚。」（92・8）などとある叙述を整理する。

解答例　桜の花の数で言えば、飛鳥山・隅田川にはかなわないものの、清く奥深い様子が花と釣り合っていてすばらしいと評価している。

語句と表現

一　本文中と同じ意味でこの字を用いている熟語をあげてみよう。

「勝」（92・6）、「絶」（92・9）、「冠」（92・9）について、

考え方　「勝」、「絶」、「冠」、いずれも、優れている、の意で用いられている。

解答例　・「勝」…「景勝」「絶勝」など。

・「絶」…「絶佳」「卓絶」など。

・「冠」…「冠絶」「冠軍」など。

句法

一　書き下し文に直し、太字に注意して、句法のはたらきを書こう。

1　**豈**ニ非ザラン㆔桜花之逞シクスルコト㆓春容ヲ㆒**耶**。（　　　　）（　　　　）

2　花数ノ**不**㆑**能**ハ㆑望ムコト㆑半バヲ。（　　　　）（　　　　）

3　**独**リ此ノ花ノミ在リテ㆓幽清之境ニ㆒、**不**㆑**為**ラ㆓点塵ノ**所**ト㆑汚ス。（　　　　）（　　　　）

4　**豈**ニ**啻**ダニ其ノ冠タル㆓麻渓ニ㆒**而已**ナラン**哉**。（　　　　）（　　　　）

答

1　豈に桜花の春容を逞しくすること非ざらんや。／反語

2　花数の半ばを望むこと能はず。／不可能

3　独り此の花のみ幽清の境に在りて、点塵の汚す所と為らず。／限定・受身

4　豈に啻だに其の麻渓に冠たるのみならんや。／累加

学びを広げる　身近にある漢詩文

教科書P.94

生活の中に取り入れられた漢詩や漢文を探し、書かれている言葉について調べてみよう。また、それらが私たちの日常生活の中でどのような役割を担ってきたものなのか、話し合ってみよう。

考え方　94ページの、図版①・②については、次のような説明がなされている。

・図版①『京伝憂世之酔醒』
　古詩「生年不満百」が書かれた枕屏風が置かれた絵。

・図版②「無絃琴」
　夏目漱石が晩年を過ごした住居に置かれていた扁額（室内・門戸にかける横額）。江戸時代の僧・明月による、陶淵明の故事にちなんだ文字。

「生年不満百」（125ページ）は、中国の南北朝時代に、梁の昭明太子が編纂した文集である、『文選』の中にある古詩である。その内容は、命は短いのだから時を惜しんで楽しもうというものである。図版①の、屏風の前の人物は、だらしなく寝そべったまま煙草を吸おうとしており、屏風の詩が、それを批判しているように見える。

「無絃琴」とは弦の張られていない琴のことで、陶淵明は琴が弾けなかったが、弦のない琴を持っており、酒を飲んで酔うとそれを弾いたという故事にちなむ。このことが転じて、「自然の微妙な調べ」という意味で用いられる言葉。この言葉を掲げていたことから、この言葉が、漱石の精神に通じるものがあると想像できる。漱石は俗世を超えた境地を意味するこの言葉を気に入り、「こころ」を執筆中の一九一四（大正三）年に書を入手し、自宅の客間に飾っていたようである。

このような漢詩・漢文を探し、その意味について調べてみるとよい。身近なものでは、石碑に記されている漢文が挙げられる。以下、実際に見ることができるものを挙げる。

・大正記念道碑（東京都足立区）
　一九一六（大正五）年に建立された。碑文は、この石碑がある千住に居住していたことのある森鷗外に依頼し、約四〇〇字にもわたる漢文が記されている。

・瘞筆冢銘（東京都荒川区）
　一八〇九（文化六）年に建立された。一般には「滝沢馬琴筆塚の碑」と呼ばれ、『南総里見八犬伝』などで知られる、戯作者の滝沢（曲亭）馬琴の筆塚（使い古した筆を埋めた場所）である。江戸時代の漢詩人で馬琴の漢学の師匠でもあった亀田鵬斎が碑文を書いている。

・常盤松碑（東京都渋谷区）
　一八五三（嘉永六）年に建立された。「常盤松」とは、近辺にある氷川神社にあった名木のことで、源義朝の側室である常盤御前が植えたという言い伝えがあり、この内容が石碑に記されている。

第二部

『荘子（そうじ）』と素粒子

湯川秀樹（ゆかわひでき）

教科書P.96～100

●教材のねらい

・筆者が『荘子』からどのようなことを読み取ったかを理解する。

●主　題

『荘子』との出会いや、それと科学との関係、そして、そのことから筆者が考えたことについて述べる。

●段　落

内容から三つの段落に分かれている。

一　教 p.96・1～11　『荘子』との出会い
二　教 p.97・1～p.98・4　素粒子と「渾沌（こんとん）」の寓話（ぐうわ）
三　教 p.98・5～p.99・16　老荘思想に含まれている真理

段落ごとの大意と語句の解説

第一段落　教96ページ1～11行

筆者は昔から中国の古典を読み、特に『荘子』を面白いと思った。

第二段落　教97ページ1行～98ページ4行

四、五年前、筆者は、原子のことを知らないはずの『荘子』が、素粒子と似た「渾沌」を描いていることに興味をもち、驚いた。

第三段落　教98ページ5行～99ページ16行

科学は主にギリシャ思想がもとにあるものだが、老荘思想にも独特の自然哲学が存在し、そこに真理があることは否定できない。

教97ページ

12 **儵（しゅく）も忽（こつ）も**　いずれも「渾沌」に登場する。

教99ページ

4 **おぼろに**　ここでは、ぼんやりしているさま。

8 **珍重（ちんちょう）**　ここでは、珍しいものとして大事にすること。

物理学者である筆者が、『荘子』を「面白いことでもあり、驚くべきことでもある。」（98・4）と考えているのはなぜか、説明してみよう。

考え方　直前にある、「その『荘子』が……ということ」の内容を読み取る。

解答例　原子のことを何も知らないはずの、二千三百年前の『荘子』に、素粒子と似た「渾沌」のことが描かれていたから。

これまでに読んだ古典の中から、「真理が含まれている」（99・15）と感じたものを紹介してみよう。

考え方　筆者は、『荘子』の「渾沌」の寓話に、素粒子と似たものを読み取り、老荘思想に「真理」が含まれている可能性に思い当たった。同じように、これまでに読んだ古典作品の中から、時代を超えた「真理」を感じたものを探して紹介する。

一小話

不死之薬

教科書P.102～103

【大　意】 教102ページ1～8行

荊王に献上された不死の薬を食べた武官は、王の命令で殺されそうになった。武官は、罪は自分ではなく、自分の質問に食べてもよいと答えた役人にあり、また、不死の薬を食べた自分が殺されたなら、王が客にだまされたことが明らかになると王に弁明し、死罪を免れた。

【書き下し文】

❶不死の薬を荊王に献ずる者有り。❷謁者之を操りて以て入る。❸中射の士問ひて曰はく、「食らふべきか。」と。❹曰はく、「可なり。」と。❺因りて奪ひて之を食らふ。❻王大いに怒り、人をして中射の士を殺さしめんとす。

❼中射の士人をして王に説かしめて曰はく、「臣謁者に問ふ。❽謁者曰はく、『食らふべし。』と。❾臣故に之を食らふ。❿是れ臣に罪無くして罪は謁者に在るなり。⓫且つ客不死の薬を献じ、臣之を食らひて王臣を殺さば、是れ死薬なり。⓬是れ客王を欺くなり。⓭夫れ罪無きの臣を殺して人の王を欺くを明らかにするなり。⓮臣を釈すに如かず。」と。⓯王乃ち殺さず。

（韓非子）

【現代語訳】

❶不死の薬を荊王に献上する人がいた。❷宮中で賓客の取り次ぎをつかさどる役人がこれ（＝不死の薬）を持って（宮中に）入った。❸宮中で宿直の警護をする武官が尋ねて言うことには、「食べてもよいのか。」と。❹（取り次ぎの役人が）言うことには、「食べられます。」と。❺そこで（武官は、役人の手から不死の薬を）奪ってこれ（＝不死の薬）を食べた。❻王は（このことを聞いて）非常に怒り、人に武官を殺させようとした。

❼武官は人に王に弁明させて言うことには、「私は取り次ぎの役人に尋ねました。❽（すると）取り次ぎの役人は、『食べてもよい。』と言ったのです。❾私はだからこれ（＝不死の薬）を食べたのです。❿これはつまり私に罪はなく、罪は取り次ぎの役人にあるということです。⓫さらに客が（王に）不死の薬を献上し、私がそれを食べて王が私を殺したならば、これはつまり（献上されたのが）死の薬だということです。⓬これでは客が王をだましたことになります。⓭そ

もそも罪のない私を殺して人が王をだましたことを明らかにすることになるのです。⓮（そのようなことになるのは）私を許すのに及びません（＝それよりも私を許した方がよいでしょう）。」と。⓯王はそこで（武官を）殺さなかった。

語句の解説

教102ページ

❷**操レ之以入** 不死の薬を持って入った。「之」は不死の薬を指す。

「操」＝手に持つ。にぎる。

「以」＝接続詞。そうして、…して、という順接を表す。

❸**可レ食乎** 食べてもよいか。

「可レ[A]（ス）」＝可能、許可の二つの意味がある。ここは許可の意。

❹の「可」は可能の意味で用いられている。

＊「可」＝ここでは、「ベキ」と読む。

「[A]（ナル）乎」＝疑問を表す。「連体形（体言）＋か」の形になることが多い。

❺**因奪而食レ之** そこで奪って不死の薬を食べた。取り次ぎの役人が手に持っていた不死の薬を奪って食べたということ。

＊「因」＝ここでは、「よりテ」と読む。接続詞。そこで。

「而」＝順接を表す置き字。一文の途中にある場合は「置き字」として扱うことが多く、順接の場合は直前に読む語に「シテ」「テ」を送る。

❻**使三人殺二中射之士一** 人に警護の武官を殺させようとした。

❖使二[A]（ヲシテ）[B]一（セ）＝使役を表す。[A]に[B]させる。ここは、これから殺そうとしているところなので、「使」に、意志を表す「ントス」という送り仮名がついている。

❼**中射之士使二人説一レ王** 警護の武官が人に王に弁明させて。

「説」＝説明する。弁明する。

❼**臣** 臣下の謙称。

⓫＊「且」＝ここでは、「かツ」と読む。さらに。その上に。

⓭＊「夫」＝ここでは、「そレ」と読む。そもそも。さて。説き起こすときに用いる言葉。

⓮**不レ如レ釈レ臣** 私を許すのに及びません。無罪の私を殺して王が人にだまされたことが明らかになるよりも、私を許した方がよい、ということ。

❖不レ如レ～＝比較を表す。～に及ばない。

「釈」＝許す。釈放する。

⓯＊「乃」＝ここでは、「すなはチ」と読む。接続詞。そこで。

課題

一　「中射之士」の「王」に対する弁明の内容を、二点に分けて説明してみよう。

考え方　「中射之士」が人を介して王に弁明した言葉は、「且」の前後で内容的に二つに分けることができる。前半では「謁者」の発言について、後半では「不死之薬」を食べた「中射之士」を王が殺すことについて、それぞれどのような主張を展開しているかを説明しよう。

解答例　・薬を食べた自分ではなく、自分の質問に「食べてもよい」と答えた取り次ぎの役人に罪がある。
・不死の薬を食べた自分が殺されてしまったならば、王に献上されたのは死の薬であり、王が客にだまされたことが明らかになってしまうので、自分を許した方がよい。

二　「中射之士」が言った「可レ食乎。」(102・2)の「可」と、「謁者」が言った「可。」(100・2)の「可」との違いをふまえて、この話のおもしろさについて、話し合ってみよう。

考え方　「可」には、「…できる」という可能の意と、「…してよい」という許可の意がある。「中射之士」の「可レ食乎。」という言葉は、その後で彼が「不死之薬」を食べてしまったことをふまえると、「食べてもよいか」という許可の意味で発せられたと考えられる。それに対して「謁者」の「可。」は、「不死之薬」が王に献上されたものであることから、「謁者」が「中射之士」に食べてもよいという許可を与えるなどとは考えられないので、「食べることができるものだ」という可能の意味である。
　王に殺されそうになった「中射之士」は、弁明に際して、「可」に二つの意味があることを利用して、「謁者」の「可」という言葉を、「謁者」の意図した可能の意味ではなく、許可の意味であったと説明することで、自分が無罪であると主張しているのである。一つの漢字のもつ二つの意味を利用して王を見事に説得し、死罪になることを免れたのである。

語句と表現

一　「於」(102・1)と「而」(102・2)について、本文中でのはたらきと、他の使い方について調べてみよう。

解答　「於」＝本文中でのはたらき…対象・目的を表す。
他の使い方…場所や時間を表す使い方がある。
「而」＝本文中でのはたらき…順接・逆接を表す。
他の使い方…並列や累加、代名詞を表す使い方がある。

句法

一　書き下し文に直し、太字に注意して、句法のはたらきを書こう。

1　**不**レ**如**レ釈レ臣。　(　　　)(　　　)

答　1　臣を釈すに如かず。／比較

三　横

教科書P.104〜105

【大意】 教104ページ1行〜105ページ4行

周処は若い頃、乱暴で武勇に誇っており、郷里の人々が迷惑に思う存在であった。義興には人を害する蛟と虎がおり、これに処を加え、「三横」と呼ばれていた。処は人々に説得されて虎と蛟を殺すが、その後、自分が郷里の人たちから迷惑に思われていることを知り、陸氏兄弟に会いに行く。陸氏の弟清河の言葉を聞いた処は、行いを改め、忠臣孝子となった。

【書き下し文】

❶周処、年少き時、兇彊俠気にして郷里の患ふる所と為る。❷又義興の水中に蛟有り、山中に邅跡の虎有り。❸並びに皆百姓を暴犯す。❹義興の人謂ひて三横と為し、而して処尤も劇しとす。❺或ひと処に説きて虎を殺し蛟を斬らしむ。❻実は三横唯だ其の一を余さんことを冀ふ。❼処即ち虎を刺殺し、又水に入りて蛟を撃つ。❽蛟或いは浮き或いは没し、行くこと数十里。❾処之と倶にし、三日三夜を経たり。❿郷里皆已に死せりと謂ひ、更相慶ぶ。

⓫竟に蛟を殺して出で、里人の相慶ぶを聞き、始めて人情の患ふる所と為るを知り、自ら改むるの意有り。⓬乃ち呉に入り二陸を尋ぬ。⓭平原在らず、正に清河に見ゆ。⓮具に情を以て告げ、并びに云ふ、「自ら修改せんと欲するも、年已に

【現代語訳】

❶周処は、若い時、乱暴で武勇に誇っており、郷里の人々に悩みの種とされていた。❷また、義興の水中には蛟がおり、山中にはあちらこちらをうろつく虎がいた。❸(蛟・虎は)ともに皆、人々を危険な目に遭わせた。❹義興の人は(処・蛟・虎を)名付けて三横とし、そして処をとりわけひどいとした。❺ある人が処を説得して、虎を殺し蛟を斬らせた。❻実は、三横のうち、ただその一つを残すことを望んだのだった。❼処はすぐに虎を刺し殺し、また、水に入って蛟を攻撃した。❽蛟は浮いたり沈んだりして、数十里ほど流れた。❾処はこれ(＝蛟)と一緒に行き、三日三晩が過ぎた。❿郷里の人々は皆、(処は)すでに死んだと言い、互いに喜び合った。

⓫(処は)とうとう蛟を殺して(水から)出て、郷里の人々が喜び合っているのを聞き、はじめて(自分が)人の気持ちに悩みの種とされていることを知り、自分で(行いを)改める意志を持った。⓬そこで、呉に入り、二陸(＝陸兄弟)を訪ねた。⓭(兄の)平原はおらず、ちょうど(いた、弟の)清河にお会いした。⓮詳しく事情を告げ、また言ったことには、「自分で(行いを)直し改めようとするのだが、ま

蹉跎たれば、終に成す所無からん。」と。⓯清河曰はく、「古人朝に聞き夕に死するを貴ぶ、況んや君の前途尚ほ可なるをや。⓰且つ人は志の立たざるを患ふるも、亦何ぞ令名の彰れざるを憂へんや。」と。⓱処遂に自ら改励し、終に忠臣孝子と為れり。

（世説新語）

年齢はすでにちょうどよい時期を逃しているので、最後まで（行いを改めることを）成すことはないだろう。」と。⓯清河が言うには、「古の人（＝孔子）は朝に（人が生きるべき道を）聞き、夕べに死ぬことを尊んだ、ましてあなたの前途はなおさらまだ可能性がある。⓰さらに、人は志が立たないことを心配するものだが、またどうしてよい評判が現れないことを心配するのか、いや心配する必要はない。」と。⓱処はこうして自分で心を入れ替えて、はげみ努力し、とうとう忠臣孝子（＝忠実な臣下であり、孝行な子）となった。

語句の解説

教104ページ

❶年少時 年齢が若い時。
＊「少」＝ここでは、「わかキ」と読む。若い、幼い、の意。

❶為郷里所患 郷里の人々に悩みの種とされていた。
❖為[A]所[B]＝受身を表す。[A]に[B]される。
「患」＝ここでは、悩む、憂える、の意。

❸並 ならびに。ともに、

❸百姓 人民。一般の人々。

❹謂 名付けて。

① 「三横」とは、どのような意味か。

答 三つの横暴な者。

❹＊「而」＝ここでは、「しかうシテ」と読む。そして。接続（順接）を表す。

❹尤劇 とりわけひどいとした。「三横」のうち、処を最もひどい、と述べている。
「尤」＝ここでは、とりわけ、の意。
「劇」＝ここでは、はなはだしい、の意。

❺或説処殺虎斬蛟 ある人が処を説得して、虎を殺し蛟を斬らせた。「或」が「処」に「殺虎斬蛟」をさせたということ。

❻実冀三横唯余其一 実は、三横のうち、ただその一つを残すことを望んだのだった。
「実」＝ここでは、本当は、の意。
❖冀～＝願望を表す。～を望む。「冀」は、そうなってほしいと思うこと。
「其一」＝「三横」のうちの一つ、ということ。

❼＊「即」＝ここでは、「すなはチ」と読む。すぐに。その場で。

❽蛟或浮或没 蛟は浮いたり沈んだりして。
「或」＝一方では～。時には～。ここでは、「浮」「没」という動

作を列挙するのに用いられている。

❾与レ之　これ(＝蛟)と。

＊「与」＝ここでは、「と」と読む。～と。並列の助字。

「之」＝ここでは、蛟を指している。

❾倶　一緒にして。ここでは、処が蛟とともに流れて行く様子を表す。

❾三日三夜　三日三晩。三日間、朝から晩まで。

❿＊「已」＝ここでは、「すでニ」と読む。

❿＊「更」＝ここでは、「こもごも」と読む。互いに。かわるがわる。

❿相慶　喜び合う。

⓫竟　結局、とうとう。

「相」＝ここでは、互いに、の意。

⓫里人　里の人。その土地の人。ここでは、郷里の人々を指す。

⓫有二自改一意　自分で(行いを)改める意志を持った。処は、「里人」が自分の死を喜んでいることを知り、自分が彼らの心配の種となっていることを知ったのである。

⓬＊「乃」＝ここでは、「すなはチ」と読む。そこで。

⓭正　ちょうどその時。

⓭見二清河一　清河に会った。

＊「見」＝ここでは、「まみユ」と読む。目上の人に会う。お目にかかる。

課題

一　周処はなぜ「有二自改一意。」(104・8)となったのか、説明してみよう。

教105ページ

⓮＊「具」＝ここでは、「つぶさニ」と読む。詳しく。詳細にわたって。

⓮欲二自修改一　自分で(行いを)直し改めようとするのだが。

「欲レ～」＝～しようとする。

⓮＊「終」＝ここでは、「つひニ」と読む。最後まで。

2　清河は「古人」の言葉を引用して、何を伝えようとしているのか。

答　物事を行うのに、時期を逃すということはないということ。

⓯況君前途尚可　ましてあなたの前途はなおさらまだ可能性がある。

❖況～　＝抑揚を表す。まして～はなおさらだ。

＊「尚」＝ここでは、「なホ」と読む。まだ。

⓰＊「且」＝ここでは、「かツ」と読み、さらに、の意。

⓰亦何憂三令名不二彰一邪　またどうしてよい評判が現れないことを心配するのか、いや心配する必要はない。

＊「亦」＝ここでは、「また」と読む。

❖何～邪＝反語を表す。どうして～か、いや～ない。

「彰」＝ここでは、現れる、の意。

⓱遂　そのまま、こうして、の意。

考え方　直前の「竟殺レ蛟……所レ患」(104・7)から読み取る。

解答例　郷里の人たちが、自分の死を喜び合っていると聞き、自分が彼らの悩みの種だったという事実を知ったから。

二 **清河は周処にどのようなことを伝えたかったのか、まとめてみよう。**

考え方 清河の会話文「古人……彰邪。」(105・2)の内容と、その中で引用されている、『論語』の表現に注目する。

解答例 孔子が、朝に人の生きるべき道を知ったら、その夕べには死んでも構わないと言っているように、周処も、自分の行いを改めるのに遅すぎるということはなく、それを最後までやり遂げる気持ちを持つことが大切だということ。

語句と表現

一 **本文中で用いられている「竟」(104・7)、「終」(105・2)、「遂」(105・4)の三つの「つひニ」について、意味の違いを調べてみよう。**

解答例 「竟」は、結局、とうとう、の意。
「終」は、最後まで、の意。
「遂」は、そのまま、こうして、の意。

句法

一 **書き下し文に直し、太字に注意して、句法のはたらきを書こう。**

1 **為**ル二郷里ノ所ト一レ患フル。（　　　　）（　　）
2 **冀**フ三三横唯ダ余サンコトヲ二其ノ一ヲ一。（　　　　）（　　）
3 **況**ンヤ君ノ前途尚ホ可ナルヲヤ。（　　　　）（　　）
4 **何**ゾ憂ヘン二令名ノ不ルヲレ彰レ**邪**。（　　　　）（　　）

答
1 郷里の患ふる所と為る。／受身
2 三横唯だ其の一を余さんことを冀ふ。／願望
3 況んや君の前途尚ほ可なるをや。／抑揚
4 何ぞ令名の彰れざるを憂へんや。／反語

不レ顧ミ二後患一ヲ

教科書P.106～107

【大　意】 教106ページ1行～107ページ2行

呉王は荊(けい)(＝楚(そ))を討とうとし、前もって側近の諫言(かんげん)を禁止した。そこで呉王の召し使いの少年は、毎朝宮殿の裏庭を衣をぬらしながら歩き回った。不審に思った呉王が理由を尋ねると、少年は、蟬(せみ)、螳螂(とうろう)、黄雀(こうじゃく)のたとえ話で、それとなく呉王を諫(いさ)めた。そのたとえの意を悟った呉王は、荊への出兵を中止したのである。

【書き下し文】

❶呉王荊を伐たんと欲し、其の左右に告げて曰はく、「敢へて諫むる者有らば死せん。」と。❷舎人に少孺子なる者有り。❸諫めんと欲するも敢へてせず。❹則ち丸を懐き弾を操りて、後園に遊ぶ。❺露其の衣を沾す。❻是くのごとき者三旦なり。❼呉王曰はく、「子来たれ。❽何ぞ苦だ衣を沾すこと此くのごとき。」と。❾対へて曰はく、「園中に樹有り。❿其の上に蟬有り。⓫蟬高居し悲鳴して露を飲み螳螂の其の後ろに在るを知らざるなり。⓬螳螂身を委ねて曲附し、蟬を取らんと欲して、而も黄雀の其の傍らに在るを知らざるなり。⓭黄雀頸を延べ、螳螂を啄まんと欲して、而も弾丸の其の下に在るを知らざるなり。⓮此の三者は、皆務めて其の前利を得んと欲して、而も其の後ろの患へ有るを顧みざるなり。」と。⓯呉王曰はく、「善きかな。」と。⓰乃ち其の兵を罷む。

（説苑）

【現代語訳】

❶呉王は荊を討とうとして、その側近に告げて言うには、「しいて(私を)諫める者がいるならば死刑にする。」と。❷召し使いの中に雑用をする少年がいた。❸諫めたいと思ったが、すすんではしなかった。❹そこで(少年は)はじき弓の弾を懐に入れ、はじき弓を手に持って、宮殿の裏庭を歩き回った。❺(朝の)露がその(＝少年の)衣をぬらした。❻このようにすること三日間毎朝であった。

❼呉王が(その様子を見て)言うには、「おまえ(ここに)来い。❽どうしてそのようにひどく衣をぬらしているのか。」と。❾(少年が)お答えして言うには、「庭に樹があります。❿その(樹の)上に蟬がとまっています。⓫蟬は高いところにとまって、高い声で鳴きながら露を吸っていますが、かまきりがその(自分の)後ろにいるのに気づいていません。⓬(そして)かまきりは身をかがめて、脚を縮め、蟬を取ろうとしていますが、黄雀がその(自分の)そばにいることに気づいていません。⓭(そしてまた)黄雀は首を伸ばして、かまきりをついばもうとしていますが、(私の持つ)はじき弓と弾がその(自分の)下にあることに気づいていません。⓮この三者は、皆一心に自分の目の前の利益を得ようとしていますが、その(自分の)後ろに災難があることを気にかけないのです。」と。

⓯呉王が言うには、「もっともだなあ。」と。⓰そこでやっと(呉王は)その(＝荊を討伐するための)出兵を中止した。

語句の解説

教106ページ

❶**欲レ伐レ荊**　荊を討とうとして。

「欲スレ[A]（セ）ント」＝[A]しようとする。[A]したいと思う。

❶**左右**　ここでは、君主のそば近くに仕える家来、側近、の意。

❶ **敢有㆓諫者㆒死**　しいて諫める者がいるならば死刑にする。
「敢」＝しいて。すすんで。おしきって。
「死」＝ここでは「殺」と同じで、死刑にする、の意。
❸ **不㆑敢**　すすんではしなかった。
❖不㆑敢＝否定を表す。なお、「敢不㆑〜」は反語を表すので注意。すすんでは〜しない。
❹ *「則」＝ここでは、「すなはチ」と読む。そこで。接続の助字。
❹ **遊㆓於後園㆒**　宮殿の裏庭を歩き回った。
「於」＝置き字。ここでは、位置、場所を表す。
「後園」＝宮殿の裏庭。
❺ **沾**　ぬらす。うるおす。「潤」とほぼ同義。
❻ **如㆑是者**　このようにすること。「是」は、雑用をする少年が弾を懐に入れ、はじき弓を手に持って、宮殿の裏庭を歩き回り、露で衣服をぬらしていることを指す。
「如㆑是」＝このようである。「如㆑此」も同じ。
*「如」＝ここでは、「ごとキ」と読む。
*「者」＝ここでは、「こと」と読み、…すること、の意。
❻ **三旦**　三日間毎朝である。
「旦」＝朝。日の出の頃。
❼ **子来**　おまえ、明け方来い。
「子」＝多く男子の敬称として用いるが、ここでは、「少孺子者」を指す。
❽ **何苦沾㆑衣如㆑此**　どうしてそのようにひどく衣をぬらしているのか。

❖何〜＝疑問を表す。「何」は、原因・理由を問う疑問の助字。どうして〜か。
❾ **対曰**　お答えして言うことには。
*「対」＝ここでは、「こたヘテ」と読む。主に目上の人に答える場合に用いる。
⓫ **飲㆑露**　露を吸って。古代中国では、蝉は露を吸って生きると思われていた。
⓫ **也**　断定の終尾詞。文末に置かれ、断定の語気を表す。
⓬ *「而」＝ここでは、「しかモ」と読む。逆接の接続詞。⓮の「而」も同じ。「しかモ・しかルニ・しかレドモ」と読む場合は逆接、「しかシテ・しかうシテ」と読んだ場合は順接であることが多い。
⓭ **弾丸**　はじき弓と弾。

1 **「三者」とは何を指すか。**

答　蝉、かまきり、黄雀。

⓮ **前利**　目先の利益。ここでは、それぞれの目の前にいる獲物のこと。
⓮ **不㆑顧㆓其後之有㆒㆑患也**　自分の後ろに災難があることを気にかけないのだ。
「顧」＝後ろを振り返る。気にとめる。
「患」＝危険。災難。ここでは、自分が獲物としてねらわれていること。

教107ページ

⑮**善哉**（よきかな）　もっともだなあ。よいことを言ってくれたなあ。

「A（ナル）哉」＝詠嘆を表す。「哉」は詠嘆の助字。

⑯**乃罷其兵**（すなわチやム そノへいヲ）　そこでやっとその出兵を中止した。

＊「乃」＝ここでは、「すなはチ」と読む。そこで。やっと。

「罷」＝やめる。中止する。

「兵」＝戦。戦争。ここでは、兵を荊に進めること。

課題

一　「三者」（106・8）にとっての「前利」と「後患」とは何か、それぞれ整理してみよう。

解答　〈前利〉蟬→露　螳螂→蟬　黄雀→螳螂

〈後患〉蟬→螳螂　螳螂→黄雀　黄雀→弾丸（少孺子）

二　なぜ呉王は荊を討つのをやめたのか、説明してみよう。

解答例　少年のたとえ話を聞いて、荊を討つことは前利（＝目先の利益）を追うことであり、自分の背後に呉をねらっている他国の存在があることを悟ったから。

語句と表現

一　「左右」（106・1）のように、漢文と現代の日本語とで意味が異なる次の語について、それぞれの意味を調べてみよう。

①故人　②城　③人間

解答　①「故人」＝漢文…古くからの友人。現代の日本語…亡くなった人。②「城」＝漢文…町。現代の日本語…城郭。③「人間」＝漢文…人の住んでいる世界。現代の日本語…人そのもの。

学びを広げる　諫言の方法

教科書P.108

このうち、「不顧後患」で小孺子がとった方法はどれか考えてみよう。さらに、小孺子とは違う方法で王を諫める言葉を考え、発表してみよう。

考え方　「不顧後患」の小孺子（＝召し使いの少年）についての叙述を整理したうえで、「諫言」の①～⑤の方法のどれにあてはまるかを考える。次に、小孺子以外の方法で、王を諫める方法を考える。

解答例　・「不顧後患」で小孺子がとった方法…⑤

・小孺子とは違う方法で王を諫める言葉②…「荊を討つことは、とてもよい考えです。しかし、王が側近に諫言することを禁じたのは、王ご自身に、荊を討つことに迷いがあるためなのではありませんか。もし、王が、側近からの諫言を受け入れ、その意見に耳を傾けることができれば、心の迷いも消え、荊を討つことよりもさらによい案が、思い浮かぶようなこともあるかもしれません。」

二 史伝

史記 廉頗と藺相如

司馬遷

教科書P.110～116

完璧帰趙

【大意】 1 教111ページ1～8行

璧を渡しても十五の都市を引き渡しはしないであろう秦王との困難な交渉の使者を、藺相如は自ら引き受け、璧を傷つけることなく趙に持ち帰ることを趙王に約束したのだった。

【書き下し文】

❶是に於いて、王召見し、藺相如に問ひて曰はく、「秦王、十五城を以て寡人の璧に易へんことを請ふ。❷予ふべきや不や。」と。❸相如曰はく、「秦は彊くして趙は弱し。❹許さざるべからず。」と。❺王曰はく、「吾が璧を取りて、我に城を予へずんば、奈何せん。」と。❻相如曰はく、「秦城を以て璧を求むるに、趙許さずんば、曲は趙に在り。❼趙璧を予ふるに、秦趙に城を予へずんば、曲は秦に在り。❽之の二策を均るに、寧ろ許して以て秦に曲を負はしめん。」と。❾王曰はく、「誰か使ひすべき者ぞ。」と。❿相如曰はく、「王必ず人無くん

【現代語訳】

❶そこで、王(＝趙の恵文王)は(藺相如を)召し出して会い、藺相如に質問して言うには、「秦王は、十五の都市を私の(和氏の)璧に変える(＝十五の都市と璧を交換する)ことを求めてきた。❷与えるべきかどうか。」と。❸相如は(お答えして)言った、「秦は強国で、趙は弱国です。❹聞き入れなければなりません。」と。❺趙王が言うには、「(秦王が)私の璧を受け取って、私に(十五の)都市を与えない場合には、どうしようか。」と。❻相如が言うには、「秦が(十五の)都市で(＝都市と引き替えに)璧を求めているのに、趙が(それを)聞き入れないのであれば、誤りは趙にあります。❼(逆に)趙が璧を与えるのに、秦が趙に(十五の)都市を与えないのであれば、誤りは秦にあります。❽この二つの策を比べてみると、むしろ(秦に璧を与えることを)聞き入れて(都市を与えない)秦に誤りを負わせ

ば、臣願はくは璧を奉じて往きて使ひせん。⓫城趙に入らば璧は秦に留めん。⓬城入らずんば、臣請ふ璧を完うして趙に帰らん。」と。⓭趙王是に於いて、遂に相如をして璧を奉じて西して秦に入らしむ。

る方がよいでしょう。」と。❾趙王が言うには、「だれが使者とするのによいか。」と。❿相如が言うには、「趙王様にどうしても(適任の)人間がいないのであれば、私が璧をささげ持って(秦へ)行って使いをしたいと存じます。⓫(十五の)都市が趙の手に入れば璧は秦にとどめ置きましょう。⓬都市が(趙の)手に入らなければ、私は璧を傷つけることなく(秦に奪われないように)趙に(持ち)帰らせていただきたい(と存じます)。」と。⓭趙王はそこで、そのまま相如に璧をささげ持たせて西に向かわせ秦に入らせた。

語句の解説 1

教111ページ

❶＊「於是」＝「ここニおイテ」と読む。そこで。

❶＊「易」＝ここでは、「かヘンコトヲ」と読む。

❷**可レ予不** 与えるべきか否か。

＊「可」＝ここでは、「ベキヤ」と読む。

＊「予」＝ここでは、「あたフ」と読む。「与」に同じ。

❖〜不＝疑問を表す。「不」は文末で疑問を表す用法。「否」に同じ。

❸**彊** 強国で。強くて。「強」に同じ。

❹**不レ可レ不レ許** 聞き入れないことはできない＝聞き入れなければならない。

❖不レ可レ不レ〜＝二重否定で、強い肯定を表す。

「許」＝ここでは、璧と都市との交換を聞き入れることをいう。

❺**不レ予** ここは文脈として条件文になっているので、「不」を「ずンバ」と読んでいる。

❺❖奈何＝手段・方法・処置を問う疑問詞。「如何」に同じ。どうしようか。

❽**均二之二策一** この二つの策を比べてみると。

「均」＝ここでは、比べる、比較する、の意。

「二策」＝①秦が都市と引き替えに璧を求めているのに趙がそれを聞き入れない、②趙が秦の要求を聞き入れて璧を与えるのに秦が都市を与えない、という二つの選択肢のこと。

❽**寧許以負二秦曲一** 聞き入れて秦に誤りを負わせる方がよい。

＊「寧」＝ここでは、「むしロ」と読む。選択を表す。

❾**誰可レ使者** だれが使者にするのによいか。

❖誰〜＝疑問を表す。だれが〜か。

❿**必無レ人** どうしても(適任の)人間がいないのであれば。

「必」＝ここでは、どうしても、の意。

「無」＝「なクンバ」と読んで仮定条件を表す。

❿**願** ここでは趙王に対するへりくだった気持ちを表している。

❿**奉レ璧** 璧をささげ持って。

「奉」＝ささげ持つ。「和氏の璧」に対する取り扱いの丁寧さを表現している。
⑫請 ⑩「願」と同様、趙王に対するへりくだった気持ちを表す。
⑬遂 そのまま。

⑬遣相如奉璧西入秦 相如に璧をささげ持たせて西に向かわせ秦に入らせた。
❖遣 A B ＝使役を表す。AにBさせる。「遣」は使役の助動詞。

【大 意】 2 教111ページ9行〜112ページ11行

都市を趙に渡す意志が秦王にないことを見抜いた相如は、傷があるとうそをついて璧を取り返すと、秦王の非礼を糾弾し、自分の命と共に璧も砕けるであろうと秦王に言い放った。

【書き下し文】

❶秦王章台に坐して、相如を見る。❷相如璧を奉じて秦王に奏む。❸秦王大いに喜び、伝へて以て美人及び左右に示す。❹左右皆万歳と呼ぶ。❺相如秦王の趙に城を償ふに意無きを視て、乃ち前みて曰はく、「璧に瑕有り。❻請ふ王に指示せん。」と。❼王璧を授く。❽相如因りて璧を持ち、卻立して柱に倚り、怒髪上がりて冠を衝く。❾秦王に謂ひて曰はく、「大王璧を得んと欲し、人をして書を発して趙王に至らしむ。❿趙王悉く群臣を召して議せしむ。⓫皆曰はく、『秦は貪にして其の彊きを負み、空言を以て璧を求む。⓬償城恐らくは得べからざらん。』と。⓭議秦に璧を予ふるを欲せず。⓮臣以為へらく、布衣の交はりすら、尚ほ相欺かず。⓯況んや大国をや。⓰且つ一璧の故を以て、彊秦の驩に逆らふは、不可なりと。⓱是

【現代語訳】

❶秦王は章台に座って、相如に会った。❷相如は璧をささげ持って秦王に差しあげた。❸秦王は大変喜んで、（璧を）手渡して愛妾や侍者たちに見せた。❹侍者たちは誰もが万歳と叫んだ。❺相如は秦王が趙に（十五の）都市を（璧の）代償として渡す意志がないと見て、そこで進み出て言うには、「（その）璧には傷があります。❻王様に（傷の場所を）お教えしたいと存じます。」と。❼王は璧を（相如に）渡した。❽相如はそこで（すぐに）璧を持ち、あとずさりして立って柱によりかかり、怒りで髪が逆立ち冠を突き上げる（ほどであった）。❾（相如が）秦王に向かって言うには、「大王は璧を手に入れようと思われ、使者に書簡を持たせて趙王に届けさせました。❿趙王は全ての家臣を呼んで（手紙の内容について）議論させました。⓫（家臣たち）誰もが言うには、『秦は貪欲で、国力が強大であることを頼みにし、でたらめを言って璧を要求している。⓬璧の代償の（十五の）都市は恐らく手に入れられないだろう。』と。⓭議論（の結果）は秦に璧を渡すことは望まないというものでした。⓮私が思いますに、庶民の交際でさえも、互いに欺くことはいたしません。⓯まして大国

に於いて、趙王乃ち斎戒すること五日、臣をして璧を奉ぜしめ、書を庭に拝送す。⑱何者となれば、大国の威を厳れて、以て敬を修むればなり。⑲今臣至るに、大王臣を列観に見て、礼節甚だ倨る。⑳璧を得るや之を美人に伝へ、以て臣を戯弄す。㉑臣大王の趙王に城邑を償ふに意無きを観る。㉒故に臣復た璧を取る。㉓大王必ず臣に急にせんと欲せば、臣の頭は今璧と倶に柱に砕けん。」と。㉔相如其の璧を持ちて、柱を睨み、以て柱に撃たんと欲す。

（廉頗藺相如列伝）

であればなおさらです。⑯しかも(たかだか)璧一つのために、強大な秦国との友好に背くことは、よくありません。⑰そこで、趙王は五日間行動・飲食を慎み、心身を清められ、私に璧をささげ持たせ、書簡を(秦の)朝廷に謹んでお届けしたのです。⑱なぜならば、大国(である秦)の威厳を恐れはばかり、敬意を払うためです。⑲(ところが)今、私が来てみますと、大王は私を(宮中の正式な客間ではなく)ありきたりの建物で引見され、礼儀における節度はひどく傲慢でいらっしゃいます。⑳璧を手に入れたとたんに、それを愛妾に回し(見させ)、そうして私をばかにするようにされました。㉑(このことで)私は大王が趙王に都市を代償として渡す意志がないと考えました。㉒それゆえ私は今一度璧を取り返したのです。㉓大王がどうしても私に(璧を取り戻すために)強く迫ろうとお思いなら、私の頭は、ただちに璧と共に柱に(ぶつけて)砕けるでしょう。」と。㉔(そう言うと)相如はその璧を持ち、柱を睨み、今にも柱に打ちつけようとした。

語句の解説 2

教111ページ

❷**奏** 差しあげる。献上する。

❸**伝 以示二美人及左右一** 手渡して愛妾や侍者たちに見せた。

「伝」＝ここでは、手渡す、次々に回す、の意。

❺＊「乃」＝ここでは、「すなはチ」と読む。そこで。相如が秦王の意図を確認した上で次の行動に移ったことを表している。

❺**前** 動詞。進み出て。

❽＊「因」＝ここでは、「よりテ」と読む。そこで。

❽**怒髪上衝レ冠** 怒りで髪が逆立ち冠を突き上げる。

「怒髪」＝怒りで逆立った髪のこと。

「衝冠」＝逆立った髪が冠を突き上げる意で、強い怒りの様子を形容する。

教112ページ

❾**欲レ得レ璧** 璧を手に入れようと思って。

「欲レＡ」＝願望を表す。Ａしようと思う。

❾**使三人発レ書至二趙王一** 使者に書簡を持たせて趙王に届けさせた。

⑩悉召群臣議　全ての家臣を呼んで議論させる。
「使[A][B]」＝使役を表す。[A]に[B]させる。
「悉」＝副詞。細かいところまで全て。
「召[A][B]」＝使役を表す。
「群臣」＝多くの家臣。前に「悉」とあるので、全ての家臣をいう。
⑪貪　欲深いこと。
⑪負　頼ること。頼みとすること。
⑪空言　うそ。でたらめ。
⑫恐不可得　恐らく手に入れることはできないだろう。
「恐」＝好ましくない事態に関する推量の副詞。
⑬議　ここでは、趙の朝廷における議論、協議。
❖不可〜＝不可能を表す。
⑭＊「以為」＝ここでは、「おもヘラク」と読む。思うに。〜だと思う。終わりを「…ト」で結ぶ。
⑭⑮布衣之交、尚不相欺。況大国乎　庶民の交際でさえも、互いに欺かない。まして大国ならなおさらだ。
❖[A]尚[B]。況[C]乎＝抑揚を表す。
「相」＝動作に対象があることを表す。

⑯＊「且」＝ここでは、「かツ」と読む。その上。しかも。
⑰於是　接続詞。そこで。
⑱＊「何者」＝ここでは、「なんトナレバ」と読む。文頭に置いて理由説明を導く表現。ここでは「…敬也」までが理由説明。
⑱厳　恐れはばかる。
⑱修敬也　敬意を払うためだ。
⑲見臣列観　相如は趙の正式な使者であるので、本来であれば宮中の正殿において会うべきである。秦王の傲慢さがうかがえる。
⑲礼節甚倨　礼儀における節度がひどく傲慢である。
「倨」＝おごり高ぶる。
㉒復取璧　璧をもう一度取り返す。
「復」＝もう一度、の意の副詞。
㉓必　どうしても。なんとしても。
㉓欲急臣　私に強く迫ろうと思うならば。
「欲[A]」＝願望を表す。[A]しようと思う。
㉓＊「与」＝ここでは、「と」と読む。英語のwithにあたる前置詞。…と。
㉓倶　一緒にそろって、の意の副詞。
㉓＊「矣」＝ここでは、断定の語気を表す。

課題

一　藺相如は「和氏の璧」を秦に渡すべきだと進言した。その理由を発言をもとに整理してみよう。

解答例　大国の秦からの要求を趙が拒めないことに加えて、秦は代償を与えると言っているので、拒めば誤りを趙が負うことになってしまう。そもそも秦は代償を与える気がないと思われるのだから、璧を渡すことで秦の要求を拒むことなく、しかも秦に誤りを負わせることができる。

藺相如は、秦王のどのような様子から「無意償趙城」(111・11)と感じたのか、説明してみよう。

考え方　璧を手に入れたときの秦王の様子から、藺相如は秦王が趙に都市を渡す気がないと感じた、という点をおさえよう。

解答例　至宝ともいえる和氏の璧を手に入れることができ、大変喜んで愛妾や侍者たちに見せびらかす秦王の様子を見て、璧の代償としての都市を、趙に渡す意志がないことを藺相如は感じたから。

三　**藺相如は秦王に対してどのような論を展開したか、整理してみよう。**

解答例　璧と都市を交換したいという秦王の申し入れに対し、趙王は家臣が皆反対したにもかかわらず、秦に敬意を払うために五日間斎戒し、秦王に璧を献上した。しかし秦王は趙に対して著しく礼節を欠き、それどころか璧の代償としての都市を渡す意志も見られないため、自分は璧を取り戻した。もし秦王がどうしても璧を取り戻そうとするならば、私の頭と共にただちに璧を打ち砕くことにする。

語句と表現

一　**「易」（111・2）について、本文と同じ意味でこの字を用いている熟語をあげてみよう。**

考え方　とりかえる、という意味である。

解答　交易、改易など。

句法

一　**書き下し文に直し、太字に注意して、句法のはたらきを書こう。**

1　**可**(キヤ)ㇾ予(フ)**不**(ヤ)。（　　）（　　）

2　**不**ㇾ**可**(カラ)ㇾ**不**(ル)ㇾ許(サ)。（　　）（　　）

3　遂(ニ)**遣**(ム)二相如(ヲシテ)奉(ジテ)ㇾ璧(ヲ)西(シテ)入(ラ)一ㇾ秦(ニ)。（　　）（　　）

答
1　予ふべきや不や。／疑問
2　許さざるべからず。／二重否定
3　遂に相如をして璧を奉じて西して秦に入らしむ。／使役

刎頸之交(ふんけいのまじわり)

【大　意】　1　教114ページ5行～115ページ1行

趙に戻った相如に対して、廉頗はその功績を認めようとせず、相如に会ったら辱めてやろうと言いふらしていた。それを聞いた相如は、廉頗と争わず、顔を合わせないようにした。

【書き下し文】

❶既(すで)に罷(や)めて国(くに)に帰(かえ)る。❷相如(しょうじょ)の功大(こうだい)なるを以(もっ)て、拝(はい)して

【現代語訳】

❶（会談を）終えて（趙王の一行は）国に帰った。❷相如の功績が大きかったことで、任命して上席の卿とした。❸（その）位は廉頗の上

上卿と為す。❸位は廉頗の右に在り。❹廉頗曰はく、「我趙の将と為り、攻城野戦の大功有り。❺而るに藺相如は徒だ口舌を以て労を為し、而して位我が上に居り。❻且つ相如は素賤人なり。❼吾羞ぢて、之が下たるに忍びず。」と。❽宣言して曰はく、「我相如を見ば、必ず之を辱めん。」と。❾相如聞きて、与に会ふことを肯んぜず。❿相如朝する時毎に、常に病と称し、廉頗と列を争ふことを欲せず。⓫已にして相如出でて廉頗を望見す。⓬相如車を引きて避け匿る。

位であった。❹廉頗が言うには、「私は趙の将軍となって、都市を攻め野で戦うことに大きな功績があった。❺しかし藺相如はただ弁舌だけで手がらを立て、そして位は私の上にいる。❻その上相如はもともと身分の低い人間だ。❼私は恥ずかしくて、彼(=相如)の下であることを我慢できない。」と。❽(そして)言いふらして言うには、「私は相如に会ったら、必ず彼に恥をかかせてやる。」と。❾相如は(それを)聞き、(廉頗と)一緒に会う(=顔を合わせる)ことを承知しなかった。❿相如は朝廷に出仕するたびに、常に病気と称して、廉頗と席次の上下を競おうとはしなかった。⓫ほどなくして相如は外出して廉頗を遠くに見かけた。⓬(すると)相如は(乗っていた)車を引き返し避け隠れてしまった。

語句の解説 1

教114ページ

❶**既** 動作の終了(…し終わっている)を表す副詞。

❹**攻城野戦** 「攻城」は、城(=都市)を攻めること。「野戦」は、山野で戦うこと。

❺*「而」=順接・逆接の両方を表す接続詞。ここでは、「しかルニ」と読み、逆接を表す。置き字扱いの場合もあるが、訓読する場合は、順接では「しかシテ・しかうシテ」、逆接では「しかルニ・しかレドモ・しかモ」と読む。

❺**徒以口舌為労** 弁舌だけで手がらを立て。

❖徒～ =限定を表す。「徒」は限定の副詞。

「口舌」=口と舌のことで、口先、弁舌、をいう。

❺*「而」=ここでは、「しかうシテ」と読む。順接。

❻*「且」=ここでは、「かツ」と読む。

❻**素賤人** もともと身分の低い人間である。

「素」=もともと。

「賤人」=身分の低い人間。

❼**不忍** 我慢できない。

「忍」=耐える。我慢する。

❼*「為」=ここでは、「たルニ」と読む。

❼**下** ここでは、身分・地位が低いことをいう。

❽**宣言** 言いふらして。

❾*「肯」=ここでは、「がヘンゼ」と読む。

❾*「与」=ここでは、「ともニ」と読む。一緒に。

❿**毎朝時** 朝廷に出仕するたびに。

「毎」＝…するたびに。毎回。
「朝」＝朝廷に出仕する。

⑩＊「与」＝ここでは、「と」と読む。
⑪＊「已」＝ここでは、「すでニシテ」と読む。ほどなくして。やがて。

【大意】 2 教115ページ2行～116ページ2行

廉頗将軍を避ける相如に、舎人たちが暇乞いをした。相如は私怨を捨て国家の危急を先に考えての行動であり、廉頗を畏れている訳ではないと語った。それを聞いた廉頗は相如に謝罪し、二人は刎頸の交わりを結んだのだった。

【書き下し文】

❶是に於いて、舎人相与に諫めて曰はく、「臣の親戚を去りて君に事ふる所以の者は、徒だ君の高義を慕へばなり。❷今君廉頗と列を同じくし、廉君悪言を宣ぶれば、君畏れて之に匿れ、恐懼すること殊に甚だし。❸且つ庸人すら尚ほ之を羞づ。❹況んや将相に於いてをや。❺臣等不肖なり。❻請ふ辞し去らん。」と。❼藺相如固く之を止めて曰はく、「公の廉将軍を視ること、秦王に孰与れぞ。」と。❽曰はく、「若かざるなり。」と。❾相如曰はく、「夫れ秦王の威を以てしても、相如之を廷叱して、其の群臣を辱む。❿相如駑なりと雖も、独り廉将軍を畏れんや。⓫顧だ吾之を念ふに、彊秦の敢へて兵を趙に加へざる所以の者は、徒だ吾が両人の在るを以てなり。⓬今両虎共に闘はば、其の勢ひ倶には生きざらん。⓭吾の此を為す所以の者は、国家の急を先にして、私讎を後にするを以てなり。」と。⓮廉頗之を聞き、肉袒して荊を負ひ、賓客に

【現代語訳】

❶そこで、(相如の)側近くで仕える者たちは一緒になって忠告して言うには、「私が親族のもとを去りあなた様にお仕えしている理由は、ただあなた様の徳が高く立派なお人柄を慕っているからです。❷今やあなた様は廉頗将軍と同じ序列になり、廉将軍は(あなた様の)悪口を言いふらすと、あなた様は(廉将軍を)畏れて彼から隠れ、(その)恐れてかしこまることはことさら甚だしいものです。❸しかも平凡な人でさえもこうしたことを恥ずかしく思います。❹まして将軍や大臣においてはなおさら(恥ずかしく思うはず)です。❺私たちは愚か者です。❻どうかお暇をいただきたい。」と。❼藺相如は強く彼らを止めて言った、「あなた方が廉将軍を見て、(廉将軍は)秦王に比べるとどうでしょうか(＝廉将軍と秦王とはどちらが上でしょうか)。」と。❽(側近たちが答えて)言うには、「(廉将軍は秦王には)及びません。」と。❾相如は言った、「そもそも秦王の威厳をもってしても、私藺相如は(それをものともせずに)彼を朝廷で叱りつけ、その(＝秦王の)家臣たちに恥をかかせました。❿私藺相如は愚か者ではありますが、どうして廉将軍を畏れることがありましょうか、いや決して畏れません。⓫ただ、私が考えるに、強大な秦が決して兵を趙に向けない理由は、ただ我々二人がいるからです。⓬

因りて、藺相如の門に至り罪を謝して曰はく、「鄙賤の人、将軍の寛なることの此に至るを知らざりしなり。」と。⑮卒に相与に驩びて刎頸の交はりを為す。

（廉頗藺相如列伝）

もしも二頭の虎（＝藺相如と廉頗将軍）が共に闘ったならば、その状況として一緒には生き残れないでしょう。⑬私がこのように（廉頗将軍を避けて隠れて）行動する理由は、国家の危急を優先して、個人的な恨みを後回しにするからです。」と。⑭廉頗はこのことを聞いて、罪人の姿になって謝罪の意を表し、客人として待遇されている人に取り次ぎを頼んで、藺相如の（家の）門まで行き謝罪して言うには、「卑しい人間（＝廉頗自身）は、将軍（＝藺相如）の寛大さがここまでとは気づきませんでした。」と。⑮（こうして）最後には（藺相如と廉頗とは）互いに打ち解けて刎頸の交わりを結んだ。

語句の解説 2

教115ページ

❶**＊「於是」**＝「ここニおイテ」と読む。そこで。

❶**相与**　舎人たちが口々に相如に忠告する様子をいう。

❶**臣**　主君に対する謙遜の自称。

❶**＊「所以」**＝「ゆゑん」と読み、理由を表す。

❶**徒**　限定の副詞。ここでは文末を「ノミ」と結んでいない。

❶**高義**　徳が高く立派なこと。

❷**同レ列**　同じ地位・身分になって。

❷**恐懼**　恐れてかしこまること。

❸❹**庸人　尚羞レ之。況　於二将相一乎**　平凡な人でさえもこれを恥じる。まして将軍や大臣はなおさらだ。

❖A　尚B。況　於C乎＝抑揚を表す。

「将相」＝将軍と宰相・大臣。

❺**不肖**　ここでは愚か者であることをいう。

❻**請辞去**　どうかお暇をいただきたい。

「請A」＝願望を表す。どうかAさせてください。「請」は、へりくだった気持ちを表す。

①「舎人」が「請辞去。」と言ったのはなぜか。

答　舎人たちは相如の立派な人柄を慕って仕えてきたが、相如が廉頗から逃げ隠れる行動が恥ずかしく、仕えるに値しないと考えたから。

❼**固**　いかなることがあろうとも、強く、の意の副詞。

❼**孰与　秦王一**　ここでは廉頗と秦王とを比べ、どちらが権威・実力において上であるかを問いかけている。

❖A　孰与　B一＝選択を表す。AはBに比べるとどうか。

❽❖不レ若也。＝比較を表す。及ばない。

2 「不レ若也。」とは、何が何に及ばないのか。

答 廉頗が秦王に及ばない。

9 *「夫」＝ここでは、「そレ」と読む。そもそも。

9 *「以」＝ここでは、「もつテシテモ」と読む。

9 **秦王之威** 秦王の威厳・威光。

10 **雖レ駑** 相如が自分を謙遜して言った言葉。愚か者だけれども。

❖雖レ～＝仮定の形で逆接の確定条件（～ではあるが）を表している。

10 **独畏二廉将軍一哉** どうして廉将軍を畏れようか、いや決して畏れない。

❖独～哉＝反語を表す。

11 **顧** 前とは逆の状況を異なる例外を示すことを表す接続詞。

11 **所四以不三敢加二兵於趙一者** 決して兵を趙に向けない理由は。

❖不二敢～一＝否定を表す。決して～しない。

課題

一 **藺相如が廉頗と顔を合わせるのを避けたのはなぜか、説明してみよう。**

解答例 廉頗将軍と自分が争い、どちらかが倒れてしまうことで、趙が秦の攻撃にさらされてしまうことを恐れたから。

二 **廉頗の藺相如に対する心情は、どのように変化しているか。発言に注目してまとめてみよう。**

12 **今** ここでは、仮定を表す。もしも。

12 **不二倶生一** 一緒には生き残れない。

❖不二倶～一＝部分否定を表す。一緒には～しない。

13 **為レ此** 廉頗に対して相如が取った行動をいう。

13 **国家之急** 「急」は、危険な状態、危急、のこと。趙が直面する危急のことで、具体的には秦との対峙をいう。

14 *「因」＝ここでは、「よリテ」と読む。

14 **鄙賤之人** 以前に相如のことを「素賤人」と言ったことに対する表現。相如に対するへりくだった態度を表している。「鄙」は心の卑しいこと。「賤」は身分の低いこと。

教116ページ

15 *「卒」＝ここでは、「つひニ」と読む。結局。最後には。

15 **驩** 打ち解けて。仲良くなって。

15 **刎頸之交** 相手のためであれば自分の首が切られても後悔しない、というほどの深く結ばれた交際のこと。

考え方 廉頗の発言を左に示す。

・「我為趙将、有攻城野戦之大功。而藺相如徒以口舌為労、而位居我上。且相如素賤人。吾羞、不忍為之下。」（114・6）

・「我見相如、必辱之。」（114・8）

・「鄙賤之人、不知将軍寛之至此也。」（115・12）

解答例 はじめは相如が功績を評価され、自分よりも上位に任ぜられたことを不快に思い、相如に恥をかかせようと思っていたが、相如の真意を知ったことで、相如のことを「素賤人」と侮辱したことを深く反省し、尊敬の念をもつようになった。

語句と表現

一 「卒」(116・1)について、本文で使われている以外の用法を調べてみよう。

考え方 本文は、「結局」「最後には」という意味で用いられている。

解答 ①「しゅっス」と読み、死ぬ、の意。
②「にはカニ」と読み、急に、あわただしい、の意。

句法

一 書き下し文に直し、太字に注意して、句法のはたらきを書こう。

1 庸人**尚**羞之。**況**於将相**乎**。（　　）（　　）

2 其勢**不倶**生。（　　）（　　）

答
1 庸人すら尚ほ之を羞づ。況んや将相に於いてをや。／抑揚
2 其の勢ひ倶には生きざらん。／部分否定

史記　荊軻

司馬遷

教科書P.117〜122

風蕭蕭兮易水寒

【大意】 1 教117ページ8行〜118ページ8行

燕の太子丹は、秦王暗殺のためのあいくちを用意し、荊軻の副使に秦舞陽をつけた。しかし、荊軻は同行しようと思った友を待ち続け、出発しようとしない。しびれを切らした丹が、秦舞陽を先に派遣すると提案すると、荊軻は怒り、友を待たずに出発することを決意する。

【書き下し文】

❶是に於いて太子予め天下の利き匕首を求め、趙人徐夫人の匕首を得たり。❷之を百金に取り、工をして薬を以て之を焠めしむ。❸以て人に試みるに血縷を濡らし、人立ちどころに死せざる者無し。❹乃ち装して為に荊卿を遣はさんとす。

【現代語訳】

❶こうして太子は前もって天下一の鋭利なあいくち(=短剣)を求め、趙の人である徐夫人のあいくちを手に入れた。❷それを百金で買い取り、刀工に(命じて)毒薬をしみ込ませさせた。❸そうして人に試したところ、僅かに糸筋ほどの血がにじみ、たちまち死なない者はいなかった。❹そこで出発の用意を調え、荊卿を派遣しようとした。❺燕の国に勇士の秦舞陽(という者)がいた。❻十三歳の時に

❺燕国に勇士秦舞陽有り。❻年十三にして人を殺し、人敢へて忤視せず。❼乃ち秦舞陽をして副と為さしむ。❽荊軻待つ所有り。❾与に倶にせんと欲す。❿其の人遠きに居りて未だ来たらず。⓫而れども治行を為す。⓬頃之して未だ発せず。⓭太子之を遅しとし、其の改悔するを疑ふ。⓮乃ち復た請ひて曰はく、「日已に尽く。⓯荊卿豈に意有りや。⓰丹請ふ、先づ秦舞陽を遣はすを得ん。」と。⓱荊軻怒りて、太子を叱して曰はく、「何ぞ太子の遣はすや。⓲往きて返らざる者は、豎子なり。⓳且つ一匕首を提げて不測の彊秦に入る。⓴僕の留まる所以の者は、吾が客を待ちて与に倶にせんとすればなり。㉑今太子之を遅しとす。㉒請ふ辞決せん。」と。

人を殺し、人はすすんでは(この男の)目を見返そうとはしなかった。❼そこで秦舞陽を副使にさせた。❽荊軻には待ち人があった。❾(その人物と)同行しようと思っていた。❿その人は遠くに住んでいて、まだ来ていなかった。⓫しかし、(いつでも秦に出発できるよう)旅の用意をしていた。⓬(ところが)しばらくしても、まだ出発しなかった。⓭太子はこれを遅いと思い、(荊軻が)心変わりしたのではないかと疑った。⓮そこで再び要求して言うことには、「日数はすでに尽きました。⓯荊卿にはおそらく考えるところがおありなのでしょう。⓰(私)丹は、先に秦舞陽を派遣させていただきたい。」と。⓱荊軻は怒って、太子を叱りつけて言うことには、「どうして太子はそのような遣わし方をなさるのか。⓲行ったきりで戻ってこないのは、青二才(の所行)ですぞ。⓳その上一振りのあいくちを持って、何が起こるか予測しがたい強国の秦へ入るのです。⓴私がとどまっている理由は、我が友を待って同行しようとしているからです。㉑今、太子はそれを遅いとおっしゃる。㉒(ならばこれにて)訣別(して出発)いたしたい。」と。

語句の解説 1

教117ページ

❶＊「於是」＝「ここニおイテ」と読む。こうして。そこで。

❶＊「予」＝ここでは、「あらかじメ」と読む。

❷**取二之百金一**　ここでは、あいくちを得るために大金を払ったことを表す。

❷**使二工以レ薬焠一レ之**　刀工に毒薬をしみ込ませさせた。

「使二A　B一」＝使役を表す。AにBさせる。

❸**以試レ人**　毒薬をしみ込ませたあいくちの効果を試すために、人を切ってみたということ。

❸**無下不二立死一者上**　たちまち死なない者はいなかった。

❖無二不レ～一者＝二重否定で強い肯定を表す。～しない者はない＝皆～する。

「立」＝たちまち。あっという間に。

❹＊「乃」＝ここでは、「すなはチ」と読む。

❹**荊卿** 「卿」は姓に添える尊称。

教118ページ

❻**不敢忤視** すすんでは秦舞陽の目を見返さなかった。

❖不敢〜 ＝すすんでは〜しない。また、決して〜しない、という強い否定を表す場合もある。

❼**令秦舞陽為副** 秦舞陽を副使とした。

❖令A B ＝使役を表す。AにBさせる。

「為副」＝副使とする。具体的には荊軻につけて、その手助けをさせるのである。

1 「有所待」とは、どういうことか。

答 待っている人がいたということ。

解説 それが誰なのかは不明だが、下に「欲与倶」とあることから、荊軻はこの暗殺計画にその人物を同行し、助けを借りようと考えていたことがわかる。

❾**欲与倶** 同行しようと思う。

「欲A」＝願望を表す。Aしようと思う。

＊「与」＝ここでは、「ともニ」と読む。一緒に。

「倶」＝ここでは、連れ立つ、の意。

❿**未来** まだ来ていない。

「未A」＝「未」は未到達を表す再読文字。まだA(し)ない。

⓫＊「而」＝ここでは、「しかレドモ」と読む。逆接の接続詞。しかし。それなのに。

⓬**頃之** しばらくして。少しばかりの時間が経つこと。

⓭**改悔** 後悔して考えが変わること。心変わりする。

⓮**日已尽矣** 日数はすでに尽きた。つまり、予定の日限がきたということ。

＊「已」＝ここでは、「すでニ」と読む。

＊「矣」＝置き字。完了を表す。

⓯**豈有意哉** おそらく考えがあるのであろう。

❖豈〜哉＝推量を表す。おそらく〜であろう。

「有意」＝思うところがある。考えがある。

⓱**何太子之遣** どうして太子はそんな遣わし方をするのか。

「何A」＝疑問を表す。どうしてA(するの)か。

⓲**往而不返者、豎子也** 行ったきり戻ってこないのは青二才のすることだ(私はそんなことはしない)。一説に、「豎子」は荊軻自身を指すともいう。その場合は、行ったきり戻ってこないのは、この私自身なのだ(慎重になるのも当然であろう)、という意になる。

⓳＊「且」＝ここでは、「かツ」と読む。その上。しかも。

⓳**彊秦** 強国の秦。「彊」は「強」に同じ。

⓴**僕所以留者** 私がとどまっている理由は。

「僕」＝自分自身の謙称。

＊「所以」＝ここでは、「ゆゑん」と読む。理由、いきさつ、の意。

㉒**請辞決矣** 訣別いたしたい。

「請A」＝Aしたい。どうかAさせてください。

「矣」＝ここでは、決断の語気を表す。

【大　意】 2　教118ページ9行〜119ページ4行

出発に際して、荊軻や太子丹らは易水のほとりで離別の宴を開く。そこで荊軻は、高漸離の筑に合わせ、自分の心情を悲壮に、また激高して歌い、決して戻らぬ覚悟で秦へと向かった。

【書き下し文】

❶遂に発す。❷太子及び賓客の其の事を知る者、皆白衣冠して以て之を送る。❸易水の上に至る。❹既に祖して道を取る。❺高漸離筑を撃ち、荊軻和して歌ひ、変徴の声を為す。❻士皆涙を垂れて涕泣す。❼又前みて歌を為りて曰はく、

❽風蕭蕭として易水寒し

❾壮士一たび去りて復た還らず　と。

❿復た羽声を為して忼慨す。⓫士皆目を瞋らし、髪尽く上がりて冠を指す。⓬是に於いて荊軻車に就きて去る。⓭終に已に顧みず。

（刺客列伝）

【現代語訳】

❶かくて出発した。❷太子と、賓客の中でその(＝荊軻が秦に赴く)事情を知る者たちは、みな喪服の衣冠を着けて、彼(＝荊軻)を見送った。❸易水のほとりに来た。❹道祖神を祭って離別の宴を開いてから旅路についた。❺(その時)高漸離が筑を打ち鳴らし、荊軻は(それに)和して歌い、(その調べは悲壮な)変徴の調べとなった。❻男たちはみな涙を流して泣いた。❼(荊軻が)さらに進み出て歌を作って歌うことには、

❽風はもの寂しく吹き、易水(の水)は冷たい。

❾勇士がひとたび去れば、決して帰ってくることはない　と。

❿(荊軻は)また(激高した)羽声の調べで歌って、慨嘆して心を高ぶらせた。⓫男たちはみな目を見開き、髪の毛はことごとく逆立って冠を突き上げ(るほどであっ)た。⓬こうして荊軻は車に乗って去った。⓭(そして)最後までもう振り返ることはなかった。

語句の解説 2

教118ページ

❶**遂**　副詞。かくて。その結果。

❹**既**　ここでは、…し終える、の意。

❹**取レ道**　旅路につく。

❺**高漸離**　荊軻の友人。なお、彼は後に筑の名手として始皇帝に謁見する。荊軻の友人とわかり、目を潰されたが、始皇帝は彼の筑を愛し、そばに置き続けた。ある日、鉛を仕込んだ筑で始皇帝に打ちかかり、暗殺を図るが失敗。ついに処刑された。

❻**涕泣**　涙を流して泣く。

❼＊「為」＝ここでは、「つくリテ」と読む。

教119ページ

❽**蕭蕭**　ここでは風がもの寂しく吹く形容。

❾不㆓復タ還㆒ラ（ずまたかえラ）　決して帰らない。

❖不㆓復タ～㆒（セ）＝強い否定を表す。決して～ない。

⓫瞋㆑目ヲ（いからシめヲ）　目をむき。目を見開き。

⓫髪尽上指㆑冠ヲ（かみことごとくあガリテかんむりヲさス）　髪がみな逆立って冠を突く。ここでは心を高ぶらせた様子を形容する。

*「尽」＝ここでは、「ことごとク」と読む。

⓬就㆑車ニ（つキテくるまニ）　車に乗って。

⓭終已不㆑顧ミ（ついニすでニかえりみず）　最後までもう振り返らない。

「終已」＝最初から最後まで一度も。

*「終」＝ここでは、「つひニ」と読む。

課題

一　「怒リ」（118・5）とあるが、荊軻はなぜ怒ったのか説明してみよう。

解答例　秦王暗殺のために秦へと出発するにあたり、友を伴っていきたいと思い、その友を待っているぐらい慎重に時を待っているにも関わらず、太子は、自分（＝荊軻）が心変わりしたと疑い、そのうえ秦舞陽を先に派遣したいと言ったから。

二　荊軻を見送る人々の様子からどのような心情が読み取れるか、話し合ってみよう。

考え方　喪服に身を包んで離別の宴を開き、皆が涙を流している様子から、荊軻が生きては帰ってこられないであろうことを推測し、今生の別れであることを悲しんでいる心情が読み取れる。

三　易水で詩を詠んだときの、荊軻の心情を説明してみよう。

解答例　必ず目的を果たそうという決意と、決して帰ってくることはないだろうという悲壮な思い。

語句と表現

一　「為」（117・10、118・2、118・12）について、文中で使われている以外の読み方と意味を調べてみよう。

考え方　（117・10）は「ためニ」、（118・2）は「なサ」、（118・12）は「つくリテ」と読んでいる。

解答　他にも「すル」、「なル」という読み方がある。また、「真似をする」「偽る」という意味で使われる場合がある。

句法

一　書き下し文に直し、太字に注意して、句法のはたらきを書こう。

1　人**無**㆘シ**不**㆓ル立チドコロニ死㆒セ者㆖。

（　　　）（　　　）（　　　）

答　1　人立ちどころに死せざる者無し。／二重否定

図窮而匕首見（きわマリテ ひ しゅ あらわル）

【大意】　1　教120ページ3～8行

燕の朝貢を喜んだ秦王は荊軻らを引見する。玉座の前の階段に来ると、秦舞陽は顔色が変わり、震え出したが、荊軻は笑ってその無礼を謝罪する。そして、荊軻が御前で使者の役目を果たしたいと言うと、秦王は秦舞陽の持つ地図を取れと命じた。

【書き下し文】

❶秦王、朝服して九賓を設け、燕の使者を咸陽宮に見る。❷荊軻樊於期の頭函を奉ず。❸而して秦舞陽地図の匣を奉ず。❹次を以て進み陛に至るや、秦舞陽色変じ、振恐す。❺群臣之を怪しむ。❻荊軻顧みて舞陽を笑ひ、前みて謝して曰はく、「北蕃蛮夷の鄙人にて、未だ嘗て天子に見えず。❼故に振慴す。❽願はくは大王少しく之を仮借し、使ひを前に畢ふるを得しめよ。」と。❾秦王軻に謂ひて曰はく、「舞陽の持する所の地図を取れ。」と。

【現代語訳】

❶秦王は、正装して九人の接待係による最高の礼を施して、燕の使者を咸陽宮で引見した。❷荊軻は樊於期の首が入った箱をささげ持った。❸そして秦舞陽は地図の(入った)箱をささげ持った。❹正・副の順に従って進み、玉座の前の階段まで来ると、秦舞陽は顔色が変わり、震え上がって恐れた。❺群臣たちはこれ(＝秦舞陽の様子)をいぶかしんだ。❻荊軻は振り返って舞陽(の様子)を(見て)笑い、前に進み出て謝罪して言うことには、「北方の未開の地の田舎者でして、今までに一度も天子に拝謁したことがございません。❼それゆえに恐れおののいているのでございます。❽なにとぞ大王におかれましては、しばしの間この者を大目にみていただいて、御前で使者の役目を果たさせていただきたい。」と。❾秦王が荊軻に向かって言うことには、「舞陽の持っている地図を取れ。」と。

語句の解説 1

教120ページ

❶燕使者 荊軻と秦舞陽のことを指す。

❷奉 ささげ持つ。

❷頭函 ここでは、樊於期の首を入れた箱。

❸＊「而」＝ここでは、「しかうシテ」と読む。順接の接続詞。そして。

❺怪レ之 「之」は、顔色を変えて震える秦舞陽の様子を指す。

❻前 前に進み出て。

❻謝 謝罪して。

❻未三嘗見二天子一 今までに一度も天子に謁見したことがない。

＊「嘗」＝ここでは、「かつテ」と読む。今までに、以前、の意。

＊「見」＝ここでは、「まみエ」と読む。謁見する。相手が敬意を払うべき対象である場合は「まみユ」と訓読する。

❽少 しばしの間。

❽使レ得レ畢二使於前一 御前で使者の役目を果たさせていただきたい。前の「使」は使役の意を表し、後ろの「使」は使者としての任務をすることを表す。

「於」＝場所を表す語を導く助字。
「前」＝秦王の御前、の意。

⑨**秦王謂レ軻曰**　秦王は荊軻に向かって言った。
「謂レA曰」＝具体的な話し相手を明示する。

【大意】　2　教120ページ9行～121ページ4行

秦王が地図を開ききると、隠しておいたあいくちが現れた。荊軻はそれを右手に持って秦王に襲いかかる。秦王は驚いて立ち上がり、剣をさやから抜こうとしたが抜くことができず、柱を巡って逃げた。

【書き下し文】

①軻既に図を取りて之を奏す。②秦王図を発く。③図窮まりて匕首見る。④因りて左手に秦王の袖を把り、右手に匕首を持ちて之を揕す。⑤未だ身に至らず。⑥秦王驚き、自ら引きて起つ。⑦袖絶ゆ。⑧剣を抜かんとす。⑨剣長し。⑩其の室を操る。⑪時に惶急にして、剣堅し。⑫故に立ちどころに抜くべからず。⑬荊軻秦王を逐ふ。⑭秦王柱を環りて走る。

【現代語訳】

①荊軻は地図を（箱から）取って、これを献上した。②秦王は地図を開いた。③地図が開ききると（その中から）あいくちが現れた。④そこで（荊軻は）左手で秦王の袖をつかみ、右手であいくちを持ってこれ（＝秦王）を刺した。⑤（しかし刃は）まだ（秦王の）体に届かない。⑥秦王は驚いて、自分で（身を）引いて立ち上がった。⑦袖がちぎれる。⑧（秦王は）剣を抜こうとした。⑨剣は長かった。⑩その剣のさやを握った。⑪この時慌てふためいていて、（その上）剣は堅い。⑫それゆえ、すぐには抜くことができない。⑬荊軻は秦王を追いかけた。⑭秦王は柱を巡って逃げた。

語句の解説 2

教120ページ

①**奏**　差しあげる。献上する。
③**図窮**　地図を最後まで開ききって、広げて、ということ。
③＊「見」＝ここでは、「あらはル」と読む。

教121ページ

④**因**　そこで。因果関係を表す接続詞。
⑤**未レ至レ身**　まだ体に届かない。
「未レA（セ）」＝「未」は未到達を表す再読文字。まだA（し）ない。
⑥**自引而起**　秦王は荊軻の刃から逃れるために、自分の身を引いて立ち上がったのである。
「引」＝ここでは荊軻から身を遠ざけようとする動作。
「而」＝順接の接続詞。置き字の場合は、上の字に「テ・シテ」を送る。
⑩**操**　手にしっかりと持つ。握る。
⑪**剣堅**　剣がさやにしっかりとはまって抜きにくい様子をいう。
⑫**不レ可二立抜一**　すぐには抜くことができない。
❖不レ可二～一（スル）＝不可能を表す。～できない。

「立」＝すぐさま。ただちに。

⓮走　ここでは、逃げる、の意。

【大　意】　3　教121ページ5～12行

殿上の臣下たちは、小さな武器でさえ持つことが許されず、護衛官たちは詔がないので殿上に上がれない。素手で荊軻に殴りかかる者もいたが、この時侍医の夏無且が機転を利かせて荊軻に薬袋を投げつけた。秦王は剣を背負ってようやく抜くと、荊軻の左ももを断ち切った。

【書き下し文】

❶群臣皆愕く。❷卒かに起こること不意なれば、尽く其の度を失ふ。❸而して秦の法、群臣の殿上に侍する者は、尺寸の兵をも持するを得ず。❹諸郎中兵を執りて皆殿下に陳す。❺詔有りて召さるるに非ざれば上るを得ず。❻急時に方たり、下兵を召すに及ばず。❼故を以て荊軻乃ち秦王を逐ふ。❽而して卒かに惶急なり。❾以て軻を撃つもの無くして手を以て共に之を搏つ。❿是の時侍医夏無且其の奉ずる所の薬嚢を以て荊軻に提つなり。⓫秦王方に柱を環りて走る。⓬卒かに惶急なり。⓭為す所を知らず。⓮左右乃ち曰はく、「王剣を負へ。」と。⓯剣を負ひ、遂に抜きて以て荊軻を撃ち、其の左股を断つ。

【現代語訳】

❶臣下たちはみな驚きあわてた。❷急に思いがけないことが起こったので、全ての者が冷静さを失った。❸そして、秦の法では、臣下たちのうち殿上に仕える者は、ごく小さな武器でさえも持つことができなかった。❹護衛官たちは武器を持って、ことごとく殿下に居並んでいる。❺詔があって召されるのでなければ、(殿上に)上がることはできない。❻急なことで、殿下にいる護衛の兵を召すゆとりがなかった。❼このために、荊軻は秦王を追いかけた。❽そして(殿上の臣下たちは)突然のことで慌てふためいていた。❾荊軻を攻撃するもの(＝武器)がないので、(臣下たちは)素手で一緒になって彼を殴った。❿この時(秦王の)侍医夏無且はささげ持っていた薬袋を荊軻に投げつけた。⓫秦王はその時柱を巡って逃げていた。⓬にわかのことに慌てふためいていた。⓭どうしてよいかわからない。⓮側近の者がやっと言うことには、「王よ、剣を背負われよ。」と。⓯(秦王は)剣を背負い、ようやく抜いて荊軻を切りつけ、その左ももを断ち切った。

語句の解説 3

教121ページ

❷**卒起不意**　急に思いがけないことが起こったので。

＊「卒」＝ここでは、「にはカニ」と読む。

❷＊「尽」＝ここでは、「ことごとク」と読む。

❷**失其度**　不意のできごとに驚いて、冷静さを失うこと。

❸**而**　順接の接続詞。そして。

❶ 「秦法」とは、ここではどのような内容か。

答 殿上に仕える者は、ごく小さな武器をも帯びてはならない。

❸**群臣侍二殿上一者** 臣下たちのうち、殿上に仕える者。身分の高い者に限られる。

❸❖**不レ得レ～** ＝不可能を表す。～できない。

❹**諸郎中** 護衛官たち。

「諸」＝ここでは、「郎中」と呼ばれる者が複数であることを表す。

❻**方二急時一** ちょうど急場に当たって。急なことで。

＊「方」＝ここでは、「あタリ」と読む。

❻**不レ及レ召二下兵一** 殿下にいる護衛の兵を召すゆとりがない。

「不及」＝…(には)至らない、…するゆとりがない、の意。

❼＊「乃」＝ここでは、「すなはチ」と読む。

❾**以レ手共搏レ之** 素手で一緒に彼を殴る。「之」は荊軻を指す。

「以」＝手段・材料を表す前置詞。…で。「搏」＝殴る。

❿**侍医** 身分の高い人に仕えて、専らその人の治療に当たる医者。

❿**提** 投げつける。

⓫＊「方」＝ここでは、「まさニ」と読む。ちょうど。その時。

⓭**不レ知レ所レ為** どうしたらよいかわからない。

⓮**左右** 左右に居並んでいる臣下。側近。

⓮**負レ剣** 剣を背負え。こうすれば、さやから抜きやすくなる。

⓯**遂** その結果。剣を背負った結果、ようやく剣が抜けたこと。

⓯**左股** 左のもも。「股」は、足の膝より上の部分。

【大意】 4 教122ページ1～5行

足を切られた荊軻は、あいくちを秦王に投げつけるが当たらず、逆に秦王に切りつけられてしまう。荊軻は、失敗したのは秦王を生け捕りにして約束を得ようとしたためだと罵る。そして、ついに秦王の側近によって殺されたのである。

【書き下し文】

❶荊軻廃る。❷乃ち其の匕首を引きて、以て秦王に擿つ。❸中たらず。❹銅柱に中たる。❺秦王復た軻を撃つ。❻軻八創を被る。❼軻自ら事の就らざるを知り、柱に倚りて笑ひ、箕踞して以て罵りて曰はく、「事の成らざる所以の者は、生きながら之を劫かし必ず約契を得て以て太子に報ぜんと欲するを以てなり。」と。❽是に於いて左右既に前みて軻を殺す。❾

【現代語訳】

❶荊軻は倒れた。❷そこでその(荊軻の持っていた)あいくちを引きつけて、秦王に投げつけた。❸(しかし)当たらない。❹銅の柱に当たった。❺秦王は再び荊軻を切りつけた。❻荊軻は八つの傷を受けた。❼荊軻は自ら事が成就しなかったことを悟り、柱にもたれて笑い、足を投げ出して座って、そうして罵って言うことには、「事(＝暗殺計画)が成功しなかった理由は、生かしたままこれ(＝秦王)を脅し、必ず約束を取り付けて、そうして太子に報告しようと思ったためだ。」と。❽そこで、側近たちが進み出て荊軻を殺した。❾秦

秦王怡ばざる者良久し。　（刺客列伝）…王はしばらくの間不機嫌であった。

語句の解説 4

教122ページ

❶**廃**　倒れる。一説に、足の自由がきかなくなることだともいう。

❷**引其匕首**　そのあいくちをぐっと引きつけて、投げる体勢をとったということ。

❷**擿**　投げつける。あいくちには毒がしみ込ませてあるため、秦王の身にかすりさえすれば、彼を殺すことができる。しかし、これで荊軻は武器を失ったことになる。

❺**復撃軻**　再び荊軻を切りつけた。

「復」＝再び。もう一度。

❼**倚柱**　柱にもたれて。

❼**所以不成者**　成功しなかった理由は。

＊「所以」＝ここでは、「ゆゑん」と読む。理由、いきさつ、の意。

❼**生劫之**　「之」は秦王を指す。秦王を生きたまま捕らえて脅すということ。しかし、荊軻は毒薬をしみ込ませたあいくちを用い、最後には秦王をねらって投げつけてさえいる。これは、明らかに秦王を殺そうとしたものである。この荊軻の最後の言葉は、一種の負け惜しみと解せよう。

❼**約契**　具体的には秦が侵略した燕の土地を返還するという約束。

❽＊「於是」＝「ここニおイテ」と読む。

❾**不怡者**　不機嫌であること。不快そうであること。

＊「者」＝ここでは、「こと」と読む。

❾**良久**　しばらくの間。なお、この後、秦王はこの件の賞罰の評定をし、侍医の夏無且に黄金二百溢（「溢」は量の単位で、片手に盛った量）を与えたとある。

課題

一　荊軻の行動と心情を、順を追って整理してみよう。

考え方　120ページのあらすじの部分も含めてまとめる。

解答例　①行動…秦王に接近するために、燕に亡命していた秦の将軍樊於期の首と、督亢の地図を用意する。

②行動…首と督亢の地図を献上するとして秦王に謁見する。

心情…恐怖心に震える秦舞陽のことを笑いながら謝罪するという心に余裕のある状態。

③行動…地図を秦王に渡し、秦王が地図を開ききって隠しておいたあいくちが現れたところで、それを右手に持ち、左手で秦王の袖をつかんで秦王を刺した。

④行動…仕留めることができず、逃げ出した秦王を追いかける。

心情…冷静に秦の法を把握し、好機を逃すまいと考えている。

⑤行動…薬袋を投げつけられ、秦王に足を切られてしまい、動けなくなった。あいくちを秦王に投げつけるも当たらず、逆に切りつけられた。柱にもたれて笑い、脚を投げ出して座り、秦王を罵った。その直後、秦王の側近たちに殺された。

心情…計画が失敗したことを悟り、失敗の理由を「秦王を生け捕りにしようとしたためだ」と負け惜しみを述べ、絶望している。

二　荊軻の最後の言葉からどのような心情が読み取れるか、話し合ってみよう。

考え方　秦王暗殺の計画が失敗に終わった理由を、「生け捕りにしようとしたためだ」と述べているが、秦王にあいくちを刺そうとした上、最後に投げつけてもいるため、荊軻はここで負け惜しみを述べていると考えられる。計画が失敗し、自分が殺される運命を察した荊軻は絶望しているのである。

語句と表現

一　「卒」(121・5)について、本文中と同じ意味でこの字を用いている熟語をあげてみよう。

解答　卒然、卒倒など。

句法

一　書き下し文に直し、太字に注意して、句法のはたらきを書こう。

1　故ニ**不**レ**可**カラ二立チドコロニ抜一ク。
（　　　　　　　　　　　　　　）（　　）

答　1　故に立ちどころに抜くべからず。／不可能

学びを広げる　「列伝」にとりあげられた人々

教科書P.122

司馬遷（しばせん）が、廉頗（れんぱ）・藺相如（りんしょうじょ）・荊軻（けいか）といった人物について、歴史書である『史記』にとりあげたのはなぜか、話し合ってみよう。

考え方　『史記』について調べてみる。また、廉頗・藺相如・荊軻が、どのように描き出されているかを文章の中から読み取って、司馬遷が彼らをとりあげた理由を考えてみるとよい。

・廉頗と藺相如

「完レ璧帰レ趙」

　趙王の使者として、藺相如は秦に向かう。秦王が騙したとわかると、藺相如は秦王の目の前で璧を柱に打ちつけようとする。

「刎頸之交」

　藺相如が功績によって上席の卿となり、廉頗よりも上位に就く。将軍であった廉頗は、身分の低い藺相如が自分の上位にあることを恥じたが、藺相如の真意を知り、藺相如に謝罪した。

・荊軻

「風蕭蕭兮易水寒」

　燕の太子は、秦王暗殺のために荊軻を派遣する。出発の遅れを咎（とが）めた太子を、荊軻は叱りつける。死を覚悟する荊軻は、決別の歌を歌って出発した。

「図窮而匕首見」

　秦王の前で動揺する秦舞陽の無礼を、荊軻は笑って詫（わ）びる。その後、荊軻は秦王を襲うが、反撃され、側近によって殺される。

三　漢詩　古体詩

●「古体詩」とは

「古体詩」とは、唐時代に確立した「近体詩」以外の詩形のものをいう。その詩形はおもに漢魏六朝時代の詩形に則ったもので、唐時代以降も数多く作られた。教科書に取り上げられている「兵車行」はその例である。

古体詩
- 古詩
- 楽府（本来楽曲を伴う）

●「古体詩」の決まり

近体詩に比べ、決まりは緩やかである。

「句数」…原則は自由。偶数句のものが多い。

「字数」…五言・七言のほか、四言、雑言（字数不定）もある。

「押韻」…原則は偶数句末。また、近体詩が「一韻到底」（一つの詩の中では同じ韻でそろえる決まり）であるのに対し、途中で換韻してもよい。

桃夭

教科書P.124

●主題

嫁いでいく娘の前途を祝福する。

◉四言古詩　韻（／は換韻を示す）華・家／実・室／蓁・人

【書き下し文】

○桃夭
❶桃の夭夭たる
❷灼灼たる其の華
❸之の子于き帰ぐ
❹其の室家に宜しからん

【現代語訳】

○桃の木の若々しさ
❶桃の木は若々しく、
❷美しく盛んに咲くその花よ。
❸（その花のように若く美しい）この子が嫁いでゆく、
❹その嫁ぎ先の家庭でうまくゆくだろう。

❺桃の夭夭たる
❻蕡たる有り其の実
❼之の子于き帰ぐ
❽其の家室に宜しからん

❾桃の夭夭たる
❿其の葉蓁蓁たり
⓫之の子于き帰ぐ
⓬其の家人に宜しからん

（詩経）

❺桃の木は若々しく、
❻たわわに実るその実よ。
❼（その実のように子宝に恵まれるだろう）この子が嫁いでゆく、
❽その嫁ぎ先の家庭でうまくゆくだろう。

❾桃の木は若々しく、
❿その葉は盛んに茂っている。
⓫（その葉のように繁栄する家庭をもつだろう）この子が嫁いでゆく、
⓬その嫁ぎ先の人々とうまくゆくだろう。

語句の解説

教124ページ

○**桃夭** 嫁いでいく娘を若々しくみずみずしい桃の若木にたとえている。

❶**之** 主格を表す助字。ここでは「夭夭」の主格が「桃」であることを示している。

❶**夭夭** 若々しい様子。このように同じ字を重ね、状態を形容する熟語のことを「重言」（または「畳語」）という。また、この詩は、「桃之夭夭 ○○○○ 之子于帰 宜其□□」という章段が繰り返されており、このような表現形式を「畳詠」という。

❷**華** 嫁いでいく娘の美しさをたとえている。

❸**之子** この子。ここでは嫁いでゆく娘のこと。
「之」＝指示代名詞。

❸**于帰** 嫁いでゆく。
＊「于」＝ここでは、「ゆキ」と読む。「往」と同じ。

1 「宜二其室家一」とは、どのようなことか。

答 嫁ぎ先の家庭にうまく調和して仲良く暮らすだろう、ということ。また、嫁ぎ先の家庭にふさわしい、ということ。

解説　「宜」は、適宜の意を表す形容詞で、ふさわしい、ちょうどよい、の意。「室家」は嫁ぎ先の家庭のことで、第二句末の「華」と脚韻をそろえるために「家」を末尾に置いている。

❻**実**　嫁いでゆく娘が産むであろう子どもをたとえている。一説に、嫁いでゆく娘が年ごろであることをたとえるともいう。

❽**家室**　第六句末の「実」と脚韻をそろえるために「室」を末尾に置いている。

❿**葉**　娘の嫁ぎ先が繁栄することをたとえている。一説に、嫁いでいく娘の姿形の美しさをたとえるともいう。

⓬**家人**　「室家」「家室」「家人」はほぼ同じ意だが、韻をそろえるためにこのように変えているのである。

生年不レ満レ百　古詩十九首

教科書P.125

◎五言古詩　韻　憂・遊／時・茲・嗤・期

主題

人生は短いのだから、楽しめる時に大いに楽しむべきだという思い。

【書き下し文】

○生年百に満たず
❶生年百に満たざるに
❷常に千歳の憂ひを懐く
❸昼は短くして夜の長きに苦しむ
❹何ぞ燭を秉りて遊ばざる
❺楽しみを為すは当に時に及ぶべし
❻何ぞ能く来茲を待たん
❼愚者は費えを愛惜して
❽但だ後世の嗤ひと為るのみ

【現代語訳】

○人が生きられる年数は百年にも満たない
❶人が生きられる年数は百年にも満たないのに、
❷いつも千年分もの心配事を抱えている。
❸昼は短く夜は長いと苦しむのならば、
❹どうしてろうそくを手に取って（夜通し）遊ばないのか（、いや、遊べばよい）。
❺楽しいことをするのには時を逃さないようにすべきだ。
❻どうして来年を待つことができようか（、いや、決して待てない）。
❼愚か者は出費を惜しみ、
❽後世のもの笑いになるだけだ。
❾（不老不死の）仙人である王子喬、
❿（彼と）一緒に寿命を同じくすることは（我々には）できはしないの

❾仙人王子喬

❿与に期を等しうすべきこと難し

（文選）

……………

だ。

語句の解説

教125ページ

❶「常懐二千歳憂一」とはどのようなことか。

答 いつも千年分もの心配事を抱えているということ。

❹何不二秉レ燭遊一 どうしてろうそくを手に取って遊ばないのか、いや、遊べばよい。

❖何不二〜一（セ）ゾル ＝反語を表す。どうして〜しないのか、いや〜すればよい。文末を連体形で結ぶ点に注意。

❺為レ楽 楽しみを行う。楽しいことをする。

❺当レ及レ時 時を逃さないようにすべきだ。

＊「当」＝ここでは、「まさ二〜ベシ」と読む。当然性を表す再読文字。

「及時」＝ここでは、人生の楽しみを行うのにふさわしい時を逃さない、その時に乗じる、といった意を表す。「及」は、…の時になる、の意。

❻何能待二来茲一 どうして来年を待つことができようか、いや、決して待てない。

❖何〜（セ）ン ＝反語を表す。どうして〜か、いや〜ない。

＊「能」＝ここでは、「よク」と読む。可能（…できる）を表す副詞。

❼愚者 ここでは、人生の有限性に気づかず、貴重な時間を無駄に費やしてしまっている者をいう。

❼愛惜 「愛」も「惜」も、惜しむ、もったいないと思う、の意。

❼費 ここでは、楽しみを行うために必要な費用をいう。

❽但為二後世嗤一 後世のもの笑いになるだけだ。

❖但〜（スル）ノミ ＝限定を表す。〜だけだ。「但」は限定の副詞で、限定の終尾詞「而已」「耳」を伴うことも多いが、伴わない場合は、限定の副助詞「ノミ」を加える。ただし、詩においては加えない場合もある。

「為」＝ここは自動詞で、…になる、…となる、の意。動詞としては、他に「なス」（…とする。…にする）、「おさム」（治める）、「つくル」（こしらえる。作る）などの用法がある。

「後世」＝のちの世。後代。または、その人々。

「嗤」＝あざわらう。嘲笑。

❾仙人 修行を積むなどして不老不死の術を体得した人をいう。

❷「難」とは、何が難しいということか。

答　不老不死の術を体得した仙人と一緒に寿命を同じくすることが難しいということ。

⑩＊「可」＝ここでは、「ベキコト」と読む。「可」は助動詞で、①可能(…できる)、②許可(…してもよい)の意を表す。ここは①。

⑩＊「与」＝ここでは、「ともニ」と読む。一緒に。ともに。なお、「与」は重要多義語の一つで、他に、「あたフ」(与える)、「くみス」(味方する)、「…と」(並列を表す)、「…と」(従属を表す)、「…よりハ」(比較を表す)などの用法がある。

⑩等レ期　不老不死の仙人である王子喬の寿命と自らの寿命とが同じ長さになることを表すが、それがもともと不可能である点に注意する。

「期」＝とり決めた日時。期間。ここでは、王子喬の寿命をいう。

秋風ノ辞

漢武帝

教科書P.126

●**主　題**

秋風の吹く風景の中、群臣たちと歓楽を尽くした後に、ふと感じた寂寥感、月日の流れに対する嘆き。

◉雑言古詩　韻　飛・帰／芳・忘／河・波・歌・多・何

【書き下し文】

○秋風の辞

❶秋風起こりて白雲飛び

❷草木黄落して雁南に帰る

❸蘭に秀有り菊に芳有り

❹佳人を懐ひて忘るる能はず

❺楼船を汎べて汾河を済り

❻中流に横たはりて素波を揚ぐ

❼簫鼓鳴りて棹歌発し

【現代語訳】

○秋風の歌

❶秋風が吹いて、白雲が空を飛ぶ(ように流れ)、

❷草木の葉も黄色くなって枯れ落ち、雁は南に帰っていく。

❸(草木が枯れていく中)蘭や菊が美しい花を咲かせてかぐわしい香りを放ち、

❹(それを見ると)美しい人を思い起こして、忘れることができない。

❺楼船を浮かべて、(この)汾河を渡り、

❻川の中ほどにとどまって、白い波をあげる。

❼笛と太鼓が鳴り響いて、舟歌が始まり、

❽歓楽も極まると、(後はかえって)もの悲しい思いが募ってくる。

❾若く元気な時はどれほどの時間か、(やがては訪れる)老いをどう

❽歓楽極まりて哀情多し
❾少壮幾時ぞ老いを奈何せん

（古文真宝）

することができようか（、いや、どうすることもできない）。

語句の解説

教126ページ

❶兮　語調を整える助字で、訓読しない。

❶白雲飛　秋の風に、空高く浮かぶ雲が飛ぶように流されていく様子。

❷草木黄落　草木の葉が黄葉して、やがて枯れ落ちてしまう。下の「雁南帰」とともに、秋の到来を表す。

❷雁南帰　日本では、雁は冬に到来する渡り鳥。ここでは、秋に「南帰」するのであるから、冬には極寒の地になる所にいるとわかる。教科書脚注の「汾河」の記述を参考に、教科書巻末の地図で確認してみるとよい。

❸蘭有レ秀兮菊有レ芳　この句は、「互文」（互いに補い合って一つの意味をなす表現技法）を用いて、蘭と菊が美しい花を咲かせよい香りをさせている、という意味を表している。秋の寂しい情景を紛らわせている様子がうかがわれる。なお、「蘭」は、フジバカマのこと。秋に薄紫色の花をつける。

❹不レ能レ忘　忘れることができない。

❖不レ能ハ～（スル）　＝不可能を表す。～できない。

❺楼船　やぐらを設けた船。

❻横　ここでは、とどまって、たたずんで、という意。川の中ほどにとどめた楼船が、水面にじっと横になっているようであることをいう。

❻揚二素波一　白い波をあげる。楼船が白い波をあげながら川の中ほどでとまる、という解釈もできる。

❼簫鼓鳴兮発二棹歌一　ここは、笛と太鼓の音に合わせて、皆が楽しく歌っている様子を表す。

❽極　最高潮に達すること。

❽哀情多　もの悲しい思いが募ってくる。「祭りが済んで、やがて哀しき…」といった風情であろう。

❾幾時　どれほどの時間か。疑問を表す。「幾」は数量や時間を問う疑問詞。

❾奈レ老何　老いをどうすることができようか、いや、どうすることもできない。

❖奈レ～何ヲセン　＝反語・疑問の両方を表すが、ここでは反語。「若レ～何」「如レ～何」も同じ用法で、手段・方法を問う。間に～（目的語）が入らずに「奈何」「如何」の形で疑問や反語に用いる場合もある。なお、似たものに「何如」「何若」があるが、これらは、どうであるか、どのようか、といった事実・状態の是非を問う疑問詞。～をどうしようか、いやどうしようもない。

飲酒　陶潜

教科書P.127

●主題
隠棲し、俗世間と離れて静かに暮らす作者の、自然の中に「真意」（＝自然界における真実の心）を見いだした思い。

◎五言古詩　韻　喧・偏・山・還・言

【書き下し文】

○飲酒

❶廬を結びて人境に在り
❷而も車馬の喧しき無し
❸君に問ふ何ぞ能く爾ると
❹心遠ければ地自ら偏なり
❺菊を采る東籬の下
❻悠然として南山を見る
❼山気日夕に佳く
❽飛鳥相与に還る
❾此の中に真意有り
❿弁ぜんと欲して已に言を忘る

（陶淵明集）

【現代語訳】

○飲酒

❶粗末な家を建てて人里に住んでいる、
❷それなのに訪問客の車馬の騒がしさはない。
❸君（＝自分自身）に問う、「どうしてそのようであること（＝静かに暮らすこと）ができるのか。」と、
❹（私は）「心が遠く俗界を離れているので、住む土地も自然と辺鄙な所となるのだ。」（と答える。）
❺家の東側の生け垣の所で菊（の花）を摘み、
❻ゆったりとして、南山を見る。
❼山の空気は、夕暮れ時がすばらしく、
❽（その中を）飛ぶ鳥たちが連れ立って（ねぐらに）帰ってくる。
❾この（自然の姿の）中にこそ、真実の心がある。
❿（それを言葉で）説明しようにも、もう（うまく説明する）言葉を忘れてしまった。

語句の解説

教127ページ

一　○飲酒　この詩は、「飲酒」の題で自己の心境を詠じた二十首の連

作の「其の五」。陶潜の詩の中で最も知られた作品といってもよい。

❷＊「而」＝ここでは、「しかモ」と読む。逆接の接続詞。それなのに。

❷**車馬**　車と馬。転じて、訪問客の車馬。訪問客とは、作者に出仕を促す人(高官)と思われる。

❸**問レ君**　「君」は作者自身を指す。自分自身に向かって「君」と呼びかける、自問自答表現。

❸**何能爾**　どうしてそのようであることができるのか。

❖何〜　＝疑問を表す。

＊「能」＝ここでは、「よク」と読む。能力があって…できる、の意を表す副詞。

＊「爾」＝ここでは、「しかルト」と読む。「然」と同じで、そのようである、そのとおりである、の意。前の第一・二句を指している。

①　**「心」が何から「遠」いのか。**

答　俗界。

❹＊「自」＝ここでは、「おのづから」と読む。副詞。自然に。

❹**偏**　「偏」は、辺鄙な所、の意。心が俗界を離れているために、人里にいてもあたかも人里離れた辺鄙な場所にいるようであるということ。

❺**采レ菊**　菊を摘む。当時菊の花は薬用に食されていた。重陽の節句には、不祥を払うために酒に浮かべて飲む風習もあった。

❺**東籬**　東側の生け垣。「籬」は、竹や柴を粗く編んだ垣。

❻**悠然**　ゆったりとして。なお、「悠然」としているのは、①「南山」の様子、②作者の心、③南山と作者の距離、などの解釈があるが、ここは②ととった。

❻**見**　自然に目に入ってくることをいう。

❼**山気**　山の空気。

❼**日夕佳**　夕暮れ時、山の空気が澄んでいて、山々の姿が美しく見える様子をいう。

❽**飛鳥相与還**　夕暮れ時になって、鳥たちが連れ立って巣に戻ることをいう。

「相」＝ここでは、互いに、の意。

＊「与」＝ここでは、「ともニ」と読む。一緒に。

「還」＝行って戻る。ここでは、巣から飛び立った鳥たちが巣に戻る動きを描写している。

②　**「此中」とはどこか。**

答　山の平和な自然の風景の中。

解説　具体的には、第七・八句に描かれている、山の空気が澄み、鳥たちが連れ立ってねぐらへ戻る、という自然の姿の中。

❿**欲レ弁**　(言葉で)説明しようとして。

「欲レ[A]」＝ここでは、意志未来を表す。[A]しようと思う。[A]しようとする。

「弁」＝ここでは、前の句で示された「真意」を言葉によって明らかにすることをいう。

❿＊「已」＝ここでは、「すでニ」と読む。既定を表す副詞。もう…

してしまった。

❿忘レ言（わすルげんヲ）　作者が自然の中に見いだした「真意」は、言葉で表現できるものではなく、いわば直感的に会得されるべきものであることを表している。

兵車行

杜甫（とほ）

教科書P.128～129

●主題

強制的に出征させられる兵士とその家族の嘆き、そして、国土拡張の野望を抱き続ける皇帝に対する怒り。

◎雑言古詩（楽府）

（なお、押韻（換韻）については、詩を三つに分け、その都度大意とともに示すこととする。）

【大意】　1　教128ページ1～3行　韻　蕭・腰・橋・霄

徴兵された兵士が戦場へと向かう。兵士の家族たちは兵士の着物に取りすがり、行く手を阻んで嘆き、大声で泣き叫ぶのだった。

【書き下し文】

○兵車行（へいしゃこう）

❶車轔轔（くるまりんりん）　馬蕭蕭（うましょうしょう）

❷行人（こうじん）の弓箭（きゅうせん）各（おのおの）腰に在（あ）り

❸耶娘（やじょう）妻子（さいし）走（はし）りて相送（あいおく）る

❹塵埃（じんあい）に見（み）えず咸陽橋（かんようきょう）

❺衣（ころも）を牽（ひ）き足（あし）を頓（とん）し道（みち）を攔（さえぎ）りて哭（こく）す

❻哭声（こくせい）直（ただ）ちに上（のぼ）りて雲霄（うんしょう）を干（おか）す

【現代語訳】

○戦車の歌

❶戦車の車輪はガラガラと音をたて、軍馬はヒンヒンといななく。

❷出征兵士の弓矢はそれぞれ腰に帯びてある。

❸父母や妻たちは駆けながら見送る。

❹（雑踏の中）砂ぼこりが立って、咸陽橋も見えない。

❺（見送る人々は）兵士の着物を引っ張ってじだんだを踏み、道をさえぎり大声で泣く。

❻（その）泣き声はまっすぐに上がって大空の果てを突き刺す（ように鳴り響く）。

語句の解説 1

教128ページ

❷**在レ腰**（ありこしニ）　腰に帯びていること。

❸**耶娘**（やじょう）　父母。俗語的表現で、楽府（がふ）にはよく用いられる。「爺嬢・耶嬢」とも書く。

❹**咸陽橋**（かんようきょう）　長安から西に赴く者が渡る橋であり、また「行人」をここまで送るのが当時の慣例であった。

❺牽衣　家族など見送る人々が別れを惜しみ、兵士の着物を引っ張って、ということ。
❺攔　さえぎって。邪魔をして。別れのつらさに、兵士を行かせまいとするのである。
❻＊「直」＝ここでは、「ただチニ」と読む。まっすぐに。
❻干雲霄　大空を突き刺す。慟哭が大空に響き渡ること。

【大　意】　2　教128ページ4行〜129ページ1行　韻　人・頻／田・辺／水・已・杞／犂・西・鶏

徴兵がしきりに行われ、出征した兵士らは故郷に戻ることなく戦場で塗炭の苦しみを味わい、働き手を失った農村は荒廃している。

【書き下し文】

❶道傍に過ぐる者行人に問へば
❷行人但だ云ふ点行頻りなりと
❸或いは十五より北のかた河を防ぎ
❹便ち四十に至りて西のかた田を営む
❺去きし時は里正与に頭を裹む
❻帰り来たれば頭白きに還た辺を戍る
❼辺庭の流血海水と成るも
❽武皇辺を開く意未だ已まず
❾君聞かずや　漢家山東の二百州
❿千村万落荊杞を生ずるを
⓫縦ひ健婦の鋤犂を把る有るも
⓬禾は隴畝に生じて東西無し
⓭況んや復た秦兵苦戦に耐ふるをや

【現代語訳】

❶道端を通り過ぎる者が(騒いでいる理由を)出征兵士に尋ねると、
❷出征兵士はただ答える、徴兵がしきりに行われているのです、と。
❸ある者は十五の時から北方の黄河を防衛し、
❹そのまま四十になると、西方で屯田兵となった(という)。
❺出征する時は村長が(彼の)ために頭を黒い布で包んでくれたが、
❻帰って来た時は(年老いて)髪が真っ白だったのに、また国境を守備する(ために送られる)。
❼遠い国境地方に流れた血が海水(のよう)になって(あふれて)いるのに、
❽皇帝の国境を広げようとするお気持ちは、まだおやみにならない。
❾あなたもお聞きおよびでしょう、漢王朝の山東の二百州は、
❿多くの村落で茨・クコの類(の雑草)が生い茂っているのを。
⓫たとえ気丈な婦人が農具を取っ(て畑を耕し)たとしても、
⓬穀類は田畑のあぜ道にまで生えて、あぜ道もはっきりしないほど(荒れ果ててしまうことになる)。
⓭(農民でさえこのように徴兵されるのであるから)まして(この)長安地方の兵士は苦しい戦いに耐えるのだからなおさらだ、

⑭駆らるること犬と鶏とに異ならず　……　⑭(戦場に)追い立てられることは、犬と鶏と変わらない。

語句の解説 2

❶**道傍過者**　道端を通り過ぎる者。作者である杜甫を指す説と、第三者を指す説がある。

❷**但云**　ただ答える。

❖但～ ＝限定を表す。(ただ)～だけだ。

❷**点行頻**　徴兵がしきりに行われている。戦が絶えないこと。

❸*「従」＝ここでは、「より」と読む。起点を表す前置詞。…から。

❹*「便」＝ここでは、「すなはチ」と読む。接続詞。そのまま。十五歳で徴兵されてから、一度も故郷に帰っていないということ。

❺**里正**　村長。唐代の行政単位では百戸を一里とし、それぞれの長を里正といった。

❺*「与」＝ここでは、「ためニ」と読む。目的を表す前置詞。

❻**頭白**　髪が白いのに。年老いたことをいう。

❻**戍レ辺**　国境を守る。「辺」は、辺境、国境。

❽**開レ辺**　国境を拡大する。ここでは、武力で国土を広げること。

❽*「已」＝ここでは、「やマ」と読む。

❾**君不レ聞**　あなたもお聞きおよびでしょう。楽府の常套句である。「君」は、広く世間の人を指し、読者に同意を求めている。

❾**漢家**　漢の国家。漢王朝。暗に唐の国家を指す。当時の皇帝や国家を名指しするのを避けた表現。

❾**二百州**　「州」は古代中国の行政単位の一つ。唐代の山東には、二一一の州があったという。

❿**千村万落**　いたるところの村落。多くの村落。「千」「万」という数詞を付け、村の数が多いことを表した言葉。

1　「千村万落生二荊杞一」となったのはなぜか。

答　働き手である男が、ことごとく徴兵されてしまったため。

⓫**縦有二健婦把二鋤犂一**　たとえ気丈な婦人が農具を取っ(て畑を耕し)たとしても。

❖縦～ ＝仮定を表す。たとえ～(だ)としても。

「健婦」＝気丈な婦人。

教129ページ

⓭**況復秦兵耐二苦戦一**　まして秦兵は苦戦に耐えるのだからなおさらだ。農民でさえ徴兵されるのだから、勇猛で知られた秦兵が徴兵されるのはなおさらである、ということ。

❖況～ ＝抑揚を表す。まして～はなおさらだ。

「復」＝その上にまた、の意の副詞で、「況」の字に添えて強調の意を強めている。

「秦兵」＝長安地方の兵士。勇猛果敢であることで知られていた。

⑭**被レ駆**　追い立てられること。走らされること。

❖被～ ＝受身を表す。～される。

⑭**犬与レ鶏**　犬と鶏と。

*「与」＝ここでは、「と」と読む。名詞(句)と名詞(句)をつなぎ、並列を表す。

【大意】 3 教129ページ2～8行 韻 問・恨／卒・出／好・草／頭・収・啾

戦いはやまず、人民は重税に苦しみ、多くの兵士は戦場に朽ち果てた。そしてその戦場では死者たちのむせび泣く声が聞こえてくるのだ。

【書き下し文】

❶長者問ふ有りと雖も
❷役夫敢へて恨みを申べんや
❸且つ今年の冬のごときは
❹未だ関西の卒を休めず
❺県官急に租を索むるも
❻租税何くより出でん
❼信に知る男を生むは悪しく
❽反つて是れ女を生むの好きを
❾女を生まば猶ほ比隣に嫁するを得ん
❿男を生まば埋没して百草に随はん
⓫君見ずや　青海の頭
⓬古来白骨人の収むる無し
⓭新鬼は煩冤し旧鬼は哭す
⓮天陰り雨湿ひて声啾啾たり

（唐詩三百首）

【現代語訳】

❶たとえご老人のお尋ねがあったとしても、
❷一兵卒（である私）が、どうして恨みごとを述べ尽くすことをしましょうか（、いや、しません）。
❸さしあたり今年の冬のように、
❹まだ長安地方から徴兵することをやめない（のに）、
❺県の役人は厳しく租税を取り立てますが、
❻租税はいったいどこから出ることがあるでしょうか（、いや、決して出ません）。
❼（今こそ）本当にわかりました、男を生むことは悪く、
❽かえって女を生むことがよいということが。
❾女を生めば、まだしも近所に嫁がせることもできましょう、
❿男を生めば（戦場に）埋もれて、雑草とともに朽ち果ててしまうのです。
⓫あなたもご覧になったでしょう、あの（交戦地帯である）青海の辺りを。
⓬昔から（戦死した兵士の）白骨はひろう者もいない（ままさらされている）。
⓭（そして）新しく亡くなった人の魂は怨みもだえ、古くに亡くなった人の魂は泣き叫び、
⓮空が曇り、雨が降り続いて（いるような日は）、（その魂の）むせび泣く声がしくしくと（聞こえてくるのです）。

語句の解説 3

❶**雖有問**　たとえご老人のお尋ねがあったとしても。
❖雖～　＝仮定を表す。～だとしても。～だけれども、の意を表す用法もある。
❷**役夫**　使役される人。ここでは、出征兵士が自らを指している。
❷**敢申恨**　ここでは文脈から、どうして恨みを述べ尽くすことをしようか、いや、述べ尽くすことはしない、と訳すとよい。
「敢Ａ」＝反語を表す。どうしてＡ(しよう)か、いや、Ａ(し)ない。
❸*「且」＝ここでは、「かツ」と読む。さしあたり。先のことはわからないが今のところは、といった意を表す。
❸**如今年冬**　今年の冬のように。
*「如」＝ここでは、「ごとキハ」と読む。…のようなもの。

❹**未休**　まだやめない。
「未Ａ」＝未到達を表す再読文字。
❺**県官**　県の役人。「県」は行政単位で、「州」「郡」の下に置かれた。
❺**急**　しきりに。厳しく。
❺**索租**　租税を取り立てるけれども。唐の税制は、租・庸・調からなり、「租」は穀物を納めること。
❻**従何出**　どこから出ることがあろうか、いや、決して出ない。
❖何～＝疑問を表す。「何」は場所を問う疑問詞。どこの～か。
❼**信知**　身にしみてわかったということ。
❾*「猶」＝ここでは、「なホ」と読む。
❿**百草**　あらゆる種類の草。転じて、雑草。
⓬**白骨**　戦死した兵士の骨。遺骨。

長恨歌

白居易

教科書P.130～136

主題

唐代の最盛期を築いた玄宗皇帝と、その寵妃楊貴妃の悲劇に終わった愛を描く。　◎七言古詩
(なお、押韻(換韻)については、詩を十二の場面に分け、その都度大意とともに示すこととする。)

【大意】　1　教130ページ1～4行　韻 国・得・識・側・色

美女を長年求めていた皇帝のもとに、楊家の娘が選ばれてきた。その美貌となまめかしさの前に、他の女官の美しさは色あせて見えた。

【書き下し文】

○長恨歌

【現代語訳】

○長恨歌

❶漢の皇帝は女性の美貌を重んじて、絶世の美女を(手に入れたい

❶漢皇色を重んじて傾国を思ふ
❷御宇多年求むれども得ず
❸楊家に女有り初めて長成し
❹養はれて深閨に在り人未だ識らず
❺天生の麗質自ら棄て難く
❻一朝選ばれて君王の側らに在り
❼眸を廻らして一笑すれば百媚生じ
❽六宮の粉黛顔色無し

と)思っていた(が)、
❷在位の期間中、長年捜し求めたが得ることができなかった。
❸楊家に娘がいて、やっと年頃になったばかり、
❹家の奥深くにある女性の居室で育てられ、世間の人々はまだ(その娘のことを)知らなかった。
❺生まれつきの美しさは、そのままうち捨てておかれるはずもなく、
❻ある日選ばれて皇帝のおそばに仕えることとなった。
❼(彼女が)視線を巡らせてひとたびほほえめば、多くのなまめかしさがあふれ、
❽宮中の奥御殿の女官たちも、その美貌が色あせ(て見え)た。

語句の解説 1

教130ページ

○**長恨歌**　この詩の最終句の「此ノ恨ミ綿綿トシテ無㆓カラン絶ユルノ期㆒」に由来している。永遠に尽きることのない満たされない思いの歌。

❷**不レ得**　「得」は、ここでは動詞だが、可能の意を加えて訳す。得ることができなかった。

❸＊「女」＝ここでは、「むすめ」と読む。

❸**初　長成**　やっと年頃になったばかり。

「初」＝副詞。やっと…したばかり。

「長成」＝「成長」と同じ。ここでは、年頃になることをいう。

❹**人未レ識**　人々はまだ知らない。

「未レＡ」＝未到達を表す再読文字。まだＡ(し)ない。

❺**難㆓自　棄㆒**　楊家の娘がすばらしい美貌の持ち主であるために、必ずや誰かがそれに目をつけるであろうということ。

＊「自」＝ここでは、「おのづから」と読む。副詞で、自然に、の意。

❻**一朝**　ある日。

「一」＝ここでは、ある一つの、の意。

❼**廻レ眸**　視線を巡らせて。流し目をすること。

❼**一笑**　ひとたびほほえむと。下の「百媚」と呼応して、「ひとたび…すれば、多く…する」という表現になっている。

❶ 「無㆓顔色㆒」とは、どういうことか。

答　楊貴妃の美貌を前に、女官たちの容色も精彩を失って色あせて見えた、ということ。

【大　意】　2　教130ページ5～8行　韻 池・脂・時／揺・宵・朝

皇帝は、日々彼女を寵愛し、そのため早朝の政務を執らなくなってしまった。

【書き下し文】

❶春寒くして浴を賜ふ華清の池
❷温泉水滑らかにして凝脂を洗ふ
❸侍児扶け起こすに嬌として力無し
❹始めて是れ新たに恩沢を承くる時
❺雲鬢花顔金歩揺
❻芙蓉の帳暖かにして春宵を度る
❼春宵短きに苦しみ日高くして起く
❽此より君王早朝せず

【現代語訳】

❶春まだ寒い頃、(皇帝から)華清池の温泉に浴することを許され、
❷温泉の水は滑らかで、白くきめ細かな肌を洗い清める。
❸侍女が手を添えてかかえ起こそうとすると、なよなよとして力もなく、
❹まさに初めて皇帝の寵愛を受ける時であった。
❺雲のように豊かな髪、花のような顔、(歩けば揺れる)黄金や珠玉で飾られたかんざし、
❻ハスの花の縫い取りをした、寝台のカーテンは暖かく、(その中で)春の夜を過ごす。
❼春の夜の短さを嘆き、日が高く昇ってから起きる、
❽この時から、皇帝は朝早くから政務を執ることがなくなった。

語句の解説　2

❶**賜**　皇帝の入浴後に、後宮の女官に入浴を許す風習があったことをふまえた表現。

❷**洗凝脂**　白くきめ細かな肌を洗い清める。
「洗」＝ここでは、洗い清める、の意。
「凝脂」＝白くきめ細かな美人の肌をいう。

❸**扶起**　手を添えてかかえ起こす。
「扶」＝手を貸す。支え助ける。

❹**始是**　今こそちょうど…、まさに…、の意を表す表現。
「始」＝ちょうど。まさに。「初」と同じ。

❺**雲鬢**　雲のように豊かな髪。髪の毛の多く美しいさまを雲にたとえた語。

❽**従此**　これから。玄宗皇帝と楊貴妃が春の夜を一緒に過ごした時から、ということ。
＊「従」＝ここでは、「より」と読む。起点を表す前置詞。…から。

❽**不早朝**　皇帝は、早朝、諸大臣から職務上の報告を聞くのがならいであった。それを怠ることをいう。

【大意】　3　教130ページ9行〜131ページ3行　韻　暇・夜／人・身・春／土・戸・女

皇帝の寵愛はますます深く、二人は歓楽の日々を過ごす。楊一族は皆栄達し、世の人々は、子を生むなら女だと思うまでになった。

【書き下し文】

❶歓を承け宴に侍して閑暇無く
❷春は春の遊びに従ひ夜は夜を専らにす
❸後宮の佳麗三千人
❹三千の寵愛一身に在り
❺金屋粧ひ成りて嬌として夜に侍し
❻玉楼宴罷んで酔ひて春に和す
❼姉妹弟兄皆土を列ぬ
❽憐れむべし光彩の門戸に生ずるを
❾遂に天下の父母の心をして
❿男を生むを重んぜず女を生むを重んぜしむ

【現代語訳】

❶皇帝の心にかなうようにふるまい、宴席にはべって(皇帝のおそばを離れる)暇もなく、
❷春には春の遊びにお供をし、夜は(皇帝の)夜を独占する。
❸後宮の美女は三千人(もいるが)、
❹(その)三千人分の寵愛を一身に受けている。
❺立派な御殿で化粧をほどこすと、なよなよとして夜(の宴席)にはべり、
❻美しい高殿での宴が終わると、酔って春の雰囲気にとけこんでいく。
❼(彼女の)姉妹兄弟は皆領土をもらって諸侯になり、
❽なんと羨ましいことか、美しい光が(楊一族の)門口にさしている(ようだ)。
❾かくて天下の父母たちの心に、
❿男を生むのを重視させず、女を生むのを重視させるようになった。

語句の解説　3

❷夜 専レ 夜　夜は夜を独占する。
「専」＝独占する。ひとりじめにする。
❸三千人　「三」は数の多いことをも表すので、「三千」は実数ではなく、後宮の女性たちが非常に多いということと考えてよい。
❹三千 寵愛在二 一身一　三千人に与えられるべき玄宗皇帝の寵愛が、楊貴妃ただ一人に向けられていることをいう。

教131ページ
❺金屋　黄金で飾られた御殿。立派な御殿のこと。楊貴妃の住まう御殿を指す。「金」は黄金の意ではなく、一種の美称と考える。
❻玉楼　玉で飾った高殿。美しい高殿のこと。「玉」も「金屋」の「金」と同じく美称。
❽＊「可」＝ここでは、「ベシ」と読む。

❽**光彩生二門戸一**　楊一族の光り輝くような出世を表現している。

❾**遂**　副詞。かくて。その結果。

❾❿**令二天下父母心一　不レ重レ生レ男重レ生レ女**　世間の父母たちに、生むのなら男でなく女がよいと思わせた、ということ。

❖令二AヲシテB一(セ)＝使役を表す。AにBさせる。

答　❷

「遂令二天下父母心一　不レ重レ生レ男重レ生レ女」となったのはなぜか。

楊貴妃が玄宗皇帝の寵愛を受けたことで楊一族が出世繁栄したのをみて、自分たちも女の子を生んで権力のある家に嫁がせ、出世繁栄したいと思うようになったから。

【大　意】　4　教131ページ4～6行　韻　雲・聞／竹・足・曲

皇帝らは歌舞音曲に明け暮れた。しかし、そんな日々も、反乱軍が長安に迫り、終焉を遂げる。

【書き下し文】

❶驪宮高き処青雲に入り
❷仙楽風に飄へりて処処に聞こゆ
❸緩歌慢舞糸竹を凝らし
❹尽日君王看れども足らず
❺漁陽の鞞鼓地を動かして来たり
❻驚破す霓裳羽衣の曲

【現代語訳】

❶驪山にある華清宮は、高い所が青雲に入りこむ(ようにそびえ)、
❷仙界で演奏されるような美しい音楽が、風に乗ってあちこちで聞こえる。
❸のどかな歌の調べ、緩やかな舞い姿、(それらに合わせる)楽器(の演奏)は見事で、
❹一日中、皇帝は(これを)見続けても飽きることはない。
❺(ところが突然)漁陽から進軍の太鼓(の音)が大地を揺るがしてやって来て、
❻霓裳羽衣の曲(を演奏していた人々)を驚かせ(音楽もかき消され)た。

語句の解説　4

❷**仙楽**　仙界で演奏されるかのような美しい音楽。この世のものと思えぬほど美しい音楽ということ。

❷**処処聞**　あちこちで聞こえる。驪宮一帯の華やいだ雰囲気を表している。

❹**看不レ足**　見ても足りることがない。見飽きない。

❺**漁陽鞞鼓動レ地来**　安禄山の反乱軍が大地を揺るがす勢いで都に進軍してくることを表す。

❻**驚破霓裳羽衣曲**　歌舞に興じていた宮中の人々を驚かしたこと

をいう。

「驚破」＝驚かす。「破」は強意の助字で、上の動詞を強める。

【大　意】 5 教131ページ7～11行 韻 生・行／止・里・死／収・頭・流

皇帝は彼女とその一族らを連れて蜀に向かったが、兵士らは馬嵬から動こうとせず、彼女はそこで殺されてしまった。

【書き下し文】

❶九重の城闕煙塵生じ
❷千乗万騎西南に行く
❸翠華揺揺として行きて復た止まり
❹西のかた都門を出づること百余里
❺六軍発せず奈何ともする無く
❻宛転たる蛾眉馬前に死す
❼花鈿地に委てられて人の収むる無し
❽翠翹金雀玉掻頭
❾君王面を掩ひて救ひ得ず
❿迴り看て血涙相和して流る

【現代語訳】

❶幾重にも重なる宮城の門(＝天子の宮殿)には、煙や塵が立ち、
❷千の戦車と一万の騎馬兵(を従えた皇帝の一行)は、西南(の成都)を目指して(落ちのびて)いく。
❸カワセミの羽を飾った皇帝の旗がゆらゆらと揺れ、進んではまた立ち止まり、
❹都の門を西方に出て百里余りの所(＝馬嵬駅)で、
❺皇帝直属の軍隊は出発(しようと)せず、(皇帝は)どうすることもできなくなり、
❻美しい曲線の眉をもつ美貌の人は、(皇帝の)馬前で死んだ。
❼螺鈿細工のかんざしは地に捨てられたままで、拾う人もなく、
❽カワセミの羽の髪飾り、クジャクの形の黄金のかんざし、玉で作ったかんざし(も、うち捨てられたまま)。
❾皇帝は(手で)顔を覆って(いるばかりで)救うこともできない。
❿振り返って見ると、(皇帝の目からは悲憤の)血と涙が混じり合って流れる。

語句の解説 5

❶**煙塵**　戦乱によって立ち昇る煙と塵。
❷**西南行**　安禄山の反乱軍が長安に迫ったため、玄宗皇帝は、皇太子や楊貴妃の一族らを連れて、長安から西南にある蜀の地へ逃避したのである。
❸**揺揺**　ゆらゆらと不安げに揺れ動く様子をいう。
❸**行復止**　進んではまた止まり。

「復」＝ここでは、動作の進行や繰り返しを表す。

❺**無二奈何一**　どうすることもできず。どうしようもなく。

❖奈何＝疑問を表す。「如何」と同じで、手段・方法を問う疑問詞。

❻**宛転　蛾眉**　楊貴妃を指す。

❾**掩レ面**　手で顔を覆って。玄宗皇帝が楊貴妃の死を直視できないでいたことを表す。

❾**救不レ得**　救うことができない。

「A不レ得」＝不可能を表す。A(すること)ができない。

❿**廻看**　振り返ると。振り返って見ると。

❿**血涙相和流**　血と涙が混じり合って流れる。玄宗皇帝の悲憤のすさまじさを表している。

「相」＝動作に対象があることを示す副詞。互いに。

【大意】 6　教131ページ12行～132ページ3行　韻 索・閣・薄／青・情・声

宮殿のある蜀の地は辺鄙で人影も少なく、皇帝は朝に夕に彼女を思い嘆く失意の日々を送る。

【書き下し文】

❶黄埃散漫風蕭索

❷雲桟縈紆剣閣に登る

❸峨眉山下人の行くこと少に

❹旌旗光無く日色薄し

❺蜀江は水碧にして蜀山は青く

❻聖主朝朝暮暮の情

❼行宮に月を見れば心を傷ましむるの色

❽夜雨に鈴を聞けば腸断つの声

【現代語訳】

❶黄色い土ぼこりが辺り一面に舞い、風がもの寂しげに吹き、

❷雲がかかるような、高い場所に架けられた架け橋はうねうねと曲がりくねり、(そこを通って)剣閣山に登っていく。

❸峨眉山の麓は、人の往来も少なく、

❹皇帝の所在を示す旗は(色あせて)光彩なく、太陽の光まで薄れて見える。

❺蜀江の水は深い緑色で、蜀の山は青々としているが、

❻皇帝は朝な夕な(彼女への)思慕を募らせている。

❼皇帝の仮の宮殿で月を見れば、(その光も)心を悲しませる感じで、

❽夜、雨の中で鈴の音を聞くと、はらわたがちぎれんばかりの(悲しい)音色(に聞こえる)。

語句の解説 6

❶**黄埃**　黄色い土ぼこり。黄土地帯特有の砂塵をいう。

❶**散漫**　辺り一面に(黄埃が)舞い広がるさまをいう。

教132ページ

❹**旌旗無レ光日色薄**　皇帝の威厳の衰えを表している。

❻聖主 聖徳をそなえた君主。ここでは玄宗皇帝を指す。
❻朝朝暮暮情 朝な夕な思慕を募らせる。
「朝朝暮暮」＝朝な夕な。
「情」＝ここでは、楊貴妃への思い。

❼傷レ心色 月の光に悲しみをかきたてられることを表す。
❽聞レ鈴腸断声 鈴の音が玄宗皇帝をひどく悲しませること。
「腸断」＝「断腸」と同じで、はらわたがちぎれんばかりの悲しみのこと。

【大 意】 7 教132ページ4〜6行 韻 馭・去・処／衣・帰
天下の情勢が変わり、皇帝は都への帰途につく。彼女を失った場所に至ると、君臣ともに涙を流し、力なく都へと帰っていった。

【書き下し文】
❶天旋り日転じて竜馭を廻らし
❷此に到りて躊躇して去る能はず
❸馬嵬の坡下泥土の中
❹玉顔を見ず空しく死せし処
❺君臣相顧みて尽く衣を霑し
❻東のかた都門を望み馬に信せて帰る

【現代語訳】
❶(やがて)天下の情勢は大きく変わって、皇帝の車を(蜀から長安へ)返すことになったが、
❷ここ(＝馬嵬)まで来ると、足が進まず立ち去ることができない。
❸馬嵬の土手の下、泥土の中、
❹(そこにはもう)美しい顔は見えず、むなしく死んでいった場所(があるだけである)。
❺皇帝と臣下は、ともに(彼女が死んだ場所を)振り返っては、皆涙で着物をぬらし、
❻東の方の都の城門を目指して、馬の歩みにまかせて帰っていく。

語句の解説 7
❷躊躇 ためらってその場から前に進めない様子をいう。
❷不レ能レ去 立ち去ることができない。
❖不レ能レ〜(スル)＝不可能を表す。〜できない。
❹玉顔 美しい顔。「玉」は美称。具体的には楊貴妃を指す。
❺相顧 ともに振り返っては。互いに顔を見合わせては、とする説もある。
❺*「尽」＝ここでは、「ことごとク」と読む。
❻望 はるか遠くから眺めること。
❻信レ馬帰 悲しみのために、馬を御する力もない様子を表現している。

【大意】 8 教132ページ7行～133ページ3行 韻 旧・柳／眉・垂・時／草・掃・老／然・眠・天／重・共・夢

都に帰った皇帝は、四季折々につけ彼女を思い出し悲しみに暮れる。眠れない夜は長く、夢の中にも彼女は現れてくれない。

【書き下し文】

❶帰り来たれば池苑皆旧に依る
❷太液の芙蓉未央の柳
❸芙蓉は面のごとく柳は眉のごとし
❹此に対して如何ぞ涙の垂れざらん
❺春風桃李花開く夜
❻秋雨梧桐葉落つる時
❼西宮南苑秋草多く
❽宮葉階に満ちて紅掃はず
❾梨園の弟子白髪新たに
❿椒房の阿監青娥老いたり
⓫夕殿蛍飛んで思ひ悄然
⓬孤灯挑げ尽くすも未だ眠りを成さず
⓭遅遅たる鐘鼓初めて長き夜
⓮耿耿たる星河曙けんと欲するの天
⓯鴛鴦の瓦冷ややかにして霜華重く
⓰翡翠の衾寒くして誰と与共にせん

【現代語訳】

❶(長安に)帰って来ると、(宮殿の)池も庭も皆元のままである。
❷太液の芙蓉も未央宮の柳も。
❸芙蓉の花は(彼女の)顔のようで、柳は眉のようである。
❹これらを目の前にして、どうして涙を流さないでいられようか(、いや、流さずにはいられない)。
❺春風が吹いて、桃やスモモの花が咲く夜、
❻秋の雨にあおぎりの葉が落ちる時(彼女を思い悲しみもひとしおである)。
❼宮中の太極宮と興慶宮には秋草が生い茂り、
❽宮殿の落ち葉が階段に散り積もっても、(誰も)紅葉を掃き清めない。
❾皇帝が養成した歌舞団の教習生も白髪が目立ちはじめ、
❿皇后の居室の宮女を取り締まる女官も、美しい容貌が(すっかり)老いてしまった。
⓫夜の宮殿に蛍が飛ぶと、(皇帝はそれを見て)しょんぼりともの思いにふけり、
⓬たった一つの灯火の芯をかきたて尽くしても、まだ眠れない。
⓭時を告げる鐘と太鼓(の音)が遅く感じられる、(秋の)夜長になったばかりの夜、
⓮かすかに光る天の川が、今にも夜が明けようとしている空(に見える)。

⑰悠悠たる生死別れて年を経たり
⑱魂魄曾て来たりて夢にも入らず

⑮オシドリの形をした瓦は冷え冷えとして霜が厚く降り、⑯カワセミの雌雄の模様を織り出した夜具は寒く、誰とともに寝ようか。
⑰はるか遠く隔たった生と死(＝この世とあの世)、別れて何年もたってしまった。
⑱(彼女の)魂は、(皇帝の)夢に現れることさえない。

語句の解説 8

③芙蓉 如レ面　芙蓉の花は顔のようで。
＊「如」＝ここでは、「ごとク」と読み、比況を表す。

④如何 不二涙垂一　どうして涙を流さずにいられようか、いや、流さずにいられない。つまり、きっと涙を流すはずだ、ということ。
❖如何～(セン)＝反語を表す。どうして～か、いや～ない。

⑧紅 不レ掃　散り積もった紅葉を誰も掃除しない。前句の「多秋草」とともに、荒廃した宮殿の様子を表現している。

⑪夕殿　夜の宮殿。「夕」は、夜、の意を表す。

⑫孤灯　たった一つだけの灯火。ここでは、楊貴妃を失った孤独な玄宗皇帝の心を象徴する。

⑫挑尽　(灯心を)かきたて尽くしても。ここでは、長い時間が経過したことを表している。

⑫未レ成レ眠　まだ眠れない。
「未レ A (セ)」＝未到達を表す再読文字。まだ A (し)ない。

教133ページ

⑬初 長夜　秋の夜長になったばかりの夜。
「初」＝副詞。やっと…したばかり。

⑭耿耿 星河　ここでは、夜が明けつつある中で、天の川の光がしだいにかすかになっていくさまをいう。
「耿耿」＝光のかすかなさま。

⑭欲レ曙 天　今にも夜が明けようとしている空。
「欲レ A (セント)」＝ここでは、(今にも) A しそうだ、A しようとしている、の意。

⑯誰 与共　誰とともにしようか。
❖誰～(スル)＝疑問を表す。「誰」は人物を問う疑問詞。
「与共」＝ここでは、「ともニセン」と読む。

⑱不二曾 来 入レ夢　夢に現れることさえない。
「曾」＝ここでは、否定の意を強調する働きをしている。

【大 意】　9　教133ページ4～10行　韻　客・魄・覓／電・遍・見／山・間／起・子・是

皇帝の苦悩を解くために、彼女の魂をくまなく捜し求めた道士は、海上にある仙人の山のことを耳にし、そこに向かった。

【書き下し文】

❶臨邛の道士鴻都の客
❷能く精誠を以て魂魄を致す
❸君王展転の思ひに感ずるが為に
❹遂に方士をして殷勤に覓めしむ
❺空を排し気に馭して奔ること電のごとく
❻天に昇り地に入りて之を求むること遍し
❼上は碧落を窮め下は黄泉
❽両処茫茫として皆見えず
❾忽ち聞く海上に仙山有りと
❿山は虚無縹緲の間に在り
⓫楼閣玲瓏として五雲起こり
⓬其の中綽約として仙子多し
⓭中に一人有り字は太真
⓮雪膚花貌参差として是れなり

【現代語訳】

❶臨邛の（神仙の術を行う）道士が、長安に旅人として滞在した。
❷（その道士は）真心をこめた念力で魂を招き寄せることができる（という）。
❸（側近たちは、）皇帝の、（彼女を思うあまり）眠れなくて、何度も寝返りを打つほどの強い思慕の情に感じ入ったために、
❹かくて（その）道士に、丁寧に（彼女の魂を）捜し求めさせた。
❺大空を押し分け、大気に乗り、稲妻のように駆け巡り、
❻天に昇り、地下にもぐって、これ（＝彼女の魂）をくまなく捜し求めた。
❼上は青空の果てから、下は地の底まで、
❽どちらも果てしなく広がっていて、どこにも見あたらない。
❾（そのうち）ふと（こんなことを）耳にした、海上に仙人の住む山があると。
❿山はなにものも存在しない遠くかすかな辺りにある（という）。
⓫楼閣は透き通るように美しく、五色の雲がわき起こり、
⓬その中には若く美しい仙女がたくさんいた。
⓭（その仙女の）中に一人、字を太真という者がいて、
⓮雪のような白い肌に花のように美しい顔だちで、（捜している彼女に）ほぼそっくりの様子である。

語句の解説 9

❷＊「能」＝ここでは、「よク」と読む。（能力があって）…できる、の意を表す副詞。
❸為レ感　「感」の主語は、皇帝の側近たち、と解した。主語を「道士」とする説の場合は❹「方士」は道士の部下となる。「為」＝原因・理由を表す前置詞。…のために。
❹遂　副詞。かくて。そのまま。

❹**教二方士殷勤覓一**　方士（＝道士）に丁寧に捜し求めさせた。
❖教二Ａ　Ｂ一＝使役を表す。Ａ に Ｂ させる。
❺**如レ電**　稲妻のように。
「如レＡ」＝比況を表す。Ａ のようだ。
❽**両処**　「碧落」と「黄泉」を指す。

❾**忽**　心理的な意味での突然さをいう副詞。思いがけなく。ふと。
❾**聞**　どこまでが「聞」の内容かについては諸説あるが、ここでは「海上有二仙山一」までと解して訳した。
⓭**太真**　楊貴妃は玄宗皇帝の後宮に入る前に、一度道教の寺院に入って女道士となっている。「太真」はその時の名。

皇帝の使いが来たと聞いて太真は驚き、急いで会いに来た。その翻る衣は霓裳羽衣の舞のようで、涙にぬれたその顔は、春の雨にぬれた一枝の梨の花のようだった。

【大　意】10　教133ページ11行〜134ページ4行　韻　扃・成・驚／徊・開・来／挙・舞・雨

【書き下し文】
❶金闕の西廂に玉扃を叩き
❷転じて小玉をして双成に報ぜしむ
❸聞道くならく漢家天子の使ひなりと
❹九華の帳裏夢魂驚く
❺衣を攬り枕を推して起ちて徘徊す
❻珠箔銀屛邐迤として開く
❼雲鬢半ば偏りて新たに睡りより覚め
❽花冠整へず堂を下り来たる
❾風は仙袂を吹いて飄颻として挙がり
❿猶ほ霓裳羽衣の舞に似たり
⓫玉容寂寞涙闌干

【現代語訳】
❶黄金造りの御殿の西側の建物に行って玉で飾られた扉を叩き、
❷（侍女の）小玉に、（別の侍女の）双成に報告させて（太真へと）取り次いでもらう。
❸聞くところによると漢の天子の使いであるということで、
❹いろいろな模様を刺繡した帳の中で、夢うつつだった（楊貴妃の）魂は、はっと目を覚ました。
❺上着を手に取り、枕を押しやり、立ち上がって（部屋の中を）行きつ戻りつする。
❻（やがて）真珠のすだれと銀の屛風が、次々と続いて開かれ、
❼雲のように豊かな髪はなかば乱れて、眠りから覚めたばかりのようで、
❽美しい冠もきちんとつけずに奥の部屋から下りてくる。
❾（この時）風が仙女の衣のたもとを吹きあげ、ひらひらと舞うと、
❿あたかも、（あの）霓裳羽衣の舞にそっくりである。

⑫梨花一枝春雨を帯ぶ

⑪(その)玉のように美しい顔は寂しげで、涙がはらはらとこぼれ、⑫(まるで)一枝の梨の花が春の雨にぬれている(かのようである)。

語句の解説 10

②**教二小玉一報二双成一**　小玉に、双成に報告させる。
❖**教二Ａ一Ｂ一**　＝使役を表す。ＡにＢさせる。
③**聞道**　聞くところによると。「漢家天子使」が聞いた内容。
③**漢家天子**　漢の皇帝の。「家」は、ここでは、国家、の意。
④**夢魂驚**　夢うつつであった楊貴妃の魂が、はっと目覚めること。

教134ページ

⑤**攬レ衣**　上着を手に取り。
「攬」＝手に取る。握る。
⑤**起　徘徊**　立ち上がって行きつ戻りつする。ここでは、玄宗皇帝の使者の突然の訪れに動揺する楊貴妃の姿を表している。
⑦**雲鬢半偏**　豊かで美しい髪の寝乱れたさまをいう。
⑦**新睡覚**　眠りから目覚めたばかり。
「新」＝…したばかり、の意の副詞。
⑧**花冠不レ整**　冠もきちんとつけられていないことから、楊貴妃の動揺ぶりがわかる。
「花冠」＝仙女のかぶる美しい模様のついた冠。
⑩＊「猶」＝ここでは、「なホ」と読む。あたかも。
⑩**似二霓裳羽衣舞一**　霓裳羽衣の舞にそっくりである。
「似レＡ」＝比況を表す。Ａのようだ。
⑪**寂寞**　ひっそりと寂しい様子をいう。
⑫**梨花一枝春帯レ雨**　ここでは、楊貴妃の白く美しい顔に、涙が流れている様子をたとえている。

【大　意】　11　教134ページ5〜10行　韻　王・茫・長／処・霧・去／扇・鈿・見

太真は、皇帝と別れてからのつらい心情を述べ、思い出の品である螺鈿細工の小箱の蓋と本体のどちらか片方と、ふたまたの黄金のかんざしの一方の脚を使者に預けて持たせた。

【書き下し文】

❶情を含み睇を凝らして君王に謝す
❷一別音容両つながら渺茫たり
❸昭陽殿裏恩愛絶え
❹蓬萊宮中日月長し

【現代語訳】

❶思いを込め、瞳を凝らして、(道士を介して)皇帝にお礼を申しあげる。
❷お別れして以来、(玄宗の)お声もお姿もともにはるかに遠ざかってしまいました。
❸(かつて)昭陽殿の中でいただいたご寵愛も絶え、
❹(この)蓬萊宮の中で長い月日がたちました。

❺頭を迴らして下人寰の処を望めば
❻長安を見ずして塵霧を見る
❼唯だ旧物を将て深情を表さんと
❽鈿合金釵寄せ将ち去らしむ
❾釵は一股を留め合は一扇
❿釵は黄金を擘き合は鈿を分かつ
⓫但だ心をして金鈿の堅きに似せしめば
⓬天上人間会ず相見えんと

❺振り返って、(仙界の)下の人間界を眺めても、
❻長安は見えず、塵や霧が見えるばかり。
❼せめて昔の思い出の品によって深い真心を示したいと、
❽螺鈿細工の小箱とふたまたの黄金のかんざしを、(使者に)預けて持っていかせましょう。
❾かんざしは一方の脚を残し、小箱は蓋と本体のどちらか片方を(残し)、
❿かんざしは黄金を二つに裂き、小箱は螺鈿の貝を分けましょう。
⓫ただ、(二人の)心が(この)黄金や螺鈿の貝の堅さに似てさえいたならば(＝二人の心を堅固にしておけば)、
⓬天上界と人間界(とに分かれていても)、いつかきっとお会いできるでしょう、と。

語句の解説 11

❶**謝ニ君王一** 玄宗皇帝にお礼を言う。「謝」の内容は、「一別音容…会相見」。
❺**望ニ人寰処一** 人間界を眺めても。
「人寰処」＝「人寰」は人の住むところ。「処」は空間や場所、時間や時刻を表す語。ここでは「人寰処」で、「人間界」と訳す。
❻**不レ見ニ長安一** 長安が目に入ってこないで。
「見」＝(自然と)目に入る、の意。
❼❖**唯～** ＝限定を表す。～だけだ。「唯」は、限定の副詞。ここでは、せめて(…したい)、の意。
❼**将ニ旧物一** 昔の思い出の品によって。
＊「将」＝ここでは、「もっテ」と読む。前置詞「以」に同じで、手段・方法を表す。…によって。…で。
❽**寄将去** 預けて持っていかせる。
「将」＝ここでは、動詞に添えて語調を整える助字。
⓫**但令三心似二金鈿堅一** ただ心が黄金や螺鈿の堅さに似てさえいたならば。二人の心を黄金や螺鈿のように堅固にしてさえいれば。
❖**但～** ＝限定を表す。～だけだ。
⓬**天上人間** 天上世界と人間世界。二人が天上界と人間界に分かれていても、ということ。
⓬**会相見** きっとお会いできるでしょう。
「会」＝ここでは「必」に同じ。きっと…であろう。
＊「見」＝ここでは、「まみエント」と読む。

【大意】 12 教134ページ11行～135ページ2行 韻 詞・知・時・枝・期

別れに際し太真は言う。生まれ変わっても、天にあっては比翼の鳥となり、地にあっては連理の枝となろうと誓った二人の心は、永遠に尽きないだろうと。

【書き下し文】

❶別れに臨んで殷勤に重ねて詞を寄す
❷詞中に誓ひ有り両心のみ知る
❸七月七日長生殿
❹夜半人無く私語の時
❺天に在りては願はくは比翼の鳥と作り
❻地に在りては願はくは連理の枝と為らんと
❼天は長く地は久しきも時有りて尽くとも
❽此の恨み綿綿として絶ゆるの期無からん

（古文真宝）

【現代語訳】

❶(使者との)別れにあたって、丁寧に再度言葉を託す。
❷その言葉の中には誓いの言葉があり、(それは皇帝と彼女の)二人の心だけが知るものだった。
❸七月七日、長生殿において、
❹夜が更け、辺りに人影もなく、二人がひそかに語り合った時、
❺天上にあっては比翼の鳥になりたいと思い、
❻地上にあっては連理の枝になりたいと思う(と誓った)。
❼天と地は悠久(＝永遠に続くこと)であるといっても、(いつかは)尽きてしまう時があろうが、
❽この満たされない思いは、いつまでも続いて、決して尽きる時はないであろう。

語句の解説 12

❶**寄レ詞** 言葉を託す。「詞」の内容は、「七月七日…連理ノ枝」。
❷**有レ誓** 「誓」の内容は、「在レ天…連理ノ枝」。
❹**私語** 「私」は、ひそかに、こっそりと、の意で、ひそかに語るとは、恋人・夫婦間のささめごとを指す。

教135ページ

❺**在レ天願作二比翼鳥一 在レ地願為二連理枝一** 天上にあっても、地上にあっても、離れず一緒にいよう、ということ。「願[A]」＝(自分の)願望を表す。
❼**天長地久** 「天地長久」と同意。天地が悠久不変であることをいう。
❼**有レ時尽** 永遠のものと思われる天地であっても、いつかは尽きる時がある、という一種の無常観の表明。
❽**恨** 満たされない思い。つのる思い。ここでは、やるせない恋心を表し、怒り憎む、の意ではない。
❽**綿綿** 長々と続いて絶えないさま。
❽**無二絶期一** 尽きる限界はないであろう。つまり、終わるこ

とはない、ということ。

課題

一 それぞれの詩に表現されている情景や心情についてまとめてみよう。

解答例 桃夭＝嫁いでゆく娘を桃にたとえ、娘の若々しい美しさをたたえるとともに、子宝に恵まれること、さらにその家庭が繁栄していくことを願う心情が表現されている。

生年不満百＝人生は短い。だからこそ、今この時を逃さずに楽しもうではないかという、有限の人生を前向きに明るく生きようとする心情が表現されている。

秋風辞＝秋風の吹く中、群臣たちと歓楽に酔うが、歓楽の後にはもの悲しさがこみ上げる。人生への哀惜、老いに対する不安感が表現されている。

飲酒＝俗世間と距離を置き、安らかな気持ちで眺める夕暮れの景色。そうした景色、自然の在り方に、人の生きる真意を感得した作者の心情、境地が表現されている。

兵車行＝徴兵がしきりに行われ、出征する兵士の家族は嘆き悲しみ、働き手を失くし荒廃した農村は重税に苦しむ。戦場では多くの兵士が朽ち果て、その霊魂のむせび泣く声が聞こえる。一人の兵士の口を借りて、人民の苦しみと嘆き、そして国土拡張の野望を捨てない皇帝への怒りが表現されている。

長恨歌＝玄宗の寵愛は楊貴妃一人に注がれ、早朝の政務を怠るようになるほど楊貴妃をそばから離さない。楊貴妃もそんな玄宗にこ

「期」＝ここでは、かぎり、限界、の意。

たえ、玄宗の心にかなうようふるまい、宴も、春の遊びも、夜も、片時も離れることなくそばにはべった。楊貴妃亡き後も、玄宗は朝に夕に楊貴妃を思い、見るもの聞くものが彼の悲しみと嘆きを誘い、眠れぬ夜を過ごす。楊貴妃の魂も玄宗から受けた寵愛に感謝し、思い出の品と二人だけが知る誓いの言葉で、変わらぬ愛情を示す。

二 好きな詩を選んで、鑑賞文を書いてみよう。

考え方 「古体詩」は句数に制限がないため長いものもあるが、それだけ叙事的にもなり、情景や意味もつかみやすい。それらを押さえながら鑑賞文を書こう。形式上のことに終始するのではなく、その情景や心情について、自分がどう感じ、何を考えたかをまとめることが大事である。

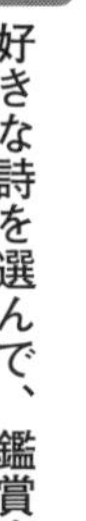

語句と表現

一 それぞれの詩の押韻（おういん）を調べ、近体詩の形式と比べてみよう。

考え方 それぞれの詩の押韻については、各詩の主題、もしくは大意の下に示されているのでそちらを参照されたい。押韻について近体詩との違いについては、近体詩が「一韻到底」（一つの詩の中では同じ韻でそろえる決まり）であるのに対し、途中で換韻してもよい、という点が挙げられる。

参考　桐壺

紫式部（むらさきしきぶ）

教科書P.135

【大　意】 教135ページ1～10行

帝は、命婦（みょうぶ）から見せられた、桐壺の母から贈られた釵（かんざし）を見るにつけても、亡き桐壺更衣を恋しく思う。楊貴妃の絵にかこつけて、帝は桐壺の慕わしくかわいらしい様子を思い出し、先立たれたことを非常に残念に悲しく思う。

【品詞分解／現代語訳】

か（代）　の（格助）　贈り物　御覧ぜ（サ変・未）　さす（助動・使・終）。亡き（ク・体）　人　の（格助）　すみか　尋ね出で（下二・用）　たり（助動・完・用）　けむ（助動・婉・体）　しるし　の（格助）

（命婦は）あの贈り物を（帝に）ご覧に入れる。（帝は、「長恨歌」にあるように）亡くなった人の住まいを捜し出したという証拠の

釵　なら（助動・断・未）　ましか（助動・反仮・未）　ば（接助）、と（格助）　思ほす（四・体）　も（係助）　いと（副）　かひなし（ク・終）。

釵であったなら、とお思いになるのもまったく甲斐のないことである。

たづねゆく（四・体）　まぼろし　もがな（終助）　伝　にて（格助）　も（係助）

（桐壺の魂を）捜し求めに行く道士がいればなあ。（そうすれば）人づてにでも

魂　の（格助）　ありか　を（格助）　そこ（代）　と（格助）　知る（四・終）　べく（助動・可・用）

魂のありかをそこだと知ることができるだろうに。

絵　に（格助）　描け（四・已（命））　る（助動・存・体）　楊貴妃　の（格助）　容貌　は（係助）、いみじき（シク・体）　絵師　と（格助）　いへ（四・已）　ども（接助）、筆　限り　あり（ラ変・用）

絵に描いてある楊貴妃の容貌は、並みではない絵師といえども、筆の力には限度が

けれ（助動・過・已）　ば（接助）、いと（副）　にほひ　すくなし（ク・終）。太液　の（格助）　芙蓉、未央　の（格助）　柳　も（係助）、げに（副）　かよひ（四・用）　たり（助動・完・用）

あったのだから、とても生き生きとした美しさが少ない。太液池に咲く芙蓉、未央宮に植えられた柳も、（それらに楊貴妃は）なるほど似ていた

し〔助動・過・体〕 容貌 を〔接助〕、 唐めい〔四・用(音)〕 たる〔助動・存・体〕 よそひ は〔係助〕 うるはしう〔シク・用(音)〕 こそ〔係助(係)〕 あり〔ラ変・用〕 けめ〔助動・過推・已(結)〕、

容貌であるが、（その楊貴妃の）唐（＝中国）風の装束は立派であっただろうが、

なつかしう〔シク・用(音)〕 らうたげなり〔ナリ・用〕 し〔助動・過・体〕 を〔格助〕 思し出づる〔下二・体〕 に〔接助〕、 花鳥 の〔格助〕 色 に〔格助〕 も〔接助〕 音 に〔格助〕 も〔接助〕 よそふ〔下二・終〕

（それに対して、桐壺の）親しみがあってかわいらしかった様子をお思い出しになると、（その様子は）花の色や鳥の声にも比べられる部分もない。

べき〔助動・可・体〕 方 ぞ〔係助(係)〕 なき〔ク・体(結)〕。 朝夕 の〔格助〕 言ぐさ に〔格助〕、 翼 を〔格助〕 ならべ〔下二・用〕、 枝 を〔格助〕 かはさ〔四・未〕 む〔助動・意・終〕、 と〔格助〕

（帝と桐壺は）朝夕の話の種に、翼を並べ、枝を交差させよう、と

契ら〔四・未〕 せ〔助動・尊・用〕 給ひ〔補尊・四・用〕 し〔助動・過・体〕 に〔接助〕、 かなは〔四・未〕 ざり〔助動・打・用〕 ける〔助動・過・体〕 命 の〔格助〕 ほど ぞ〔係助(係)〕 尽きせ〔サ変・未〕

約束なさったのに、（それが）実現しなかった命のはかなさは（帝は）果てしなく残念で悲しい。

ず〔助動・打・用〕 うらめしき〔シク・体(結)〕。

（『源氏物語』）

語句の解説

教135ページ

1 **かの贈（おく）り物（もの）**　あの贈り物。北の方が命婦に贈った、桐壺の遺品。

1 **釵（かんざし）ならましかば**　釵であったなら。「長恨歌」で、玄宗が道士に楊貴妃の魂のありかを捜させ、証拠として持ち帰った釵を指す。

「まし」＝…であればよいのに。ここでは、反実仮想を表す。

3 **まぼろし**　ここでは、道士。

5 **いみじき絵師（えし）**　並みではない絵師。腕のよい絵師。

6 **にほひ（オイ）**　ここでは、生き生きとした美しさ、の意。

6 **かよひ（イ）たりし容貌（かたち）**　似ていた容貌。

「かよふ」＝ここでは、似る、の意。

7 **唐（から）めいたるよそひ（イ）**　中国風の装束。

「唐めく」＝ここでは、唐（＝中国）風に見える、の意。

「よそひ」＝ここでは、装束の意。

7 **なつかしうらうたげなりし**（シュウロウ）　（桐壺の）親しみがあってかわいらしかった様子。

「なつかし」＝ここでは、親しみがもてる、の意。

「らうたげなり」＝かわいらしい、の意。

8 **思（おぼ）し出（い）づる**　お思い出しになる。

「思し出づ」＝「思ひ出づ」の尊敬語。

9 **翼（つばさ）をならべ、枝（えだ）をかはさむ（ワ）**　翼を並べ、枝を交差させよう。「長恨歌」の「比翼鳥」「連理枝」を引用した表現。

四　小説

人面桃花

孟棨

教科書P.138〜141

【大意】　1　教138ページ1行〜139ページ6行

科挙に落第した崔護は、清明節の日に都の郊外を散歩している途中で喉が渇き、水を求め立ち寄った屋敷で美しい娘に出会う。二人はお互いに好意を寄せるが、娘は崔護の誘いに答えず、そのまま別れてしまう。

【書き下し文】

❶博陵の崔護、姿質甚だ美にして、孤潔合ふこと寡なし。❷進士に挙げらるるも、下第す。❸清明の日、独り都城の南に遊び、居人の荘を得たり。❹一畝の宮にして、花木叢萃し、寂として人無きがごとし。❺門を扣くこと之を久しうす。❻女子有り、門隙より之を窺ひ、問ひて曰はく、「誰ぞや。」と。❼姓字を以て対へて曰はく、「春を尋ねて独り行き、酒渇して飲を求む。」と。❽女人杯水を以て至り、門を開き牀を設けて命じて坐せしめ、独り小桃の斜柯に倚りて佇立して、意属殊に厚し。❾妖姿媚態、綽として余妍有り。❿崔言を以て之に挑むも、対へず。⓫目注する者之を久しうす。⓬崔辞去するや、送りて門に至り、情に勝へざるがごとくして入る。⓭崔

【現代語訳】

❶博陵の崔護は、容貌も資質もたいそう優れていたが、人と交際をせず身を潔く守り、世間の人とあまり気が合わなかった。❷科挙の進士の受験者として推薦されたが、落第してしまった。❸清明節の日に、一人で都長安の南の郊外をぶらぶら歩いて(いたところ)、人の住んでいる屋敷に出くわした。❹(それは)小さな屋敷で、花や木が群がり生い茂って、ひっそりしていて人がいないかのようであった。❺しばらく門をたたき続けた。❻(すると)娘がいて、門の隙間からこれ(＝崔護)をのぞいて、尋ねて言うには、「どなたですか。」と。❼(崔護が)姓と字を答えて言うには、「春(景色)を求めて一人歩いて(いましたが)、酒を飲んで喉が渇いたので、水をいただきたいのです。」と。❽娘は一杯の水を持ってきて、門を開けて腰掛けを用意し、(崔護に)座るように言い、(娘は)ただ小ぶりの桃の木の斜めに伸びた枝に寄りかかってたたずみ、(崔護に)たいそう心を寄せている様子であった。❾(その)なまめかしい姿は、ゆったり

も亦睠盼して帰る。⓮嗣後絶えて復た至らず。

として優美で、あふれるばかりの美しさがあった。⓾崔護は言葉をかけてこれ(＝娘)に誘いかけたが、(娘は)答えなかった。⓫(娘は崔護を)しばらくの間じっと見つめていた。⓬崔護が別れを告げると、送って門まで来て、(崔護に対する)気持ちを抑えきれないかのように(家の中に)入った。⓭崔護もまた、振り返って見つめて(名残惜しそうに)帰った。⓮その後、二度と(その家を)訪れることはなかった。

語句の解説 1

教138ページ

❶**而**　直前に読む字に「シテ」と送っているが、ここでは逆接。

❸**都城**　都の町。長安(現在の西安市)を指す。中国の町は敵の侵入を防ぐために城壁で囲まれていた。日本の城とは異なる。

❸**得**　ここでは、出くわした、見つけた、の意。

❹**若レ無レ人**　人がいないかのようである。

＊「若」＝ここでは、「ごとシ」と読む。

❺**扣レ門久レ之**　しばらく門をたたき続けた。

「久レ之」＝しばらくの間。「之」は特に指し示す内容はない。

❻**自二門隙一**　門の隙間から。

＊「自」＝ここでは、「より」と読む。起点を表す前置詞。〜から。

教139ページ

❻❖**誰耶**＝誰か。どなたですか。「誰」は人を尋ねる疑問代名詞。

❼**姓字**　姓と字。中国では名でなく字で呼ぶのが一般的であった。

❼**対曰**　答えて言うには。

＊「対」＝ここでは、「こたフ」と読む。答える。

❼**飲**　飲み物。ここは、水のこと。

❽**命レ坐**　座らせて。座るように言って。

「命〜」＝使役を表す。〜させる。

⓫**目注者久レ之**　じっと見つめることがしばらくの間続いた。

＊「者」＝ここでは、「こと」と読む。名詞句を作る形式名詞。

⓬**如レ不レ勝レ情**　崔護との別れが名残惜しいさまをいう。

＊「如」＝ここでは、「ごとシ」と読む。〜のようだ。

＊「勝」＝ここでは、「たフ」と読む。堪える。

⓭＊「亦」＝ここでは、「また」と読む。

⓮**不二復至一**　二度とは訪れなかった。

❖不二復〜一＝部分否定を表す。二度とは〜ない。

【大意】　2　教139ページ7〜12行

翌年の清明節の日、崔護は娘のことを思い出し、娘の屋敷を訪ねる。しかし、門が閉ざされていたので、崔護は娘への思いをこめた詩を門扉に書きつけて帰った。

【書き下し文】

❶来歳清明の日に及び、忽ち之を思ひ、情抑ふべからず。❷遅ちに往きて之を尋ぬれば、門牆故のごとくなるも、已に之を鎖扃せり。❸因りて詩を左扉に題して曰はく、

❹去年の今日此の門の中

❺人面桃花相映じて紅なり

❻人面は祇だ今何れの処にか去る

❼桃花は旧に依りて春風に笑む　と。

【現代語訳】

❶翌年の清明節の日になって、(崔護は)ふとこれ(＝去年の清明節の日に会った美しい娘のこと)を思い出し、(恋しい)気持ちを抑えることができなかった。❷(そこで)すぐさま出かけて行ってこれ(＝娘の屋敷)を訪ねると、門と土塀は以前のままであるのに、もうこれ(＝屋敷)を、門にかんぬきをして閉じていた。❸そこで、詩を左の扉に書きつけて言うことには、

❹去年の今日、この門の中で、

❺(美しいあの)人の顔と(あでやかな)桃の花とが紅色に照り映えていた。

❻(あの美しい)顔の人は、まさに今いったいどこに去ってしまったのか。

❼桃の花は昔のまま春風に(吹かれて)ほほえんでいる(＝咲いている)と。

語句の解説　2

❶**来歳**　翌年。今年の次にくるべき年。

❶**忽**　副詞。すぐに。ふと。突然。

❶**不レ可レ抑**　抑えることができない。

❖不レ可レ〜　＝不可能を表す。〜できない。

❷**逕**　ここでは副詞で、すぐさま、すぐに、の意。「径」と同じ。「まっすぐな道」がもとの意。

❷**如レ故**　以前のようだが。以前のままであるが。「故」の読み方に注意。

① 「之」とは何を指すか。

答　去年の清明節の日に会った美しい娘のこと。

*「故」＝ここでは、「もと」と読む。本来。

❷*「已」＝ここでは、「すでニ」と読む。すでに。

❸*「因」＝ここでは、「よりテ」と読む。そこで。

❹去年今日……笑春風　七言絶句。押韻は「中・紅・風」。

❺人面桃花相映紅　娘の美しい顔と桃の花が紅色に照り映えているのである。題名「人面桃花」はこの句による。

【大意】　3　教140ページ1〜11行

数日後、再び女の家を訪ねた崔護は、年老いた父親から、娘が崔護の詩を見て以来病気になり、食事も喉を通らず死んでしまったと告げられる。崔護は嘆き悲しみ、娘を抱き起こして泣きながら祈った。すると娘は生き返り、二人は結婚した。

【書き下し文】

❶後数日、偶都城の南に至り、復た往きて之を尋ぬ。❷其の中に哭声有るを聞き、門を扣きて之を問ふ。❸老父有り、出でて曰はく、「君は崔護に非ずや。」と。❹曰はく、「是なり。」と。❺又哭して曰はく、「君吾が女を殺せり。」と。❻護驚き起ちて、答ふる所を知る莫し。❼老父曰はく、「吾が女は笄年にして書を知り、未だ人に適がず。❽去年より以来、常に恍惚として失ふ所有るがごとし。❾比日之と出づ。❿帰るに及び、左扉に字有るを見て、之を読み門に入りて病む。⓫遂に食を絶つこと数日にして死せり。⓬吾老いたり。⓭此の女の嫁がざりし所以の者は、将に君子を求めて以て吾が身を託せんとすればなり。⓮今不幸にして殞す。⓯君之を殺すに非ざ

*「相」＝ここでは、「あひ」と読む。

「人面」＝人の顔。ここでは娘の顔のことで、娘自身を指す。

❻祇今　まさに今。

「祇」＝副詞。ただ。まさに。

❻何処去　いったいどこに去ったのか。

❖何処〜　＝疑問を表す。どこに〜か。

【現代語訳】

❶それから数日して、(崔護は)たまたま都の南の郊外に来て、再び行ってこれ(＝娘の屋敷)を訪ねた。❷(すると)その(屋敷の)中で、死者を弔って泣く声がするのを聞き、門をたたいてこれ(＝泣いている理由)を尋ねた。❸年老いた父親がいて、出てきて言うには、「あなたは崔護ではありませんか。」と。❹(崔護が)言うには、「そうです。」と。❺(すると年老いた父親が)さらに大声で泣きながら言うには、「あなたは私の娘を殺しました。」と。❻崔護は驚き立ち尽くして、答える言葉がわからなかった(＝答えることができなかった)。❼年老いた父親が言うには、「私の娘は十五歳で読み書きを身につけましたが、まだ人に嫁いでいませんでした。❽去年から、いつもぼんやりとして気が抜けたようになりました。❾最近、これ(＝娘)と出かけました。❿帰ってくると、左の扉に文字が書いてあるのを見て、これを読み門の中に入ると(娘は)病気になってしまいました。⓫そのまま数日間食事をとらずに死んでしまいました。⓬

るを得んや。」と。⑯又特に大いに哭す。⑰崔も亦感慟し、入りて之に哭せんと請ふ。⑱尚ほ儼然として牀に在り。⑲崔其の首を挙げ、其の股に枕せしめ、哭して祝りて曰はく、「某斯に在り、某斯に在り。」と。⑳須臾にして目を開き、半日にして復た活きたり。㉑父大いに喜び、遂に女を以て之に帰がしむ。

（本事詩）

私は老いています。⑬この娘が嫁がなかったわけは、あなた様を探して自分の身を託そうとしたからです。⑭今不幸にも死んでしまいました。⑮あなたがこれ(＝娘)を殺したのではないといえようか(、いや、殺したにちがいありません)。」と。⑯さらにとりわけ大声で泣いた。⑰崔護もまた心を打たれ嘆き、(家の中に)入ってこれ(＝娘の亡骸)に向かって大声で泣く(お悔やみの礼をする)ことを願い出た。⑱(娘の亡骸は)今なお厳かできちんとした様子で寝台にあった。⑲崔護はその(娘の)首を持ち上げ、自分の太ももを枕にさせて、声をあげて泣き、神に祈って言うには、「私はここにいます、私はここにいます。」と。⑳まもなく(娘は)目を開き、半日たつと再び生き返った。㉑父親はたいそう喜び、そのまま娘をこれ(＝崔護)に嫁がせた。

語句の解説 3

教140ページ

❶**復** 副詞。再び。もう一度。

❷**哭声** 死者を弔って泣く声。大声で泣くことが死者への礼だと考えられていた。

❸**君 非ニ崔護一耶** あなたは崔護ではないか。

❖非レ～耶＝疑問を表す。「非」は、否定詞。「耶」は、疑問の終尾詞。～ではないか。

❺＊「女」＝ここでは、「むすめ」と読む。娘。

❻**莫レ知レ所レ答** 答えることができなかった。

「所」＝下の動詞を名詞化する助字。

❼**未レ適レ人** まだ人に嫁いでいない。

「未レ～」＝未到達を表す再読文字。まだ～(し)ない。

＊「適」＝ここでは、「とつグ」と読む。

❽**自二去年一以来** 去年から。「去年」は、一年前の清明節の日を指す。

「自」＝起点を表す前置詞。～から。

❾**与レ之出** 娘と出かけました。「之」は娘を指す。

＊「与」＝ここでは、「と」と読む。

⓫**遂** そのまま。「とうとう」と訳さないように注意すること。

⓬＊「矣」＝ここでは、断定の意の置き字。

⓭**所以不レ嫁者** 嫁がなかったわけは。

＊「所以」＝ここでは、「ゆゑん」と読む。理由や目的を表す。

「者」＝主格を指し示すはたらきをする。

⑬将下求二君子一以託中吾身上（まさニくんしヲもとメテもっテわガみヲたくセントすレバナリ） あなた様を探して自分の身を託そうとしたからです。

＊「将」＝ここでは、「まさニ～す」と読む。再読文字。

「吾身（ガ）」＝娘自身、父親、の二通りの解釈があるが、ここでは娘自身と解した。

⑮得レ非二君殺一レ之耶（えンあらザルヲきみころスニこれヲや） あなたが娘を殺したのではないといえようか、いや、殺したにちがいない。「之」は娘を指す。

「得レ非レ～耶（えンあらザルヲ～や）」＝反語を表す。「耶」は、反語を表す終尾詞。

⑱＊「尚」＝ここでは、「なホ」と読む。また。

課題

一 「去年今日ノ……」（139・9）の詩には、崔護のどのような心情がこめられているか、説明してみよう。

考え方 この詩は崔護の娘に対する思いを、桃の花に託して告白したものである。前半と後半とで分けて考えるとまとめやすいだろう。

解答例 去年のこの日に出会った、桃の花とともにあでやかに照り映えていた美しい娘にまた会いたいと訪れたが会えず、桃の花は去年と同じように咲いているのに、美しいあなたはどこに行ってしまったのかと、会えないことを残念に思う気持ちがこめられている。

二 老父が「君殺二吾女一（きみわガむすめヲころセリ）」（140・3）と言った理由を、説明してみよう。

考え方 老父の発言から考えよう。

解答例 去年から崔護を思い続けていた娘は、崔護によって門扉に書きつけられた詩を読んでから病気になり、死んでしまったから。娘が死ぬ原因を作ったのが崔護であることから、老父はこのように言ったのである。

三 女はなぜ死に、またなぜ生き返ったのか、説明してみよう。

考え方 女（＝娘）が崔護を思い続けていたこと、詩によって崔護の娘に対する思いを知ったこと、二人の愛情が純粋なものであったこと、娘の亡骸が「厳然たる」様子であったことから考えよう。

解答例 死んだ理由＝清明節の日に出会った時から崔護を思い続けていた娘は、翌年、門扉に書きつけられた詩によって、崔護も同じ思いであることを知る。せっかくの再会の機会を逃してしまったことに娘は落胆し、その会えないつらさから食事をとれなくなり、死に至ったのである。

生き返った理由＝崔護の偽りのない純粋な愛情と、「某斯に在り（それがしここにあり）」という言葉が、崔護を求めて肉体から離れさまよっていた娘の魂に届き、崔護に会いたいという思いから魂が肉体に戻ったから。

語句と表現

一 本文中で使われている「耶」以外で、文末におかれ疑問・反語の意味を表す字を調べてみよう。

考え方 教科書200ページの基本句法などを参考に調べよう。

解答例 「乎」「也」「与」「邪」など。

句法

一 書き下し文に直し、太字に注意して、句法のはたらきを書こう。

1 **誰**耶。（　　）（　　）

2 **不**復至。（　　）（　　）

3 情**不可**抑。（　　）（　　）

4 **何**処去（　　）（　　）

5 君**非**崔護耶。（　　）（　　）

答
1 誰ぞや。／疑問
2 復た至らず。／部分否定
3 情抑ふべからず。／不可能
4 何れの処にか去る／疑問
5 君は崔護に非ずや。／疑問

酒虫

蒲松齢

教科書P.142～145

【大意】 1 教142ページ1～3行

劉氏は太っていて大酒飲みで、一かめをあけてしまうほどである。田畑を多く持ち家は富んでいたので、大酒を飲むことは心配することではなかった。

【書き下し文】

❶長山の劉氏、体肥え飲を嗜む。❷独酌する毎に輒ち一甕を尽くす。❸負郭の田三百畝あり。❹輒ち半ば黍を種え、而も家豪富にして、飲を以て累と為さざるなり。

【現代語訳】

❶長山の劉氏は、太って大酒飲みであった。❷独りで飲むごとにいつも一かめを飲みほした。❸城郭周辺の良田を三百畝持っていた。❹そこで田の半分に（酒の原料の）黍を植え（て酒を醸造し）、しかも家は富み、（大酒を）飲むことが心配とならなかった。

語句の解説 1

教142ページ

❶**飲**　酒を飲むこと。

❷＊「**輒**」＝ここでは、「すなはチ」と読む。反復や常態を表す。

❹**不以飲為累也**　大酒を飲んでも、飲み代の心配をする必要

がない。

【大 意】 2 教142ページ4～8行

チベットの僧がこれ(＝劉氏)を見て、これは病気だと言い、酒虫のせいだとした。劉が驚いて治療を求めると、劉の体をうつ伏せにして手足をしばり、そのそばに良酒を置いた。

【書き下し文】

❶一番僧之を見て、其の身に異疾有るを謂ふ。❷劉答へて無しと言ふ。❸僧曰はく、「君飲みて常に酔はざるや否や。」と。❹曰はく、「之れ有り。」と。❺曰はく、「此れ酒虫なり。」と。❻劉愕然として便ち医療を求む。❼曰はく、「易きのみ。」と。❽問ふ、「何の薬を需ゐるや。」と。❾倶に須ゐずと言ひ、但だ日中に於いて俯臥せしめ、手足を縶り、首を去ること半尺許に、良醞一器を置くのみ。

語句の解説 2

❸常不レ酔否　いつも酔わないのかどうか。
❖常不レ～＝全部否定を表す。いつも～ない。
❖～否＝疑問を表す。～かどうか。

① 「有レ之」とはどういうことを指すのか。

答 酒を飲んでも、酔うことがない、ということ。

❹＊「而」＝ここでは、「しかモ」と読む。累加を表す。そのうえ。

【現代語訳】

❶一人のチベット仏教の僧侶がこれ(＝劉)を見て、その(＝劉の)体に奇妙な病気があると言った。❷劉は(病気は)ないと答えた。❸僧が言うには、「君は(酒を)飲んでいつも酔わないのかどうか。」と。❹(劉が)言うには、「(その症状は)ある。」と。❺(僧が)言うには、「それは酒虫のせいだ。」と。❻劉は驚いてすぐに医療を求めた。❼(僧が)言うには、「簡単だ。」と。❽(劉が)尋ねるには、「どんな薬を用いるのか。」と。❾(僧は)みな必要としないと言って、ただひなたにうつ伏せに寝かせ、手足をしばり、頭から半尺ほど離して、良い酒を器に入れて置いただけだった。

❻＊「便」＝ここでは、「すなはチ」と読む。
❼❖～耳＝限定を表す。～だけだ。
❾倶言レ不レ須　みな必要としないと言い。
＊「須」＝ここでは、「もちヰル」と読む。
❾但……置二良醞一器一　ただ……良い酒を器に入れて置いただけだった。
❖但～(スル)ノミ＝限定を表す。～だけだ。

【大 意】 3 教143ページ1～4行

しばらくして劉は喉が渇いたので酒を飲みたいと思ったが飲むことができないで苦しんだ。すると喉がかゆくなり魚のようなものを吐いた。

【書き下し文】

❶時を移して燥渇し、飲まんと思ふこと極を為す。❷酒香鼻に入り、饞火大いに熾んにして、飲むを得ざるを苦しむ。❸忽ち咽中暴かに痒きを覚え、哇けば物の出づる有りて、直ちに酒中に墜つ。❹縛を解きて之を視れば、赤肉にして長さ三寸ばかり、蠕動すること游魚のごとく、口眼悉く備はる。

【現代語訳】

❶(劉は)しばらくして喉が渇き、(酒を)飲みたいととても思った。❷酒の香りが鼻に入り、(酒が飲みたいという)激しい欲望が盛んにわいてきて、飲むことができないのに苦しんだ。❸たちまち喉の中がとてもかゆくなって、吐くと出てくる物があって、すぐに酒の中に落ちた。❹しばっていたのを解いてこれ(＝落ちた物)を見ると、赤い肉で長さは三寸ばかり、くねくねと動いて遊魚のようで、口も眼もすべて備わっていた。

語句の解説 3

教143ページ

❷苦レ不レ得レ飲 飲むことができないのに苦しんだ。

❖不レ得レ～ヲ ＝不可能を表す。～できない。

❸*「直」＝ここでは、「ただチニ」と読む。すぐに。

❹如ニ游魚一 遊魚のようで。

*「如」＝ここでは、「ごとシ」と読む。～のようだ。

【大 意】 4 教144ページ1～5行

劉は(僧に)感謝しお金を払おうとしたが、僧は受け取らず、出て来た虫を欲しがった。この虫は酒の精で、水中に入れると良酒になった。これ以後劉は酒をやめだんだん痩せ、家もどんどん貧しくなっていった。

【書き下し文】

❶劉驚き謝し、酬ゆるに金を以てするも、受けず、但だ其の虫を乞ふのみ。❷問ふ、「将た何に用ゐるや。」と。❸曰はく、「此れ酒の精なり。」❹甕中に水を貯へ、虫を入れて之を攪せば、即ち佳醸を成す。」と。❺劉之を試みしむれば、果たし

【現代語訳】

❶劉は驚いて感謝し、報酬にお金を用いよう(＝払おう)としたが、(僧は)受け取らず、ただその(出て来た)虫を欲しがった。❷(劉が)尋ねるには、「いったい何に使うのか。」と。❸(僧が)言うには、「これは酒の精だ。❹かめの中に水をため、虫を入れてかめをかき回すと、すぐに良い酒になる。」と。❺劉がそれを試させると、果たし

て然り。

❻劉是れより酒を悪むこと仇のごとく、体漸く痩せ、家も亦日に貧にして、後飲食すら給する能はざるに至る。

語句の解説 4

教144ページ

❶＊「以」＝ここでは、「もつテス」と読む。

❶**不レ受、但乞二其虫一** 主語は僧。

❹＊「即」＝ここでは、「すなはチ」と読む。連続を表す。すぐに。

❺**使レ試レ之** これを試させると。

「使レ～」＝使役を表す。～させる。

❺**果 然** 「然」は、前の僧の発言「甕中……佳醸」を指す。

【大 意】 5 教144ページ6～9行

酒を飲むことと貧富とは関係がなく、大酒を飲んでいたのは、酒虫が原因だったのではないかと、作者は言う。

【書き下し文】

❶異史氏曰はく、「日に一石を尽くすも、其の富を損することなく、一斗を飲まざるに以て益貧に適く。❷豈に飲啄は固より数有るか。❸或ひと言ふ、『虫は是れ劉の福にして、劉の病に非ず。❹僧之を愚として以て其の術を成せり。』と。❺然るや否や。」と。

（聊斎志異）

語句の解説 5

❶＊「適」＝ここでは、「ゆク」と読む。至る。

てその通りだった。

❻劉はこのこと以後酒を憎むことまるで敵に対するようで、体はだんだん痩せ、家もまた日に日に貧しくなり、後には飲食さえまかなうことができなくなるに至った。

＊「然」＝ここでは、「しかリ」と読む。その通りである。

❻＊「自」＝ここでは、「よリ」と読む。起点を表す。

❻＊「悪」＝ここでは、「にくム」と読む。嫌う。

❻＊「亦」＝ここでは、「また」と読む。

❻**不レ能レ給** まかなうことができなくなる。

❖不レ能レ～＝不可能を表す。～できない。

【現代語訳】

❶作者が言うには、「一日に一石を飲み尽くしても、その富を損じることがなく、（その十分の一の）一斗を飲まないのにますます貧しくなっていく。❷おそらく飲食することはもとからの巡り合わせがあるのだろう。❸ある人が言うには、『虫は、劉の福であって、劉の病ではなかった。❹僧はその無知につけ込んで術を施したのだ。』と。❺そのとおりかどうか。」と。

❷**豈 飲啄固 有レ数乎** おそらく飲食することはもとからの巡り

合わせがあるのだろう。

❖豈〜乎（ニ スル）＝推量を表す。おそらく〜だろう。

＊「固」＝ここでは、「もとヨリ」と読む。本来。

❷「其術」とはどのようなことを指すか。

課題

一 酒虫を取り除く前と後で、劉氏の外見と生活はどのように変化したか、まとめてみよう。

考え方 それぞれ整理して、箇条書きなどでまとめよう。表などにしてもわかりやすいだろう。

解答例

	酒虫を取り除く前	酒虫を取り除いた後
外見	・太っていた。	・だんだん痩せていった。
生活	・大酒飲みだった。 ↓独りで飲むごとにいつも一かめの酒を飲み干した。 ・酒をたくさん飲んでも心配はなかった。 ↓酒は自給自足できた。 ↓大富豪だった。	・酒を敵のように憎むようになった。 ・家は日に日に貧しくなり、飲食さえまかなうことができなくなってしまった。

答 チベット仏教の僧侶が劉氏を寝かせて手足をしばり、少し離して酒を置いて虫を吐き出させたこと。

❺然歟否歟（しかルや いなや） そのとおりかどうか。

❖〜歟否歟＝疑問を表す。〜かどうか。

二 酒虫を取り除くことは、劉氏にとってどのような意味をもっていたのか。「異史氏」（144・6）と「或（ヒト）」（144・7）の考えを参考に、話し合ってみよう。

考え方 話し合いに向けて、「異史氏」「或（ヒト）」の考えをそれぞれ整理しておくとよいだろう。

「異史氏」＝劉氏が酒を飲まなくなったことと、家が貧しくなったこととは関係がないと考えている。「或（ヒト）」の意見に対して疑問を持っていることから、虫は病であり、福ではなかったと考えていることもわかるだろう。

「或（ヒト）」＝虫は劉氏にとって福だったのに、それを知らなかったため、酒の精を手に入れたかったチベット仏教の僧侶にだまされて奪われてしまったと考えている。

語句と表現

一 「輒」（142・1）、「便」（142・6）、「即」（144・2）について、それぞれどのような意味で用いられているか、確かめてみよう。

考え方 漢和辞典などを参考に調べよう。

解答例 「輒」＝反復や常態を表す。〜ごとに。〜のたびに。

「便」＝連続を表す。すぐに。
「即」＝連続を表す。すぐに。
　これ以外の意味で用いられることもあるので注意しよう。また、同じ読み方をする語はほかにも「則」「乃」などがある。

句法

一 **書き下し文に直し、太字に注意して、句法のはたらきを書こう。**

1 君飲ミテ常ニ**不**レ酔ハ**否**ヤ。（　　　）（　　　）
2 易キ**耳**。（　　　）（　　　）
3 **但**ダ**令**メ於イテ日中ニ俯臥セ（　　　）（　　　）
4 苦シム**不**ルヲ**得**レ飲ムヲ。（　　　）（　　　）
5 飲食スラ至ル**不**ルニ**能**ハ給スル。（　　　）（　　　）
6 **豈**ニ飲啄ハ固ヨリ有ル数**乎**。（　　　）（　　　）
7 然ル**歟否歟**。（　　　）（　　　）

答
1 君飲みて常に酔はざるや否や。／全部否定／疑問
2 易きのみ。／限定
3 但だ日中に於いて俯臥せしめ、／限定
4 飲むを得ざるを苦しむ。／不可能
5 飲食すら給する能はざるに至る。／不可能
6 豈に飲啄は固より数有るか。／推量
7 然るや否や。／疑問

葉限（しょうげん）　段成式（だんせいしき）

教科書P.146〜149

【大意】 1 教146ページ1行〜147ページ8行

　洞主の呉氏の娘である葉限は、呉氏が亡くなると、継母にいじめられるようになった。あるとき、葉限は一匹の魚を飼うようになった。魚は、葉限が訪れたときだけ、池の中から姿を現した。それを知った継母は、葉限になりすまして魚を殺して食べ、その骨を隠した。

【書き下し文】

❶南人相伝ふ。❷秦・漢の前に洞主呉氏有り。❸土人呼び

【現代語訳】

❶南方の人々が伝える（話である）。❷秦・漢の前に、洞主（＝部族の長）の呉氏がいた。❸土地の人々は（呉氏を）呼んで「呉洞」と

て呉洞と為す。❹両妻を娶り、一妻卒す。❺女有り、葉限と名づく。❻少くして恵く善く金を淘ぐ。❼父之を愛す。❽末歳父卒す。❾後母の苦しむ所と為る。❿常に険に樵し深きに汲ましむ。⓫時に嘗て一鱗の二寸余りなるを得たり。⓬赬鬐にして金目なり。⓭遂に潜かに盆水に養ふ。⓮日日に長じ、数器を易ふ。⓯大にして受くる能はず。⓰乃ち後池の中に投ず。⓱女得る所の余食、輒ち沈めて以て之に食らはしむ。⓲女池に至れば、魚必ず首を露して岸に枕み、他人の至れば復た出でず。⓳其の母之を知り、毎に之を伺ふも、魚未だ嘗て見れざるなり。⓴因りて女を詐りて曰はく、「爾労るる無からんか。㉑吾爾の為に其の襦を新たにせん。」と。㉒乃ち其の弊衣を易ふ。㉓後他泉に汲ましむ。㉔里を計るに数百なり。㉕母徐ろに其の女の衣を衣、利刃を袖にして向池に行きて魚を呼ぶ。㉖魚即ち首を出だす。㉗因りて之を斫殺す。㉘魚已に長ずること丈余、其の肉を膳するに、味常魚に倍す。㉙其の骨を鬱棲の下に蔵す。

した。❹（呉氏は）二人の妻を娶り、（そのうちの）一人の妻が死んだ。❺娘がおり、葉限と名づけた。❻（葉限は）幼くして賢く、泥を洗い落として砂金を採ることができた。❼父はこれ（＝葉限）をかわいがった。❽年の暮れ、父（＝呉氏）が死んだ。❾（すると、）継母に苦しめられるようになった。❿（継母は葉限に）いつも険しい山で薪をとらせ、深い谷で水を汲ませた。⓫（葉限は）あるとき、一匹の魚で二寸ばかりの魚を手に入れた。⓬（その魚は）赤いひれで金色の目であった。⓭（葉限は魚を）そのままひそかに鉢の中で育てた。⓮日々（魚は）成長し、器をいくつか取り替えた。⓯（魚は）大きくて（器は）受け入れることができなかった。⓰そこで、裏の池の中に入れた。⓱娘（＝葉限）はもらった余りの食べ物を、そのたびに（池に）沈めてこれ（＝魚）に食べさせた。⓲娘が池に来ると、魚は必ず頭を出して岸辺にやってきて、他の人が来ると二度とは出てこなかった。⓳その母（＝継母）はこれ（＝魚のこと）を知り、いつもこれ（＝魚）を伺ったが、魚は今までに一度も現れたことがなかった。⓴そこで、娘を騙して言うには、「おまえは疲れてはいないか。㉑私はおまえのためにその襦（＝短い上着）を新しくしよう。」と。㉒そこで、そのぼろぼろの着物を取り替えた。㉓その後、（継母は葉限に）他の泉で水を汲ませた。㉔（泉までの）道のりを測るに、数百であった。㉕（継母はゆっくりとその娘の着物を着て、鋭利な刃物を袖に入れて、池に行って魚を呼んだ。㉖魚はすぐに頭を出した。㉗そこで、（継母は）これ（＝魚）を切り殺した。㉘魚はもはや成長すること一丈余りであり、その（＝魚の）肉を食事に出すと、味はいつもの魚の倍ほどであった（＝非常に美味であった）。㉙（継母は）その（＝魚の）骨を糞

…の混じった土の下に隠した。

語句の解説 1

教146ページ

❶＊「相」＝ここでは、「あひ」と読む。対象を表す。

❹＊「卒」＝ここでは、「しゅつス」と読む。死ぬ。

❺＊「女」＝ここでは、「むすめ」と読む。

❻少(わかクシテ)　ここでは、幼くして、の意。

＊「少」＝ここでは、「わかシ」と読む。年が若い。幼い。

❻善(よク)　〜できる。「能」にも同じ意味がある。

❾為(なル)二**後母**(こうぼ)ノ**所**(ところト)レ**苦**(くるシムル)　継母に苦しめられる。

❖為二Ａ所一レＢ(スル)＝受身を表す。ＡにＢされる。

「後母」＝継母。

❿令(しム)二**樵**(きこりシ)レ**険**(けんニ)　**汲**(くマ)レ**深**(ふかキニ)　険しい山で薪をとらせ、深い谷で水を汲ませた。

「令(ム)レ〜(セ)」＝〜させる。

⓫＊「嘗」＝ここでは、「かつテ」と読む。これまでに。

教147ページ

⓭遂(ついニ)　そのまま。そこで。

⓮日日(にちにちニ)　日々。少しずつ。

⓮＊「易」＝ここでは、「かフ」と読む。

⓯大(だいニシテ)**不**(ず)レ**能**(あたハ)レ**受**(うクル)　（魚は）大きくて（器は）受け入れることができなかった。

❖不レ能レ〜(ハ)(スル)＝不可能を表す。〜できない。

⓰＊「乃」＝ここでは、「すなはチ」と読む。関係を表す。

⓱＊「輒」＝ここでは、「すなはチ」と読む。反復や常態を表す。

⓲不(ず)二**復**(ま)タ**出**(い)デ一　二度とは出てこなかった。

❖不二復(タ)〜(セ)一＝部分否定を表す。二度とは〜ない。

⓳魚未(いおいまダかつテ)二**嘗**(ざル)**見**(あらわレ)一**也**(なり)　（魚は）今まで現れたことがなかった。

＊「見」＝ここでは、「あらはル」と読む。現れる。

⓴＊「因」＝ここでは、「よりテ」と読む。そこで。

⓴＊「爾」＝ここでは、「なんぢ」と読む。二人称の代名詞。他に、「女」「汝」「若」などを用いることもある。

⓴＊「乎」＝ここでは、「か」と読む助字。ここでは、推測の意味を表している。

㉕徐(おもむロニ)　ゆっくりと。おもむろに。

㉖＊「即」＝ここでは、「すなはチ」と読む。すぐに。

1 **後母が「斫二殺之一」とした意図はどのようなことか。**

答　魚を食べること。

㉘＊「已」＝ここでは、「すでニ」と読む。すでに。

【大　意】　2　教147ページ9行〜148ページ5行

数日後、葉限は池に行ったが魚は現れず、葉限は嘆く。すると、天から下りてきた人物が、継母が魚を殺したことと、魚の骨の隠し場所を告げ、また、ほしいものがあればその骨に祈れと言う。葉限が祈ると、実際に何でも手に入った。継母が村の祭りに外出中、自分も着飾って出かけた葉限は、継母らと出くわし、慌てて帰る際に靴を片方なくす。だが、継母は自分の見た人物が葉限だとは気づかなかった。

【書き下し文】

❶逾日、女向池に至るも、復た魚を見ず。❷乃ち野に哭す。❸忽ち人有りて被髪粗衣、天より降り、女を慰めて曰はく、「爾哭する無かれ。❹爾の母爾の魚を殺せり。❺骨は糞の下に在り。❻爾帰らば、魚骨を取りて室に蔵すべし。❼須むる所は第だ之に祈れ。❽当に爾に随ふべきなり。」と。❾女其の言を用ゐて、金璣衣食欲するに随ひて具はる。❿洞の節に及んで母往き、女をして庭果を守らしむ。⓫女母の行くこと遠きを伺ひて、亦往く。⓬翠紡の上衣を衣、金の履を躡く。⓭母生む所の女之を認め、母に謂ひて曰はく、「此れ甚だ姉に似たるなり。」と。⓮母も亦之を疑ふ。⓯女覚りて遽かに反る。⓰遂に一隻の履を遺ふ。⓱洞人の得る所と為れり。⓲母帰るに、但だ女の庭樹を抱へて眠るを見て、亦之を慮らず。

【現代語訳】

❶幾日かたち、娘が池に来ても、二度とは魚を見ることはなかった。❷そのため、（葉限は）野原で大声で泣いた。❸突然、ざんばら髪で粗布の着物を着た人がいて、（その人は）天から下りてきて、娘を慰めて言った、「おまえ、大声で泣くのはやめなさい。❹おまえの（継）母がおまえの魚を殺したのだ。❺（魚の）骨は糞の下にある。❻おまえは帰ったら、魚の骨を取って部屋に隠すとよい。❼（おまえが）求めるものはひたすらこれ（＝魚の骨）に祈りなさい。❽きっとおまえの思いのままになるだろう。」と。❾娘はその言葉どおりにし、（すると）黄金や宝石、着物や食べ物が欲しいと思うままに与えられた。❿村の節句の祭りに（継）母が行き、（継母は）娘に庭の果実の木を守らせた。⓫娘は母が遠くまで行くのを伺って、（自分も）また（祭りに）行った。⓬翡翠の美しい羽で紡いだ上着を着て、黄金の靴を履いた。⓭（継）母が生んだ娘がこれ（＝葉限）に気づき、母に言うには、「これ（＝葉限）は非常に姉に似ている。」と。⓮（継）母もまたこれ（＝その人物が葉限だということ）を疑った。⓯娘は気づいて急いで帰った。⓰（葉限は）最終的に片一方の靴をなくした。⓱（その靴は）村人に拾われた。⓲（継）母は帰ると、（娘が）ただ庭の樹木を抱えて眠っているのを見て、またこれ（＝葉限を見かけたこと）を深く考えなかった。

語句の解説 2

❶＊「矣」＝ここでは、断定・推量・詠嘆などを表す置き字。

❸忽　たちまち。急に。

❸＊「自」＝ここでは、「より」と読む。起点を表す。

❻可下取二魚骨一蔵中於室上　魚の骨を取って部屋に隠すとよい。

＊「可」＝ここでは、「ベシ」と読む。適当・勧誘を表す。

❼所レ須　求めるものは。

＊「須」＝ここでは、「もとムル」と読む。求める。必要とする。

❽当レ随レ爾也　きっとおまえの思いのままになるだろう。

＊「当」＝ここでは、「まさニ〜ベシ」と読む。再読文字。

教148ページ

❾＊「具」＝ここでは、「そなハル」と読む。与えられる。

❿令三女守二庭果一　（継母は）娘に庭の果実の木を守らせた。

❖令二[A][B]一＝使役を表す。[A]に[B]させる。

⑪＊「亦」＝ここでは、「また」と読む。

② 「亦往」とは、どこに行ったのか。

答 村の節句の祭り。

⑬母所レ生女認レ之　（継）母が生んだ娘がこれ（＝葉限）に気づき。

「所レ〜」＝〜するもの。〜すること。ここでは、葉限の継母が生んだ娘（＝葉限の異母妹）を指す。

⑬甚　非常に。度を超えていることを表す。

⑮遽　ここでは、急いで、慌てて、の意。

⑱但　ただ。限定を表す。

⑱不二之慮一　これ（＝葉限を見かけたこと）を深く考えなかった。

「慮」＝深く考える。思いを巡らせる。

【大意】 3　教148ページ6行〜149ページ4行

隣の島の陀汗国の国主（＝王）が葉限の靴を手に入れ、女性たちに履かせたが、誰の足にも合わない。葉限が捕らえられ、その靴を履くと、ぴったりと合った。葉限は事の次第を国主に話した。国主は魚骨と葉限を国に連れ帰って、葉限を妻とした。

【書き下し文】

❶其の洞の隣に海島あり。❷島中に国有りて陀汗と名づく。❸兵強く数十島に王たりて水界数千里なり。❹洞人遂に其の履を陀汗国に貨る。❺国主之を得て、其の左右に命じて之を履かしむ。❻足の小さき者の履かんとするに、一寸を減ず。❼乃ち一国の婦人をして之を履かしむるも、竟に一も称ふ者

【現代語訳】

❶その村の隣に海中にある島があった。❷島の中には国があり、陀汗と名がついていた。❸（陀汗の）兵は強く、数十の島を王者として支配し、水域は数千里であった。❹村人はとうとうその（＝葉限の）靴を陀汗国に売った。❺国主はこれ（＝靴）を手に入れ、その（＝自分の）側近に命じてこれ（＝靴）を履かせた。❻足が小さい者が履こうとすると、一寸ばかり小さくなってしまう。❼そこで、国中の婦人にこれ（＝靴）を履かせたが、結局一人の合う者もいなかった。

無し。❽其の軽きこと毛のごとく、石を履むも声無し。❾乃ち是の履を以て之を道旁に棄て、即ち人家を遍歴して之を捕らふ。❿若し女の履く者有れば、之を捕らへて以て告ぐ。⓫葉限を得て、之を履かしむるに信なり。⓬葉限因りて翠紡の衣を衣、履を躡きて進むに、色天人のごときなり。⓭始めて事を王に具にし、魚骨と葉限とを載せて倶に国に還れり。

⓮陀汗王国に至りて葉限を以て上婦と為す。⓯成式の旧家人李士元の説く所なり。⓰士元は本邕州洞中の人なり。⓱多く南中の怪事を記し得たり。

（酉陽雑俎）

❽その（＝靴の）軽いことはまるで毛のようであり、石を踏んでも音も出なかった。❾そこで、この靴を道ばたに捨て、すぐに人家を巡ってこれ（＝靴を履ける者）を捕らえた。❿もし娘で（靴を）履ける者がいれば、これを捕まえ、告げた。⓫葉限を捕まえ、これ（＝靴）を履かせると、本当であった（＝靴が葉限の足に合った）。⓬葉限はそこで翡翠の美しい羽で紡いだ上着を着て、靴を履いて進み出ると、（その）姿は天人のようであった。⓭初めて（葉限は）事情を王に詳しく話し、（すると王は）魚の骨と葉限とを（車に）載せて、一緒に国に帰った。

⓮陀汗の王は国に着くと、葉限を妻にした。

⓯（この話は、）成式（＝作者）の家にかつて仕えていた、李士元が述べたものである。⓰士元は、もともとはこの邕州の村の中の人である。⓱（だから）たくさん南方の人々の不思議な出来事を記すことができた。

語句の解説 3

❹**其履**　葉限がなくした靴を指す。

❺**命二其左右一履レ之**　（国主は）その（＝彼の）側近に命じてこれ（＝靴）を履かせた。

「命」＝使役を表す。命じて〜させる。

「左右」＝側近。

❼**竟**　結局。とうとう。

❼**称**　ここでは、釣り合う、の意。

❽**其軽如レ毛**　その（＝靴の）軽いことはまるで毛のようであり。

＊「如」＝ここでは、「ごとシ」と読む。〜のようだ。

❾**遍歴**　巡り歩いて。

❿**若有二女履者一**　もし娘で（靴を）履ける者がいれば。

＊「若」＝ここでは、「もシ」と読む。仮定を表す。もし〜なら。

3　「信」とは、ここでは何がどうなったことか。

答　葉限の足に靴がぴったり合ったこと。

⓬**若二天人一也**　天人のようであった。

「若」＝〜のようだ。

教149ページ

⓭**具㆓事於王㆒**　(葉限は)事情を王に詳しく話し。

＊「具」＝ここでは、「つぶさニ」と読む。詳しく。すべて。

⓭**載㆔魚骨与㆓葉限㆒**　(王は)魚の骨と葉限とを(車に)載せて。

＊「与」＝ここでは、「と」と読む。ここでは、並列を表す助字として用いられている。

⓭**倶還㆑国**　一緒に国に帰った。

「倶」＝一緒に、連れ立って。

「還」＝帰る。引き返す。

⓯**成式**　作者の段成式を指す。

⓰**本**　ここでは、もともと、の意味。

⓱**怪事**　不思議な出来事。ここまで語ってきた「葉限」の話をはじめ、李士元は南方の人々の不思議な出来事をたくさん知っていたというのである。

課題

一　**「一鱗」(146・8)はどのような魚か、まとめてみよう。**

考え方　「二寸余」(146・8)、「禎鬐金目」(146・8)、「遂潜……不㆑能㆑受。」(147・1)、「女至㆑池……不㆓復出㆒。」(147・2)などの記述から、魚の特徴を読み取ってまとめよう。

解答例　最初は二寸(約六センチメートル)余りの大きさで、赤いひれで金色の目をした魚だった。次第に成長して器に収まらなくなり、裏の池に放つことになった。葉限が池に行くと、魚は頭を出して岸辺にやってきたが、他の人の前に姿を現すことはなかった。

二　**「当㆑随㆑爾也。」(147・12)とは、どのようなことを言っているのか。本文中の具体例をもとに、説明してみよう。**

考え方　「当㆑随㆑爾也。」は、「きっとおまえの思いのままになるだろう。」という意味。直前に「第祈㆑之」(＝ひたすらこれ〈＝魚骨〉に祈れ)とあり、「用㆓其言㆒」(＝その言葉どおりにした)葉限に、「金璣衣食随㆑欲而具」(＝黄金や宝石、着物や食べ物が、欲しいと思うままに与えられた)とあることから読み取ろう。

解答例　着物や食べ物など、葉限が欲しいと思ったものを魚骨に祈れば、その欲しいものが思いのままに手に入るということ。

三　**知っているシンデレラの話と比較し、共通点と相違点を整理してみよう。**

考え方　継母にいじめられた娘の話は、「鉢かづき」や「落窪物語」など日本にも存在しているが、特に有名なのは「シンデレラ」であろう。口伝えの伝承だった「シンデレラ」は、フランスのシャルル・ペローや、ドイツのグリム兄弟によって童話としてまとめられ、今日に至るまで広く親しまれている。一口に「シンデレラ」といっても、伝承の形態などによって様々な箇所に細かな違いがあるので、ここでは自分が知っている話をもとに考えていく。比較するときは、登場人物や作中で起こる出来事、結末などに注目するとよい。

【「シンデレラ」のあらすじ(一例)】

継母やその連れ子である姉たちにいじめられていたシンデレラは、魔法使いの力を借りて舞踏会に出かける。舞踏会で王子に見初められたシンデレラは、魔法がとける前にと急いで帰ったため、ガラスの靴を片方なくしてしまう。王子はガラスの靴を手がかりにシンデレラを探し、二人は再会する。シンデレラは王子と結婚する。

解答例

（共通点）

・主人公が継母にいじめられること。
・第三者の助けを得ること。
・継母が主人公を連れて行かなかった場所に一人で行くこと。
・権力のある男性と結婚すること。

（相違点）

・「葉限」では天からやってきた人物が助けてくれるが、「シンデレラ」では魔法使いが助けてくれる。
・「葉限」ではお祭りで靴をなくすが、「シンデレラ」では舞踏会で靴をなくす。
・「葉限」では靴がきっかけで国主に興味を持たれるが、「シンデレラ」ではシンデレラに興味を持った王子がシンデレラを探すために靴を使う。

語句と表現

一　「卒」（146・4）について、本文中とは違う使い方をする場合の読みと意味を調べてみよう。

考え方　ここでの「卒」は、「しゅっス」と読んで、死ぬ、の意。「卒」の意味を漢字辞典などで調べて、それ以外の用法について整理しよう。

解答例　・読み「つひニ」　意味「結局、すべて」
・読み「にはかニ」　意味「急に、あわただしい」

句法

一　書き下し文に直し、太字に注意して、句法のはたらきを書こう。

1　**為**ル二後母ノ**所**ト一レ苦シムル。（　　　）（　　　）
2　大ニシテ**不**レ**能**ハレ受クル。（　　　）（　　　）
3　他人ノ至レバ**不**二**復**タ出一デ。（　　　）（　　　）
4　**令**ム三女ヲシテ守ラ二庭果一ヲ。（　　　）（　　　）

答
1　後母の苦しむる所と為る。／受身
2　大にして受くる能はず。／不可能
3　他人の至れば復た出でず。／部分否定
4　女をして庭果を守らしむ。／使役

学びを広げる　小説の翻案

教科書P.149

中国の小説を翻案して近代以降に書かれた作品を探し、もととなった話の使われ方に注目して、読み比べてみよう。

考え方　「翻案」とは、小説などの作品を、原作の筋を大きく変えることなく改作することをいう。中国の小説を翻案した明治時代以降の作品としては、次のようなものがある。

・芥川龍之介
「酒虫」…『聊斎志異』の「酒虫」を翻案したもの。
「杜子春」…『杜子春伝』を翻案したもの。
「奇遇」…『剪燈新話』の「渭塘奇遇記」を翻案したもの。

・中島敦
「山月記」…『人虎伝』を翻案したもの。

・太宰治
「竹青」…『聊斎志異』の「竹青」を翻案したもの。
「清貧譚」…『聊斎志異』の「黄英」を翻案したもの。

翻案した作品の内容と、その原作となっている作品の内容について、登場人物や作中で起こる出来事、結末などがどのように違っているか、箇条書きにして書き出すなどして、比較してみるとよい。

たとえば、教142～144ページに掲載されている『聊斎志異』の「酒虫」と、芥川龍之介が翻案した「酒虫」の違いには、以下のようなものがある。

・芥川の「酒虫」は、劉氏が縛られている場面から始まり、なぜそのような状況に至ったのかを説明する形で展開する。

・芥川の「酒虫」には、儒者の孫先生という登場人物が新たに加えられている。

・芥川の「酒虫」には、最後の「異史氏」の言葉がない。代わりに、長山の人々によって語られたものから代表的なものを挙げる、という形で、「酒虫」と「劉氏」の関係についての三つの考えが挙げられている。

五　「三国志」の世界

「三国志」の世界

教科書P.152〜167

●『三国志演義』・『三国志』・『十八史略』について

後漢が滅亡し、魏・呉・蜀の三国に国が分かれた時代を三国時代といい、この時代の歴史を記録した中国の正史が『三国志』である。西晋（諸葛亮のライバルであった司馬懿の孫、司馬炎が、魏帝から禅譲されて建国。二六五〜三一六）の歴史家陳寿によって編まれ、六十五巻からなる。魏・呉・蜀の歴史が国別に紀伝体で書かれている。時代の生き証人である陳寿の編であることから信憑性が高い反面、登場人物が生存中であったり、西晋への遠慮があったりということから、あやふやな点も指摘されている。

また、三国時代を含む、古代から宋（九六〇〜一二七九）までの歴史を記した十八の史書から、有名な話などを抜き出して簡略化し、初学者用の入門書として編集したものが『十八史略』である。曾先之により編まれ、七巻からなる。こちらは『三国志』とは異なり、編年体で書かれている。

後世、三国時代を題材にした作品がいくつか生まれたが、その代表的なものが『三国志演義』である。羅貫中が完成させたもので、百二十回からなる。『三国志』に物語風の脚色が加わっており、日本でも江戸時代から翻訳され、親しまれてきた。私たちが一般に「三国志」という場合、『三国志演義』をさすことが多い。日本の作家による「三国志」にまつわる作品の多くも『三国志演義』をもとにしている。『三国志演義』は蜀を中心として書かれているため、蜀の諸将の活躍は誇張され、敵国の魏が悪者として描かれる傾向がある。

『三国志』『十八史略』『三国志演義』の登場人物は非常に多いが、基本的な知識として、中心的な人物の関係をおさえておこう。

- **魏**（二二〇―二六五）　君主…**曹操**　武将…夏侯傑・徐晃・張郃
- **呉**（二二二―二八〇）　君主…**孫権**　軍師…**周瑜**
- **蜀**（二二一―二六三）　君主…**劉備**　軍師…**諸葛亮**（**孔明**）
  武将…**関羽**（**雲長**）・**張飛**（**益徳**／**翼徳**）・**趙雲**（**子龍**）など

桃園結義

【大意】 教154ページ12行〜155ページ10行

劉備・張飛・関羽の三人は、花盛りの桃畑で、天神地祇を祭って義兄弟の契りを結び、苦しむ庶民を助け、国家の恩に報い、生死を共にすることを誓い合った。

【書き下し文】

❶張飛曰はく、「我が荘の後ろに一桃園有り、開花すること茂盛たり。❷明日白馬を宰して天を祭り、烏牛を殺して地を祭り、我が兄弟三人生死の交はりを結ぶべくんば、如何。」と。❸三人大いに喜ぶ。❹次日桃園中に於いて金紙銀銭を列下し、烏牛白馬を宰殺し、地上に列ぬ。❺三人香を焚き再拝して誓ひを説きて曰はく、「念ずるに劉備・関羽・張飛は、異姓と雖然も、結びて兄弟と為り、心を同じくし力を協はせ、困しみを救ひ危ふきを扶け、上は国家に報い、下は黎庶を安んず。❻同年同月同日に生まるるを求めず、只だ同年同月同日に死せんことを願ふのみ。❼皇天后土、以て此の心に鑑み、義に背き恩を忘れなば、天人共に戮せん。」と。❽誓ひ畢はり、共に玄徳を拝して兄と為し、関羽之に次ぎ、張飛弟と為す。

（三国志演義）

語句の解説

教154ページ

❶**開花 茂盛** 桃の花がさかんに咲いている様子をいう。

❷**可宰白馬祭天、……如何** 白馬の肉を天への供物としてさばいて天の（神を）祭り、……できるならば、どうだろうか。

＊「可」＝ここでは、「ベシ」と読む。

❖如何＝疑問を表す。どうだろうか。

【現代語訳】

❶張飛が言うことには、「私の屋敷の後ろに桃畑があり、今ちょうど花盛りだ。❷明日、白馬の肉を天への供物としてさばいて天（の神）を祭り、カラスのように黒い牛を殺して大地（の神）を祭り、私たち兄弟三人が生死を共にする契りを結ぶことができるならば、どうだろうか。」と。❸三人は非常に喜んだ。❹次の日桃畑で天地の神祇を祭るための紙銭を下げて並べて、黒い牛と白い馬を供物として殺してさばき、地面に並べた。❺三人は香を焚き、再拝して誓いを述べて言うことには、「劉備・関羽・張飛は、異なる姓ではあるけれども、契りを結んで兄弟となり、心を一つにし力を合わせて、苦しむ人を救い危機に陥っているものを助け、上は国家の恩に報い、下は庶民を平安にすることを願っている。❻同年同月同日に生まれることは望んではおらず、同年同月同日に死ぬことを願うだけだ。❼天の神と地の神が、この気持ちに照らし、（我らが）仁義に背き恩を忘れてしまったならば、天人が（三人）一緒に殺すだろう。」と。❽誓い終わって、一緒に玄徳（＝劉備）を長兄にいただき、関羽を彼に次ぎ（次兄とし）、張飛を（末の）弟とした。

① 「生死之交」とはどのような交わりか。

答　生死を共にするような交わり。具体的には、「只願同年同月同日死。」（教155ページ6〜7行目）というような深い交わり。

教155ページ

❹**列於地上**　地上に並べる。「列」はここでは、一列に並べる、の意。連ねる。「於」は、ここでは場所を表す置き字。

❻**只願同年同月同日死**　同年同月同日に死ぬことを願うだけだ。

❖只〜（スル）ノミ＝限定を表す。〜だけだ。

❽**誓畢**　誓い終わって。「畢」は、ここでは「終」と同じ。終わる。

Q　**「此心」とは、どのような心か。誓いの内容をもとに、整理してみよう。**

考え方　三人が述べた誓いの内容に注目しよう。

解答例　国家や民衆を救うため、三人がともに死ぬような覚悟をもって力を尽くそうという心。

句法

一　**書き下し文に直し、太字に注意して、句法のはたらきを書こう。**

1　**如何**。（　　　）（　　　）

2　**只**願同年同月同日死。（　　　）（　　　）

答　1　如何と。／疑問　2　只だ同年同月同日に死せんことを願ふのみ。／限定

三往、乃見

【大意】　1　教156ページ9〜12行

新野に駐屯していた先主（＝劉備）は、徐庶から有能な人物として諸葛孔明を推薦された。そこで先主が徐庶に孔明を連れて来いと言うと、徐庶は、こちらから訪ねるべきであると説いた。

【書き下し文】

❶時に先主新野に屯す。❷徐庶先主に見ゆ。❸先主之を器とす。❹先主に謂ひて曰はく、「諸葛孔明は、臥竜なり。❺将

【現代語訳】

❶その時、先主は新野の地に駐屯していた。❷徐庶が先主にお目にかかった。❸先主はその人物（＝徐庶）を評価した。❹（徐庶が）先主に向かって言った、「諸葛孔明は、臥竜です。❺将軍（＝劉備）は

軍豈に之を見るを願ふか。」と。❻先主曰はく、「君与に倶に来たれ。」と。❼庶曰はく、「此の人就きて見るべくして、屈して致すべからざるなり。❽将軍宜しく駕を枉げて之を顧みるべし。」と。

おそらくこれ(＝孔明)に会うことをお望みでしょう。」と。❻先主は言った、「あなたが(出向いて孔明と)一緒に来てくれ。」と。❼徐庶は言った、「この人(＝孔明)は(こちらから)近づいて会うことはできるが、無理に招き寄せてはいけません。❽将軍が乗り物をわざわざ立ち寄らせてこれ(＝孔明)をお訪ねになるほうがよいでしょう。」と。

語句の解説 1

教156ページ

❶**時** その時。折しも。

❶**屯** 多くのものが寄り集まる。ここでは、駐屯する、の意。

❷＊「見」＝相手が敬意を払うべき対象である場合には、「まみユ」と訓読する。拝謁する。

❹**謂二先主一曰** 先主に向かって言った。

「謂レ～曰」＝話す対象を明示する。～に向かって言う。

❹＊「者」＝ここでは、「は」と読む。

① 「臥竜」とは、誰のどのような様子をたとえた言葉か。

答 機会が到来すれば実力を発揮する人物である孔明の、機会を得られず雌伏している様子をたとえた言葉。

❹**也** 断定の終尾詞。

❺**将軍** ここでは先主(＝劉備)をいう。

❺**豈願レ見レ之乎** おそらく孔明に会うことをお望みでしょう。

❖豈～乎＝推量を表す。おそらく～だろう。

❻**与倶** (孔明と)一緒に。もともとは「与レ～倶二」の形で従属を表す。ここでは～(孔明)が省略されている。

＊「与」＝ここでは、「ともニ」と読む。

❻**来** 命令形の訓読に注目する。劉備は徐庶に孔明を連れて来るように命じているのだが、以下で徐庶はそれでは孔明は来ないと答える。

❼**可二就見一** (こちらから)近づいて会うことはできるが。つまり、こちらから訪ねて行けば会うことができるが、ということ。

＊「可」＝ここでは、「べシ」と読む。

❼**不レ可二屈致一也** 服従させて召し寄せてはいけない。

❖不レ可二～一＝禁止を表す。～してはいけない。

「屈致」＝服従させて、呼び寄せる。無理矢理召し寄せること。

❽**宜二枉レ駕顧一レ之** 乗り物をわざわざ立ち寄らせて孔明を訪ねるのがよい。「之」は孔明のこと。

＊「宜」＝ここでは、「よろシク～べシ」と読む。再読文字。

「顧」＝「三顧の礼」の「顧」。(孔明を)訪ねる。

【大意】 2 教156ページ13行〜157ページ9行

先主は亮(=諸葛孔明)を訪ね、三度目にしてようやく会うことができた。先主は、漢王朝の復興の意志の固いことを告げ、亮に策を尋ねる。すると亮は、無名で軍勢も少ない曹操が袁紹に勝利したのは、天の時のみでなく、曹操自身が計略に優れていたからだと答えた。

【書き下し文】

❶是に由りて先主遂に亮に詣る。❷凡そ三たび往きて、乃ち見る。❸因りて人を屏けて曰はく、「漢室傾頽し、姦臣命を窃み、主上蒙塵す。❹孤徳を度り力を量らずして、大義を天下に信ばさんと欲す。❺而れども智術浅短にして、遂に用て猖獗して、今日に至る。❻然れども志猶ほ未だ已まず。❼君謂ふに計将に安くにか出ださんとするか。」と。

❽亮答へて曰はく、「董卓より已来、豪傑並びに起こり、州に跨がり郡を連ぬる者、数ふるに勝ふべからず。❾曹操袁紹に比ぶれば、則ち名は微にして衆は寡なし。❿然れども操遂に能く紹に克つ。⓫弱を以て強と為る者、惟だに天の時のみに非ず、抑亦人の謀なり。」と。

(三国志)

【現代語訳】

❶このことによって、先主はそのまま亮を訪ねていった。❷あわせて三回訪ねて、やっと(亮に)会った。❸そこで(劉備は)人ばらいをして言った、「漢王朝は落ちぶれ、邪悪な家臣が皇帝の天命を奪い国の実権を握り、天子は(難を避けて)都から逃げ出しておられます。❹私は(自分の)人徳や能力を考えもせず、大義を天下に広めようとしています。❺しかしながら知恵も戦術も乏しくて、そのままそこで失敗し、今日に至っています。❻しかし(漢王朝復興の)志は、それでもまだ尽きていません。❼あなたは(ご自分の)策をどこに出そうと思うのですか。」と。

❽亮は答えて言った、「董卓(が権力を振るって)以来、豪傑たちが一斉に兵を挙げ、州や郡を支配する者は、すべてを数えあげることができません。❾曹操は袁紹に比べてみると、名声はわずかで軍勢は少ない。❿しかしながら、曹操は結局は袁紹に勝利することができたのです。⓫弱者が強者(=勝利者)となったのは、ただ天の時だけではなく、さらに人の計略があったからです。」と。

語句の解説 2

❶**由レ是** このことによって。
*「由」=ここでは、「より」と読む。原因・理由を導く前置詞。

❶**遂** そのまま。

❶**詣** 行く。進み至る。ここでは諸葛孔明のもとを訪れること。

❷**凡** 全て。あわせて。

❷*「乃」=ここでは、「すなはチ」と読む。上下が紆余曲折を経てつながるという関係を表す接続詞。そこで。やっと。

❸*「因」=ここでは、「よリテ」と読む。順接の接続詞。

教157ページ

❸漢室　漢王朝のこと。「室」は、王朝を興した一家をいう。

❸姦臣　心の邪悪な家臣。

❸窃レ命　天子になるべしという天命を奪い取る、つまり、国を奪い取る、ということ。

「姦」＝心がねじけていて正しくない。よこしまである。

「命」＝天命。

❹欲レ信二大義於天下一　大義を天下に広めようとする。

「欲レ～」＝意志・願望を表す。ここでは、～しようとする、の意。

「大義」＝人間として踏み行うべき道。

「於」＝動作の場所を示す置き字。

❺＊「而」＝ここでは、「しかレドモ」と読む。逆接の接続詞。

❺浅短　乏しくて。十分でなくて。「浅」も「短」も、劣る、つたない、の意。

❺用　そこで。

❺＊「于」＝ここでは、時間を表す置き字。「於」に同じ。

❻＊「然」＝ここでは、「しかレドモ」と読む。逆接の接続詞。

❻志　ここでは、正統である漢王朝を復興させるという目標のこと。

❻＊「猶」＝ここでは、「なホ」と読む。副詞。

❻未レ已　まだ終わっていない。志はまだ尽きていないということ。

「未レ～」＝再読文字。まだ～(し)ない。

＊「已」＝ここでは、「やム」と読む。やめる。終わる。

---

❼将二安出一　どこに出そうとするのか。

＊「将」＝ここでは、「まさニ～す」と読む。再読文字。

❖安～＝疑問を表す。どこに～するのか。「安」は、場所を問う疑問詞の場合「いづクニカ」と訓じる。

❽自二董卓一已来　董卓以来。なお、「董卓」は単に人名をいうのではなく、董卓が漢の天子を擁して権力をほしいままにしたことを指す。

＊「自」＝ここでは、「よリ」と読む。起点を表す前置詞。

❽並起　一斉に兵を挙げ。

「並」＝副詞。一斉に。そろって。

❽跨レ州連レ郡　「州」と「郡」は、古代の行政区域。「跨」と「連」は、それぞれの行政区域を越えて支配・統括することをいう。

❽不レ可レ勝レ数　すべてを数えあげることができない。

「不レ可レ～」＝不可能を表す。～(すること)ができない。

＊「勝」＝ここでは、「たフ」と読む。

❾＊「則」＝ここでは、「すなはチ」と読む。

❿能克レ紹　袁紹に勝つことができる。

＊「能」＝ここでは、「よク」と読む。

⓫以レ弱為レ強　弱者が強者になる。

「以レA為レB」＝AがBになる。「為」の読み方に注意。「以レA為レB」＝AをBと思う、の構文ではない。

⓫非二惟天時一、抑亦人謀也　ただ天の時だけではなく、さらに人の計略があったのである。

❖非二惟A一抑B也＝否定詞「非」＋限定の副詞「惟」で累

加を表す。ただ[A]だけでなくさらに[B]だ。ここでは[A](=天時)に[B](=人謀)を累加する。「抑」は「非惟」と呼応して、さらに、——の意。

＊「亦」=ここでは、「また」と読む。副詞。

Q　劉備は、漢の状況をどのように捉え、諸葛亮に何を求めているか、説明してみよう。

考え方　第二段落の劉備の言葉「漢室傾頽、……計将安出。」(教157ページ1~3行)から読み取ろう。

解答例　邪悪な家臣に天下を奪われた漢王朝は滅亡の危機に瀕していると捉え、志(=漢王朝の復興)を成すために力を貸してほしいと求めている。

Q　「以弱為強者」とは、どのような者のことか、説明してみよう。

考え方　第三段落の諸葛亮の言葉「自董卓已来、……抑亦人謀也。」(教157ページ4~8行)から読み取ろう。

解答例　弱者から強者となる者。名声も軍勢も劣っていた曹操が、天の時のみならず人の計略も駆使して袁紹に勝利したということを表している。

句法

一　書き下し文に直し、太字に注意して、句法のはたらきを書こう。

1 **豈**願見之**乎**。(　　)(　　)

2 **不可**屈致也。(　　)(　　)

3 将**安**出。(　　)(　　)

4 **非惟**天時、**抑亦**人謀也。(　　)(　　)

答
1 豈に之を見るを願ふか。/推量
2 屈して致すべからざるなり。/禁止
3 将に安くにか出ださんとするか。/疑問
4 惟だに天の時のみに非ず、抑亦人の謀なり。/累加

張翼徳大鬧長坂橋

【大意】 1 教158ページ9行～159ページ10行

曹操は張飛が一人で長坂橋の上にいると知り、陣後方からやって来た。張飛は雷のような大声で、「我こそは張翼徳である。誰が我と決戦をするのか。」とどなった。曹操は側近たちを見回し、「雲長（＝関羽）は『翼徳（＝張飛）は百万の軍の中で、袋を探って物を取るようにたやすく上将の首を取る。』と言っていた。軽々しく攻撃してはならない。」と言った。

【書き下し文】

❶曹操聞きて知り、急ぎ馬に上り、陣後より来たる。❷張飛環眼を睜円し、隠隠として後軍の青羅の傘蓋、旄鉞旌旗の来たり到るを見る。❸是れ曹操心に疑ひ、親しく自ら来たりて看ると料り得たり。❹飛乃ち声を厲まし大喝して曰はく、「我は乃ち燕人張翼徳なり。❺誰か敢へて我と一死戦を決せん。」と。❻声は巨雷のごとし。❼曹軍之を聞き、尽く皆股栗す。❽曹操急ぎ其の傘蓋を去らしめ、左右を回顧して曰はく、「吾向に嘗て雲長の言ふを聞く、『翼徳百万の軍中に于いて、上将の首を取ること、嚢を探りて物を取るがごとし。』と。❾今日相逢ふ。❿軽しく敵とすべからず。」と。

【現代語訳】

❶曹操は（張飛が長坂橋の上に一人でいると）聞き知り、急いで馬に乗り、陣の後方からやって来た。❷張飛は丸い目を（怒りで興奮して）ますます丸く見開き、ぼんやりとしてはっきりしない後軍の青い絹張りの傘、大将が持つ白い旗飾りと黄色いまさかりや、軍旗が近づいてくるのを見た。❸これは曹操が心中に（このように張飛が一人で橋で立ちはだかっているのは、諸葛孔明の謀略ではないかという）疑いを持ち、自ら来て調べようとしていると推量した。❹張飛はそこで声を激しくして大声でどなって言うには、「我こそは燕国出身の人、張翼徳である。❺誰が進んで我と命がけで決戦をするのか。」と。❻（張飛の）声は巨大な雷のようであった。❼曹操の軍はこれ（＝張飛の雷のような大声）を聞いて、みな残らず恐怖で足が震えた。❽曹操は急いでその（＝自分の上にかざしていた）傘を取り払わせて、側近たちを見回して言うには、「私が以前、雲長（＝関羽）が言ったのを聞くには、『翼徳（＝張飛）が百万の軍の中で、上将の首を取ることは、袋の中を探って物を取るかのよう（にたやすいこと）だ。』と。❾今日（張飛と）あいまみえた。❿軽々しく攻撃してはならない。」と。

語句の解説 1

教158ページ

❶＊「従」＝ここでは、「より」と読む。起点を表す前置詞。

❷**旄鉞旌旗 来 到** 大将が持つ白い旗飾りと黄色いまさかりや、軍旗が近づいてくるのを。大将の曹操が近づいてくる様子を言う。

❸**心 疑** 心中に疑いを持ち。「疑」の内容は、具体的には、このように張飛が一人で橋で立ちはだかっているのは、諸葛孔明の謀略ではないかという疑念のこと。

❸**親 自来 看** 自ら来て調べようとしている。「親」は、ここでは、「自」と同じく、自ら、の意。「看」は、ここでは、よく見る・調べる、の意。

❹**飛乃厲レ声 大喝** 張飛はそこで声を激しくして大声でどなって。「飛」は、張飛のこと。「喝」は、どなる・威嚇する、の意。

＊「乃」＝ここでは、「すなはチ」と読む。関係を表す接続詞。

❹**我 乃** 我こそは。

❹**燕人** 燕国の人。〈国名＋人〉は、「〜ひと」と読む。

❺**誰 敢 与レ我決二一死戦一** 誰が進んで我と命がけで決戦をするのか。「敢」は、進んで〜する、の意。「死戦」は、命がけの戦い、の意味。

❖誰〜 ＝疑問を表す。誰が〜か。

＊「与」＝ここでは、「と」と読む。

教159ページ

❻＊「如」＝ここでは、「ごとシ」と読む。

❼＊「尽」＝ここでは、「ことごとク」と読む。

❽**令レ去二其 傘蓋一** その傘を取り払わせて。「令」は「使」「教」などと同じで、〜させる、という使役の意味を表す。

❽**左右** ここでは、左や右に仕える者・側近、の意。

❽**向 曾** 以前。

＊「向」＝ここでは、「さきニ」と読む。

❽**聞二雲長 言一** 雲長（＝関羽）が言うのを聞くには。のちに蜀の皇帝となる劉備と、関羽、張飛は義兄弟の契りをかわしていた。関羽は、曹操の捕虜となっていた時期がある。

❽＊「于」＝ここでは、「おイテ」と読む。

①「如二探レ嚢取レ物」とはどのような様子か。

答 袋の中を探って物を取るかのように、簡単にできる様子。

❾**相逢** あいまみえる。対面する。

❿**不レ可二 軽 敵一** 軽々しく攻撃してはならない。「敵」は、（敵に）攻撃する・（敵に）戦いをいどむ、の意。

❖不レ可二〜一 ＝禁止を表す。〜してはいけない。

【大　意】2　教159ページ11行～160ページ3行

曹操の言葉が終わらないうちに、張飛はまた「張翼徳はここだ。誰が命がけで決戦をするのか。」とどなり、曹操は張飛の気概におじけづいてしまった。張飛は曹操の後方軍が移動するのを見て、矛をかまえて「戦うのか戦わないのか。退くのか退かないのか。」とどなった。

【書き下し文】

❶言未だ已まざるに、張飛目を睜り又喝して曰はく、「燕人張翼徳此に在り。❷誰か敢へて来たり死戦を決せん。」と。❸曹操張飛の此くのごときの気概を見て、頗る退かんとする心有り。❹張飛曹操の後軍の陣脚の移動するを望み見て、乃ち矛を挺へて又喝して曰はく、「戦ふか又戦はざるか、退くか又退かざるか。」と。

【現代語訳】

❶(曹操の)言葉がまだ終わらないうちに、張飛は目を見開きまたどなって言うには、「燕国の人張翼徳はここにいる。❷誰が進んで出て来て命がけで決戦をするのか。」と。❸曹操は張飛のこのような(恐ろしい勢いの)気概を見て、(おじけづいて)少し退こうと思う気持ちが出てきた。❹張飛は曹操の後方軍の軍勢が移動するのを遠くに眺め見たので、矛をかまえてまたどなって言うには、「戦うのか戦わないのか、退くのか退かないのか。」と。

語句の解説 2

❶言未レ已　(曹操の)言葉がまだ終わらないうちに。「未(いまダ～ず)」は再読文字で、まだ～しない、という否定の意味を表す。「言」は、ここでは、言葉、の意。

＊「已」＝ここでは、「やム」と読む。終わる。

教160ページ

❷誰敢来決二死戦一　教158ページ12行目「誰敢与レ我……」とほぼ同じ意味。

❸見二張飛如レ此気概一　張飛のこのような(恐ろしい勢いの)気概を見て。「気概」は、困難にもくじけない強い気持ち・意気、のこと。

❸頗　①たいへん。②少々。ここでは、②の意。

❸有二退心一　退こうと思う気持ちが出てきた。曹操は、橋の上で大きな声で威嚇する張飛の様子を見て、少し気後れしてしまったのである。

❹望二見曹操後軍陣脚移動一　曹操の後方軍の軍勢が移動するのを遠くに眺め見たので。大将の曹操の弱気が軍勢に伝染して、落ち着かない行動として表れているのであろう。

❹戦又不レ戦　戦うのか戦わないのか。この部分の言葉は、張飛が弱腰の曹操軍を挑発しているもの。

【大意】 3 教160ページ4〜12行

夏侯傑は驚いて馬から落ちて倒れ、曹操が馬の向きを変えて走ると、曹操軍はいっせいに西に向かって、槍を捨てかぶとを落とし、人も馬も先を争って逃げた。後世の人は、張飛をたたえた詩をよんでいる。「長坂橋のたもとに殺気が生じ、槍を横に向け馬を立ち上がらせて目を丸く見開いていた。一声吠えればまさに巨大な雷が震えるようで、たった一人で曹操軍の百万の兵を退かせた。」

【書き下し文】

❶喊声未だ絶えざるに、曹操身辺の夏侯傑驚き得て肝胆砕裂し、馬下に倒撞す。❷曹操便ち馬を回して走る。❸是に于いて諸軍衆将、一斉に西を望みて逃奔す。❹正に是れ黄口の孺子、怎で霹靂の声を聞かん。❺病体の樵夫、虎豹の吼ゆるを聴き難し。❻一時に鎗を棄て盔を落とす者、其の数を計らず。❼人は潮の湧くがごとく、馬は山の崩るるがごとく、自ら相践踏す。❽後人詩有り讃へて曰はく、

❾長坂橋頭殺気生じ
❿鎗を横たへ馬を立てて眼円く睁る
⓫一声好だ似たり轟雷の震ふに
⓬独り退く曹家百万の兵を

（三国志演義）

【現代語訳】

❶（張飛の）大きな叫び声がまだ消えないうちに、曹操のすぐそばに仕えていた夏侯傑は驚いて肝をつぶしてしまって、（落馬して）馬の下に倒れこんだ。❷曹操はすぐに馬の向きを変えて走った。❸こうしてもろもろの軍の兵や将軍は、いっせいに西に向かって走って逃げてしまった。❹まさしくこれはくちばしの黄色いひなどりのような子供（そのものの行動だ）、（そんな未熟な子供のような曹操軍が）どうして雷の音（＝雷のような張飛の声）を聞くことができようか、いや聞くことはできない。❺病気のきこり（＝弱腰の曹操軍）は、虎や豹の吠える声（＝恐ろしい張飛の声）を聞くことはできない。❻一度に槍を捨てかぶとを落とした者、その数は数え切れない。❼人は潮が湧くように、馬は山が崩れるように、自分たちでお互いに踏みつけあって（逃げて）いる。❽後世の人の詩があり、（張飛を）たたえて（次のように）よむことには、

❾長坂橋のたもとに（張飛の）殺気が生じ、
❿槍を横に向け馬を（橋の上に）とめて目を丸く見開く。
⓫（張飛の）一声はまさしく巨大な雷の音が響き渡るようだ。
⓬たった一人で曹操軍の百万の兵を退却させた。

語句の解説 3

❶身辺 すぐそばに仕えていた。

一 ❶肝胆砕裂 肝をつぶして。「肝胆」は、肝臓と胆嚢のこと。「砕

裂」は、こなごなに砕けたり裂けたりすること。非常に驚いたことをこのような言い方で表現している。

❶**倒撞于馬下**　（落馬して）馬の下に倒れた。

＊「于」＝ここでは、場所を表す置き字で、読まない。

❷＊「便」＝ここでは、「すなはチ」と読む。すぐに。

❷**回馬**　馬の向きを変えて。

❸**于是**　こうして。そこで。

❸**諸軍衆将**　もろもろの軍の兵や将軍。「諸」は、多くの・もろもろの、の意。「衆」は、ここでは、一般の兵士のこと。

❸**望西逃奔**　西に向かって走って逃げてしまった。張飛の気迫に、まず夏侯傑が馬から落ち、次に曹操が馬を返して逃げ出し、それをきっかけに全軍がいっせいに逃げ出していく様子である。

❹**正是黄口孺子**　まさしくこれはくちばしの黄色いひなどりのような子供（そのものの行動だ）。全軍がいっせいに逃げ出した曹操軍を、「黄口孺子」にたとえ、未熟な子供のようだと罵っている。

❹**怎聞霹靂之声**　どうして雷鳴を聞くことができようか、いや聞くことはできない。「霹靂」は、雷、の意で、雷のような張飛の声を「霹靂之声」にたとえている。

❺**病体樵夫**　病気のきこり。弱腰の曹操軍をたとえている。

❺**難聴虎豹之吼**　虎や豹の吠える声を聞くことはできない。「難～（～がたシ）」は、～しにくい・～することはできない、の意。「吼」は、吠える、の意。張飛の声を「虎豹之吼」にたとえている。

❻**一時**　いっせいに。一度に。

❻**不計其数**　その数を計算できない。その数は数え切れない。

❼**人如潮湧、馬似山崩**　人は潮が湧くように、馬は山が崩れるように。全軍がなだれを打って逃げ出す様子をたとえている。

❼**自相践踏**　自分たちでお互いに踏みつけあって。先を争って逃げる様子である。

❽**後人**　ここでは、後世の人、の意。

❾**長坂橋頭**　長坂橋のたもと。⓬までの詩は七言絶句で、「生」「睜」「兵」に押韻がある。

⓫**好似轟雷震**　まさに巨大な雷の音が響き渡るようで。「好」は、ここでは「甚」と同じで、直訳すれば、とても・きわめて、の意。「轟雷」は、教159ページ1行目の「巨雷」と同様、巨大な雷、の意。「震」は、ここでは、雷が鳴り響く、の意味。

⓬**曹家**　曹操軍のこと。

Q　張飛はどのような態度で曹操軍と対峙しているか、説明してみよう。

考え方　張飛の言動や曹操軍の反応に注目してまとめる。

解答例　張飛は怒り興奮しながらも、曹操の行動の理由を冷静に推量し、恐ろしい様子で曹操軍を挑発している。曹操軍は、そんな張飛におじけづいている。張飛は一人で曹操軍と対峙しているが、堂々とした態度でいる。

Q 曹操が退却する様子はどのように描かれているか、まとめてみよう。

考え方 退却の様子は第三段落で述べられている。退却に至るまでの状況にも注目するとよい。

解答例 張飛の挑発によって、曹操軍はおじけづいてしまう。曹操のそばにいた夏侯傑が肝をつぶして落馬したのを見て、曹操は退却を始める。曹操の軍勢もそれに続いた。この行動は未熟な子どもが雷の音を聞けず、病気のきこりが虎や豹の吠える声を聞けないようなものだ。鎗を捨て、かぶとを落とした者は数え切れない。人は潮が湧くように、馬は山が崩れるように、お互いを踏みつけ合いながら逃げている。

→未熟さや弱腰さ、情けなさを強調するように描かれている。

Q 「横(タヘ)レ鎗(ヲ)立(テテ)レ馬(ヲ)眼円睜(クル)」の句と「一声好(ダ)似(タリ)轟雷(ノ)震(フニ)」の句は、本文のどの部分と対応しているか、それぞれ整理してみよう。

考え方 本文と照らし合わせて確認する。

解答例 「横(タヘ)レ鎗(ヲ)立(テテ)レ馬(ヲ)眼円睜(クル)」=「張飛睜(リ)二円環眼(ヲ)一」(教158ページ9行目)、「張飛睜(リ)レ目(ヲ)」(教159ページ11行目)、「挺(ヘテ)レ矛(ヲ)」(教160ページ3行目)

「一声好(ダ)似(タリ)轟雷(ノ)震(フニ)」=「声如(シ)二巨雷(ノ)一」(教158ページ12行目)、「霹靂之声」(教160ページ6行目)

句法

一 書き下し文に直し、太字に注意して、句法のはたらきを書こう。

1 **誰**(カ)**敢**(ヘテ)与(ト)レ我決(セン)二一死戦(ヲ)一。 ( )( )

2 **不**(レ)**可**(カラ)二軽(シク)敵(トス)一。 ( )( )

答
1 誰か敢へて我と一死戦を決せん。/疑問
2 軽しく敵とすべからず。/禁止

学びを広げる 読み比べ『三国志』と『三国志演義』

教科書P.161

【大 意】 教161ページ4~8行

劉備は、張飛の活躍で、曹公の軍から逃れることができた。

【書き下し文】

❶曹公荊州に入り、先主江南に奔る。❷曹公之を追ひ、一日一夜にして、当陽の長阪に及ぶ。❸先主曹公卒かに至ると

【現代語訳】

❶曹公(=曹操)は荊州に入り、先主(=劉備)は江南に逃げた。❷曹公はこれ(=先主)を追い、一昼夜で、当陽の長阪に至った。❸先主は曹公が急に来たと聞いて、妻子を棄てて逃げた。❹(先主は)張

聞きて、妻子を棄てて走る。❹飛をして二十騎を将て後を拒がしむ。❺飛水に拠り橋を断ち、目を瞋らせ矛を横たへて曰はく、「身は是れ張益徳なり。❻来て共に死を決すべし。」と。❼敵皆敢へて近づく者無し。❽故に遂に免かるるを得たり。

（三国志）

飛に二十騎で後を防がせた。❺張飛は水によって橋を断ち、目をむいて矛を横にして言うことには、「この身（＝私）は張益徳である。❻（ここに）来て共に死ぬ覚悟を決めるがよかろう。」と。❼敵は皆すすんで近づく者はいなかった。❽このためにとうとう（先主は）逃げることができた。

語句の解説

教161ページ

❶江南 長江下流の地域。

❶奔 逃げる。先主が、曹公が荊州に攻め込んできたと知って、逃げたことを述べている。

❸卒 急に。いきなり。

❸走 逃げる。「奔」と同じ。

❹使下飛将二二十騎一拒上後 先主が、張飛に二十騎で後方を防がせた。「使二A一B一」＝使役を表す。AにBさせる。「将」＝手段や方法などを表す。「以」と同じ。

❺飛拠レ水断レ橋 水を流して橋を壊した、ということ。

❻可二来共決一レ死 自分と戦おうということを述べている。「可レ～」＝ここでは勧誘を表す。～するのがよい。「決レ～」＝～する覚悟を決める。

❼無二敢近者一 すすんで張飛に近づく者はいなかった。「無二敢～者一」＝すすんで～する者はいない。

❽遂 ついに。とうとう。

❽免 ここでは、先主が曹公の追手から逃れたということ。

次の文章を読んで、張飛の言動の描かれ方が「張翼徳大二閙長坂橋一」とどのように違うか比べてみよう。また、その違いについて感じたこと・考えたことをまとめてみよう。

考え方 話の内容や表現の仕方などに注目して、張飛の言動の描かれ方の違いをつかむ。たとえば、次のようなものがあげられる。

・『三国志』では、橋を落としてから曹操軍を挑発しているが、『三国志演義』では、橋の上から曹操軍を挑発している。

・『三国志演義』では、張飛が目を見開く様子や声の大きさの描写を多用し、張飛の恐ろしさを強調している。

また、『三国志』と『三国志演義』を比べるときは、両者の関係もおさえておくとよい。

進遇於赤壁

【大　意】 1 教162ページ9～11行

曹操が劉表を攻撃し、劉表が死ぬと、その子琮は荊州全土を明け渡して降伏した。劉備は、江陵に、そして夏口に逃げ、曹操軍はそれを追い、呉に入った。

【書き下し文】

❶曹操劉表を撃つ。❷表卒す。❸子の琮荊州を挙げて操に降る。❹劉備江陵に奔り、操之を追ふ。❺備夏口に走る。❻操軍を江陵に進め、遂に東に下る。

【現代語訳】

❶曹操が劉表を攻撃した。❷劉表は死んだ。❸（劉表の）子の劉琮は荊州全土を曹操に明け渡して降伏した。❹劉備は江陵に逃れ、曹操（の軍）はこれを追った。❺劉備は（さらに）夏口に逃げた。❻曹操は軍を江陵に進め、そのまま東（の呉）に攻め下った。

語句の解説 1

教162ページ

❷＊「卒」＝ここでは、「しゅつス」と読む。死ぬ。

❸挙 こぞって。全て。

❹奔 逃れて。「奔」は、勢いよく駆ける語感を有する字。以下に出てくる同じ訓読の「走」よりも、慌ただしさが強調される。

❺走 逃れる。敗走する。

❻遂 そのまま。同じ訓読の「終・畢」（とうとう。結局）との区別に注意すること。

❻東下 教152ページの『三国志』関係地図を参照のこと。夏口は、江陵から長江をさらに東に下った所に位置する。江陵に進んだ曹操は、夏口に逃れた劉備を追って呉の地に深く攻め入ったのである。

【大　意】 2 教162ページ12行～163ページ7行

諸葛亮は、孫権に援軍を求めることを劉備に進言し、自ら孫権に説いた。孫権は大いに喜んだ。曹操は強大な軍事力を背景に、孫権に決戦を迫った。孫権の部下の多くが恐れおののく中、周瑜は応戦を願い出て、曹操を打ち破ると約束する。孫権も迎撃することを決意し、周瑜に三万の兵を与え、赤壁に進軍した。

【書き下し文】

❶亮備に謂ひて曰はく、「請ふ救ひを孫将軍に求めん。」と。

【現代語訳】

❶（そこで）亮（＝諸葛亮）は劉備に向かって言った、「援軍を（呉の）孫権将軍に求めさせてください。」と。❷（そして）亮は（呉に行

❷亮権に見えて之に説く。❸権大いに悦ぶ。❹操権に書を遺りて曰はく、「今水軍八十万の衆を治め、将軍と呉に会猟せん。」と。❺権以て群下に示す。❻色を失はざるもの莫し。❼張昭之を迎へんことを請ふ。❽魯粛以て不可と為し、権に勧めて周瑜を召さしむ。❾瑜至りて曰はく、「請ふ数万の精兵を得て、進んで夏口に往き、将軍の為に之を破らんことを保せん。」と。❿権刀を抜き前の奏案を斫りて曰はく、「諸将吏、敢へて操を迎へんと言ふ者は、此の案と同じからん。」と。⓫遂に瑜を以て三万人を督せしめ、備と力を并せて操を逆へ、進んで赤壁に遇ふ。

き）孫権にお目にかかり（自軍との同盟を）これ（＝孫権）に説いた。❸（これを聞いて）孫権は大変喜んだ。❹曹操は孫権に書簡を送って伝えた、「今、水軍八十万の大軍を率いて、将軍と呉において戦いをしたい。」と。❺孫権はその（曹操からの）書簡を部下たちに示した。❻（部下たちは、驚き恐れ）顔色を変えない者はいなかった。❼張昭はこれ（＝曹操の軍）を迎え入れ（て降伏す）ることを願い出た。❽（これに対して）魯粛はそれをできないことであるとして、孫権に勧めて周瑜を招かせた。❾周瑜はやって来て言った、「どうか数万の精鋭を与えていただき、夏口に進軍し、将軍のためにこれ（＝曹操の軍）を打ち破ることを請け合います。」と。❿（これを聞いた）孫権は刀を抜き、前にあった上奏文を読む机を断ち切って言った、「諸君、進んで曹操を迎え入れ（て降伏し）ようと言う者は、この机と同じよう（にたたき切られる）であろう。」と。⓫そのまま周瑜に三万の兵を統率させ、劉備と協力して曹操を迎え撃ち、（軍を）進めて赤壁で会戦した。

語句の解説 2

❶**謂レ備曰**　劉備に向かって言った。
「謂レ～曰」＝～に向かって言う。具体的な話し相手を明示。

❶**請 求ニ救 於孫将軍一**　援軍を孫将軍に求めさせてください。
❖請～＝願望を表す。～させてください。

❷**見レ権**　孫権にお目にかかり。
＊「見」＝相手が敬意を払うべき対象である場合には、「まみユ」と訓読する。拝謁する。

❸**権大悦**　孫権は大変喜んだ。兵力に勝る曹操に対し、危機感を募らせていた孫権にとって、劉備との同盟は望むところであったのである。

❹**治ニ水軍八十万衆一**　水軍八十万の大軍を率いて。
「治」＝ここでは、兵を統率する、の意。
「衆」＝兵士の多さを表す。

❹**与ニ将軍一**　将軍と。「将軍」はここでは孫権のこと。
＊「与」＝ここでは、「と」と読む。

教163ページ

❹於 動作の行われる場所を示す置き字。

❺群下 多くの部下たち。

❻莫レ不レ失レ色 顔色を変えない者はなかった。

❖莫レ不レ〜 ＝二重否定を表す。〜しないものはない＝誰もが〜する、という強調構文。

「失色」＝顔色をなくす。顔色を変える。

① **「莫不失色。」とは、誰のどのような様子か。**

答 孫権の部下たちの曹操を恐れている様子。

② **「迎レ之」とはどうすることか。**

答 戦いを避け、曹操軍に逆らわず、迎え入れて降伏するということ。

❽以為二不可一 （曹操に降伏することを）できないことであるとして。

＊「以為」＝ここでは、「もつテ〜トなス」と読む。「以レA為レB」（AをBと思う）、「以為〜」（思うに〜と。〜と思う）などとあわせて覚えておくとよい。

❽勧レ権召二周瑜一 孫権に勧めて周瑜を招かせる。

❖勧レA B二 ＝使役を表す。Aに勧めてBさせる。

「召」＝招く。呼び寄せる。

❾得二数万精兵一 ここでは、孫権の兵を貸し与えてもらうことをいう。

「精兵」＝よりすぐりの兵士。精鋭。

❾為二将軍一 孫将軍のために。

「為」＝ここは、前置詞。①相手の利益を目的とする場合（〜のために）、②原因・理由を示す場合（〜が原因で）、の二通りがあり、ここは①。

❾破レ之 曹操の軍を打ち破ることを。訓読にあたり、意志・推量の助動詞を加えて「破ラン」としている点に注意。ここでは周瑜の決意を表している。

❿刀 かたな。片方にのみ刃を持つ。両側に刃を持つ「剣」（つるぎ）との区別に注意する。

③ **孫権が「斫二前奏案一」という行動を取ったのはなぜか。**

答 これ以上の上奏を聞く必要がない、つまり自ら決断を下したことを部下たちに明示するため。

解説 奏案の上には曹操からの書簡があり、それを奏案ごと断ち切ることで、曹操と交戦する決意のほどを部下たちに示そうとしたため、と考えてもよい。

❿諸将吏 孫権の部下たちに対する呼びかけの言葉。

「諸」＝もろもろ。多くの。

「将吏」＝ここでは将軍や兵士のこと。

❿敢 ここでは、進んで〜する、の意。

❿与二此案一同 この机と同じであろう。つまり、孫権によって、机と同じようにたたき切られる運命をたどることになるだろ

うということをいう。

「与」＝前置詞。～と。

⓫遂　その結果。そのまま。

⓫以レ瑜督ニ三万人一　周瑜に三万の兵を統率させ。文脈から使役に読んでいる。「以」＝動作対象を示す前置詞。～を。「督」＝率いる。統率する。

【大　意】　3　教163ページ8行～164ページ9行

周瑜の武将黄蓋が火攻めを進言し、その準備を整えた上で、曹操に偽りの降伏書簡を送った。欺かれた曹操軍は、火攻めによって大敗し敗走した。その後、曹操はたびたび呉を攻めたが落とせず、曹操は孫権を高く評価し、降伏した劉琮をさげすんだ。

【書き下し文】

❶瑜の部将黄蓋曰はく、「操の軍方に船艦を連ね、首尾相接す。❷焼いて走らすべきなり。」と。❸乃ち蒙衝・闘艦十艘を取り、燥荻・枯柴を載せ、油を其の中に灌ぎ、帷幔に裹みて、上に旌旗を建て、予め走舸を備へて、其の尾に繋ぐ。❹先づ書を以て操に遺り、詐りて降らんと欲すと為す。❺時に東南の風急なり。❻蓋十艘を以て最も前に著け、中江に帆を挙げ、余船次を以て倶に進む。❼操の軍皆指さして言ふ、「蓋降る。」と。❽去ること二里余、同時に火を発す。❾火烈しく風猛く、船の往くこと箭のごとし。❿北船を焼き尽くし、煙焔天に漲る。⓫人馬溺焼し、死する者甚だ衆し。⓬瑜等軽鋭を率ゐ、雷鼓して大いに進む。⓭北軍大いに壊れ、操走りて還る。

【現代語訳】

❶周瑜の武将の黄蓋が進言した、「曹操の軍はちょうど今戦闘用の船を連ね、船首と船尾とが互いに接して（動けない状態になって）います。❷焼き討ちにして敗走させるのがよいでしょう。」と。❸そこで（戦闘用の船である）蒙衝や闘艦十艘を選び、（それに）乾燥した荻と枯れた柴を載せ、油をその中に注ぎ、幕で（これを）包んで、（その）上に軍旗を立て、あらかじめ小回りのきく快速の軍船を（脱出用に）準備して、その（＝蒙衝や闘艦の）船尾につないだ。❹（こうした上で黄蓋は）まず書簡を曹操に送り、偽って降伏したいと申し出た。❺ちょうどその時、東南の風が強く吹いた。❻黄蓋は（準備しておいた）十艘を最前列につけ、長江の中ほど（に至った所）で帆を上げ、他の船は順序に従ってともに進んだ。❼曹操の軍では皆（その船を）指差して言った、「黄蓋が降伏してきた。」と。❽（曹操の艦隊から）離れること二里余り（の所で）、（十艘の軍船に）同時に火を放った。❾火は激しく燃え風は猛烈に吹き、（火のついた）軍船は矢のように進んでいった。❿（火は）曹操軍の船を焼き

⑭後屢兵を権に加ふれども、志を得ず。⑮操歎息して曰はく、「子を生まば当に孫仲謀のごとくなるべし。⑯向者の劉景昇の児子は、豚犬なるのみ。」と。

（十八史略）

語句の解説 3

❶＊「方」＝ここでは、「まさニ」と読む。

❶**首尾相接**　船首と船尾とが互いに接している。つまり、戦闘用の船が混雑状態にあり身動きがとれないでいるということ。

「首尾」＝ここでは、船首と船尾、の意。

「相」＝動作に対象があることを示す副詞。①動作が相互に及ぶ場合（「お互いに」と訳す）、②動作が一方のみに及ぶ場合（特に訳す必要はない）の二つの用法があり、ここは①。

❷**可二焼而走一也**　焼き討ちにして敗走させるのがよい。

＊「可」＝ここでは、「べシ」と読む。

「而」＝順接・逆接両方を表す置き字。ここは順接。

「也」＝断定の終尾詞。

❸＊「乃」＝ここでは、「すなはチ」と読む。

❸＊「予」＝ここでは、「あらかじメ」と読む。

❸**繫二於其尾一**　蒙衝や闘艦の船尾につないだ。

尽くし、煙と炎が空一面に広がった。⑪（船上の）人や馬は溺れたり焼かれたりして、死んだ者は非常に多かった。⑫周瑜らは機敏で強い兵士を率いて、太鼓を打ち鳴らして大いに進撃した。⑬曹操軍は大敗し、曹操は逃げ帰った。

⑭その後（曹操は）たびたび兵を孫権に差し向けたが、目的（＝呉を落とすこと）は果たせなかった。⑮曹操はため息をついて言った、「子どもを生むのであれば孫仲謀（＝孫権）のようでなければならない。⑯以前の（＝以前に降伏した）劉表の子、劉琮などは、豚や犬（のような愚か者）であるだけだ。」と。

「於」＝動作対象を示す置き字。文脈によって直前に読む字に「ニ」または「ヲ」を送り仮名として用いる。

❹**以レ書遺レ操**　書簡を曹操に送り。

「以レＡＢ」＝Ａを用いてＢする、の意を表す構文。「以」は、手段・方法・原因を示す前置詞。

4　**「以レ書遺レ操」としたのはなぜか。**

答　火攻めをするために、降伏するという書簡を送ってだまし、曹操軍に近づけるようにしたかったから。

❹**詐為レ欲レ降**　偽って降伏したいと言う。

「欲レ〜」＝〜しようと思う。〜したい。

教164ページ

❻**以レ次倶進**　順序に従ってともに進んだ。十艘の軍艦の後に続いて、その他の船が隊列を組んで進んでいること。

「次」＝順序。ここでは船が順序よく並んでいることをいう。
「倶」＝副詞。ともに。一緒に。

❽**去（さルコト）　二里余（にりよ）**　（曹操の艦隊から）二里余り離れた所で。当時の一里は約四三〇メートル。
「去」＝ここでは曹操の艦隊からどのくらい離れているかを表す。

❾**如（ごとシ）レ箭（やノ）**　矢のよう（に速く進ん）だ。
＊「如」＝ここでは、「ごとシ」と読む。なお、あとにくる語が名詞の場合は「～ノごとシ」となり、用言の場合は「～スルガごとシ」と、「連体形＋ガ」の形になることに注意。

❿**北船（ほくせん）**　曹操軍の船。当時曹操（魏）の勢力圏は、孫権（呉）側から見れば、「北」に位置していた。

❿**張（みなぎル）レ天（てんニ）**　曹操の艦隊から立ち上がる煙と炎とが、空一面に広がる様子をいう。

⓫**甚（はなはダ）**　程度が度を超えていることを表す副詞。非常に。大変に。

⓭**走還（はしリテかへル）**　逃げ帰った。
「走」＝逃げる。

Q　周瑜たちが曹操を迎え撃つために考えた作戦を、整理してみよう。

解答例　・孫権に数万の精鋭を与えてもらい、彼らを統率して劉備の軍とともに迎撃することにした。
・戦闘用の船に乾燥させた荻と枯れた柴を載せて油を注ぎ、それを幕で隠して、脱出用に小回りのきく軍船を船尾につなぐ。
・偽りの降伏書簡を曹操に送り、降伏したと見せかけて曹操軍に接近し、火をつけた軍船で一斉に突進する。
・火攻めで混乱した曹操軍を、機敏で強い兵士を率いて追撃する。

Q　曹操は、孫権をどのように評価しているか、説明してみよう。

解答例　子どもを生むのであれば孫権のようであるべきだ、と非常に高く評価している。

「還」＝もといた場所へ戻る。ここでは北から進軍して来た曹操が北に戻ること。

⓮**屡（しばしば）**　副詞。たびたび。繰り返し。

⓮**不（ず）レ得（え）レ志（こころざしヲ）**　目的を果たせなかった。
「不レ得レ～ヲ」＝～を手に入れることができない。
「志」＝目的。意向。ここでは呉の孫権を打ち破ることを表す。

⓯**当（まさニ）レ如（ごとクナルベシ）二孫仲謀（そんちゅうぼうノ）一**　孫仲謀のようでなければならない。
＊「当」＝ここでは、「まさニ～ベシ」と読む。再読文字。
「如」＝～のようだ。
「孫仲謀」＝孫権のこと。「仲謀」は字（あざな）。

⓰＊「向者」＝ここでは、「さき」と読む。「者」は、時間を表す語につける助字。

⓰**豚犬（とんけんナルのみ）耳**　豚や犬のような愚か者であるにほかならない。
「豚犬」＝愚か者をたとえる。なお、この曹操の言葉から、後世自分の子をへりくだって表す場合に用いられるようになった。
❖～耳＝限定を表す。～だけだ。

句法

一 書き下し文に直し、太字に注意して、句法のはたらきを書こう。

1 **請**フ求メン二救ヒヲ於孫将軍ニ一。（　　）（　　）

2 **莫**シレ**不**ルモノレ失ハレ色ヲ。（　　）（　　）

3 **勧**メテレ権ニ召サシム二周瑜ヲ一。（　　）（　　）

4 豚犬ナル**耳**。（　　）（　　）

答
1 請ふ救ひを孫将軍に求めん。／願望
2 色を失はざるもの莫し。／二重否定
3 権に勧めて周瑜を召さしむ。／使役
4 豚犬なるのみ。／限定

股肱之力

【大　意】 教165ページ7～12行

先主（＝劉備）は臨終に際し、諸葛亮に、跡継ぎである劉禅が輔佐するに値する人物でなければ、諸葛亮自身が帝位につくようにと告げた。しかし亮は、全力で劉禅を輔佐すると、涙を流しながら誓った。

【書き下し文】

❶章武三年春、先主永安に於いて病篤し。❷亮を成都より召し、属するに後事を以てす。❸亮に謂ひて曰はく、「君が才は曹丕に十倍す、必ず能く国を安んじ、終に大事を定めん。❹若し嗣子輔くべくんば、之を輔けよ。❺如し其れ不才ならば、君自ら取るべし。」と。❻亮涕泣して曰はく、「臣敢へて股肱の力を竭くし、忠貞の節を效し、之に継ぐに死を以てせん。」と。❼先主又詔を為りて後主に勅して曰はく、「汝丞相と事に従ひ、之に事ふること父のごとくせよ。」と。

【現代語訳】

❶章武三年の春、先主（＝劉備）は永安宮で病が重篤になった。❷亮（＝諸葛亮）を成都から呼びよせなさって、（自分の）死後のことを頼んだ。❸亮に向かって言うことには、「あなたの才能は曹丕の十倍もある、きっと国家を安定させることができ、最後には（天下を統一するという）大事業を成し遂げるはずだ。❹もし（私の）後継者（である劉禅）が輔佐してもよい（＝輔佐するに値する）（人物である）ならば、彼（＝劉禅）を輔佐してやってくれ。❺もしそれに才能がない（＝輔佐するに値しない）ならば、あなたが自ら（帝位に）つくがよい。」と。❻亮は涙を流して言うことには、「私は臣下として全力を尽くし、主君に対する強固な忠誠心を捧げて、命をかけてこれ（＝

主君を輔佐すること)を続けます。」と。❼先主はまた詔を作って後主(である劉禅)に命じて言うことには、「お前は丞相(である諸葛亮)と国事に従い、父のようにこれ(＝諸葛亮)に仕えなさい。」と。

（三国志）

語句の解説

教165ページ

❷**属以後事** 死後のことを頼んだ。

＊「以」＝ここでは、「もつテス」と読む。

❶ 「君才十倍曹丕」とは、どのようなことをいおうとしているのか。

答 諸葛亮が素晴らしい才能をもっており、皇帝にふさわしい器だということ。

❸**能安国** 国家を安定させることができ。

＊「能」＝ここでは、「よク」と読む。

「安」＝安定させる。安らかにする。

❸**終定大事** 最後には大事業を成し遂げるはずだ。

＊「終」＝ここでは、「つひニ」と読む。

「大事」＝ここでは、天下統一をするという大事業のこと。

❹＊「若」＝ここでは、「もシ」と読む。

❹**可輔、輔之** 輔佐してもよいならば劉禅を輔佐せよ。劉禅が輔佐するに値する人物であるならば輔佐してやってくれ、ということ。「之」とは劉禅を指す。

＊「可」＝ここでは、「ベシ」と読む。文脈から仮定を表す送り仮名をつけている。「ベクハ」ではなく、「ベクンバ」と読む。

❺**如其不才** もしそれに才能がないならば。もし輔佐するに値しないならば、ということ。

＊「如」＝ここでは、「もシ」と読む。

❺**可自取** 自ら(帝位に)つくがよい。

「取」＝ここでは、蜀の国を取り帝位につくという意味。

❻**涕泣** 涙をはらはら流して泣くこと。「涕」も「泣」も「泣く」という意味を持つ。

❻**臣** 私。へりくだって言うときの一人称代名詞。ここでは諸葛亮のこと。

❻**敢竭股肱之力、……継之以死** 後継者の劉禅を命がけで全力で輔佐する、と言っているところ。

「股肱之力」＝「股」は「もも」、「肱」は「ひじ」。「股肱之力」は全身の力、のこと。「股肱」で、手足のように忠実な臣下、という意味も持つ。

「以死」＝命がけで。死をもって。

❷ 「股肱之力」とはどのような意味か。

答 臣下として全力を挙げて主君に尽くすこと。

❼**為詔** 詔を作って。

＊「為」＝ここでは、「つくル」と読む。

❼与（と）㆓丞相（じょうしょう）㆒　丞相と。丞相は諸葛亮を指す。
　＊「与」＝ここでは、「と」と読む。

❼事（つかフル）㆑之（これニ）如（ごとクセヨ）㆑父（ちちノ）　父のようにこれ（＝諸葛亮）に仕えなさい。
　＊「事」＝ここでは、「つかフ」と読む。仕える。
　＊「如」＝ここでは、「ごとシ」と読む。

Q　劉備が諸葛亮に「君可㆓自取㆒」と言った理由を、話し合ってみよう。

考え方　まず、劉備の「君才十倍㆓曹丕㆒、……終定㆓大事㆒。」（教165ページ8～9行）という発言に着目して、諸葛亮を劉備がどのように評価していたのかを読み取る。また、「若嗣子可㆑輔、輔㆑之。如其不才、君可㆓自取㆒。」（教165ページ9～10行）から、後継者である劉禅の能力を劉備がどのように見ていたかを推測する。

解答例　劉備は、諸葛亮には、天下を安定させ、大事業を成し遂げる才能があると、その力量を高く評価している。しかしその一方で、後継者である劉禅に本当に天下を平定するほどの能力があるのか、不安を抱いているから。

課題

一　この単元の中から最も印象に残った話を選び、選んだ理由を説明してみよう。

考え方　どの話を選んでもよい。登場人物の行動やエピソードの内容など、どの部分がどのように印象に残ったのかを説明しよう。

語句と表現

一　「三国志」から生まれた、次の名言・名句の意味を調べてみよう。

①白眉
②三顧の礼
③水魚の交わり
④泣いて馬謖（ばしょく）を斬る

解答例　①多くのもののなかで、最もすぐれているものや、人のたとえ。
②すぐれた人間に仕事を頼むために目上の人間が礼を尽くすこと。また、それが必要だということ。
③離れることができない、親密な間柄や交際のたとえ。
④規律や秩序を守るためには、たとえ愛する者であっても、違反したら厳しく処分するということ。

学びを広げる 「三国志」の世界

教科書P.167

「三国志」を題材とした作品を、小説・漫画・ゲームなどさまざまなジャンルの中から探し、その中で「三国志」の世界がどのように活かされているか、調べ、発表してみよう。

考え方 「三国志」を題材とした作品には、次のようなものがある。

小説
- 『三国志』吉川英治(吉川英治歴史時代文庫など)…『三国志演義』をもとに、日本向けにアレンジを加えた作品。
- 『三国志 英雄ここにあり』柴田錬三郎(講談社文庫など)
- 『秘本三国志』陳舜臣(中公文庫など)

漫画
- 『三国志』横山光輝(潮出版社)…吉川英治の『三国志』が原作。
- 『蒼天航路』李學仁・王欣太(講談社)…曹操を主人公にした作品。

ゲーム
- 「三國志」シリーズ(コーエーテクモゲームス)

歌舞伎
- 『新・三国志』

人形劇
- 『三国志』川本喜八郎(ＮＨＫ)

それぞれの作品の中で「三国志」の世界がどのように活かされているか考えよう。誰が登場し、どのような人物として描かれているか、どのエピソードに焦点が当てられているか、「三国志」との相違点はどのようなことがあるか、といったことなどに着目するとよいだろう。また、前にあげたのはどれも日本の作品である。他の国にはどのような作品があるのかを調べてもよいだろう。

六　思想

思想と寓話

教科書P.170〜183

「儒家」「道家」については、第一部の「五　思想―儒家・道家の思想」を参照のこと。ここでは、「法家」「墨家」について記す。

●法家について

法家の主張は、厳格な法と刑罰によって国家を治めるべきだとする信賞必罰の法治主義である。その先駆者としては春秋時代の斉の管仲、戦国時代の韓の申不害、秦の商鞅などがおり、戦国末期の韓非が大成した。韓非は李斯（のちに秦の宰相となる）とともに荀況に学んだが、荀況の重んじた「礼」に代えて「法」を重んじ、「術」（臣下を統御する術策）と「勢」（君主の統治権力）とを合わせ、君主の権力と国家統制を強め、強固な中央集権国家の実現を説いた。

『韓非子』は、韓非とその思想を継承した学派の人々の諸編をまとめたもの。二十巻五十五篇で、前半は「術」について、後半は「法」「勢」について説く篇が多く、また、巧みな寓話・比喩が多用されているのもその特徴である。

●墨家について

戦国時代初期の墨翟を祖とする結社的思想家集団。「兼愛」（博愛主義）、「非攻」（他国への侵攻の否定）、節倹などを説き、一時は儒家と拮抗するほどの勢力をもって儒家と激しく対立した。また、彼らは技術者集団でもあり、諸国の守城戦に自ら参加し（侵攻は否定するが、防衛戦は否定していない）、その防衛に力を貸してもいる。

『墨子』は、墨家集団の思想を集積したもので、五十三篇が現存する。墨家の主張する兼愛・非攻・非命・非楽・尚賢・尚同・節用・節葬・天志・明鬼の十論と、論理学説、守城法、墨子の説話などが、比喩・反復を多用したわかりやすい文章で記されている。

孟子何必曰利

【大　意】　教170ページ1行〜171ページ5行

梁の恵王が自国に利益をもたらす方策を尋ねたのに対し、孟子は、王が利益を優先させることの危うさを説き、王は仁義をもって政治を行えばよいのだと諭した。

【書き下し文】

❶孟子梁の恵王に見ゆ。❷王曰はく、「叟、千里を遠しとせずして来たる。❸亦将に以て吾が国を利すること有らんとするか。」と。❹孟子対へて曰はく、「王何ぞ必ずしも利と曰はん。❺亦仁義有るのみ。❻王は何を以て吾が国を利せんと曰ひ、大夫は何を以て吾が家を利せんと曰ひ、士庶人は何を以て吾が身を利せんと曰はば、上下交利を征りて国危ふからん。❼万乗の国、其の君を弑する者は、必ず千乗の家なり。❽千乗の国、其の君を弑する者は、必ず百乗の家なり。❾万に千を取り、千に百を取るは、多からずと為さず。❿苟しくも義を後にして利を先にするを為さば、奪はずんば饜かず。⓫未だ仁にして其の親を遺つる者有らざるなり。⓬未だ義にして其の君を後にする者有らざるなり。⓭王も亦仁義と曰はんのみ。⓮何ぞ必ずしも利と曰はん。」と。

(梁恵王 上)

【現代語訳】

❶孟子が梁の恵王にお目にかかった。❷恵王が言うことには、「老先生は、千里の道のりを遠いとなさらずにやって来られた。❸(先生も他の遊説の士と)同様にわが国に利益をもたらす方策がおありなのでしょうか。」と。❹孟子がお答えして言うには、「王はどうして(目先の)利益を口になさる必要がありましょうか、いやその必要はありません。❺(国を治めるのには、)仁義(を実践すること)があるだけです。❻王はどうやってわが国に利益をもたらそうかと言い、諸侯に仕える上級の役人はどうやって自分の領地に利益をもたらそうかと言い、士と一般庶民はどうやってわが身に利益をもたらそうかと言ったならば、(身分の)上の者も下の者も互いに利益を取り合って国は危うくなるでしょう。❼(そもそも)兵車一万台を出すことのできる大国で、その主君を殺す者は、必ず兵車千台を出すことのできる領地(を持つ上級の役人)です。❽兵車千台を出すことのできる国で、その主君を殺す者は、必ず兵車百台を出すことのできる領地(を持つ上級の役人)です。❾万乗の国で千乗の領地をもらい、千乗の国で百乗の領地をもらっているのは、(臣下の俸禄として)多くないわけではありません。❿(しかし)もし義を後回しにして利益を第一とするなら、(ことごとく)奪わなければ満足しません。⓫今まで仁の心がある者でその親を見捨てた者はおりません。⓬今まで義の心をもった者でその主君を後回しにした者はおりません。⓭(ですから)王もまた、仁義を主張するだけ(でよいの)です。⓮どうして利益を口にする必要がありましょうか、いやその必要はありません。」と。

語句の解説

教170ページ

❶**＊「見」**＝相手が敬意を払うべき対象である場合には、「まみユ」と訓読する。拝謁する。

❸**＊「亦」**＝ここでは、「また」と読む。

❸**将レ有三以利二吾国一乎** わが国の利益になる方策があるのだろうか。

＊「将」＝ここでは、「まさニ〜す」と読む。再読文字。

「〜乎」＝疑問を表す。〜(なの)か。「乎」は疑問の終尾詞。

❹**孟子対曰** 孟子がお答えして言うには。

＊「対」＝ここでは、「こたフ」と読む。

❹**何必曰レ利** どうして利益を口にする必要があるだろうか、いやその必要はない。

❖**何必〜** ＝反語を表す。

❺**有二仁義一而已矣** 仁義があるだけだ。

「仁義」＝慈愛の心と道理をわきまえる心、またその行い。

❖**〜而已矣**＝限定を表す。〜だけだ。

Q 孟子は梁の恵王に対して、「利」を退け「仁義」をすすめる理由をどのように述べているか、整理してみよう。

解答例 王が仁義を後回しにして「利」を優先させると、身分の上下を問わず誰もがそれにならい、互いに利益を取り合って国が危うくなる。また、「利」を第一にすると、ことごとく奪わなければ満足しなくなり、君主を殺すことさえいとわなくなる。対して、仁の心のある者は親を見捨てず、義の心のある者は主君を後回しにしない。よって、「利」を求める必要はなく、ただ仁義を主張すればよい。

❻**何以利二吾国一** どうやってわが国に利益をもたらそうか。

「何以〜」＝疑問を表す。どうやって〜(しよう)か。

① 「国危矣。」とあるが、なぜそうなるのか。

答 身分の上の者も下の者も、互いに利益を取り合うから。

❻**＊「矣」**＝ここでは、断定を表す置き字。

教171ページ

❾**＊「焉」**＝ここでは、強調を表す置き字。

❾**不レ為レ不レ多矣** 多くないわけではない。＝多い。

「不レ為レ不レ〜」＝二重否定で、強い肯定を表す。

❿**苟為二後レ義而先一レ利** もし義を後回しにして利益を第一にするとしたら。

❖**苟〜** ＝仮定を表す。もし〜ならば。

❿**不レ奪不レ饜** 奪わなければ満足しない。ここは「不レ奪」と「不レ饜」の二つの句から成り立ったもので、二重否定ではない。

句法

一 書き下し文に直し、太字に注意して、句法のはたらきを書こう。

1 （何ゾ必ズシモ曰ハンレ利ト。）（　　　）（　　　）

2 （有ル二仁義一而已矣。）（　　　）（　　　）

3 （苟シクモ為サバ三後ニシテレ義ヲ而先ニスルヲ二レ利ヲ、）（　　　）（　　　）

孟子　性猶湍水也

人間の本性を水になぞらえ、善・不善の区別はないとする告子に、孟子は低いところに流れるのが水の本性であると反論した。

【大意】 教171ページ6行〜172ページ6行

【書き下し文】

❶告子曰はく、「性は猶ほ湍水のごときなり。❷諸を東方に決すれば、則ち東流し、諸を西方に決すれば、則ち西流す。❸人性の善・不善を分かつこと無きは、猶ほ水の東西を分かつこと無きがごときなり。」と。❹孟子曰はく、「水は信に東西を分かつこと無きも、上下を分かつこと無からんや。❺人性の善なるは、猶ほ水の下きに就くがごときなり。❻人善ならざること有る無く、水下らざること有る無し。❼今夫れ水は、搏ちて之を躍らせば、顙を過ごさしむべく、激して之を行れば、山に在らしむべし。❽是れ豈に水の性ならんや。❾其の勢則ち然るなり。❿人の不善を為さしむべきは、其の性

【現代語訳】

❶告子が言うことには、「(人間の)本性はちょうど渦を巻く水のようなものである。❷これ(＝水)を東側に堤を切って流せば、東に向かって流れ、これ(＝水)を西側に堤を切って流せば、西に向かって流れる。❸人間の本性に善不善の区別がないのは、ちょうど水(の流れる方向)が東西に流れる区別がないのと同じである。」と。❹(これを聞いて)孟子が言うことには、「水はたしかに東西を区別することはないが、上下を区別することはないであろうか、いや区別する。❺人間の本性が善であるのは、ちょうど水が低い方に向かって流れるのと同じである。❻人間(の本性)は善でないものはなく、水は低い方に流れないものはない。❼今、そもそも水は、手でたたいてこれ(＝水)を跳ね上がらせれば、(人の)額(の高さ)を越えさせることができ、水をせき止めて逆流させてこれ(＝水)を(一気に)流せば、山(の上)に上がらせることもできる。❽(しかし)これがどうして水

答

1 何ぞ必ずしも利と曰はん。／反語

2 仁義有るのみ。／限定

3 苟しくも義を後にして利を先にするを為さば、／仮定

も亦猶ほ是くのごときなり。」と。

（告子 上）

の本性であろうか、いや本性ではない。❾その外から加わった力がそう（させているの）である。❿人間に不善を行わせることができるのは、その本性もまた、ちょうどこの（＝水が外から加わった力によってそうなる）ようである。」と。

語句の解説

教171ページ

❶**性猶湍水也** （人間の）本性はちょうど渦を巻く水のようだ。

「性」＝（人間の）本性。

＊「猶」＝ここでは、「なホ〜ノごとシ」と読む。再読文字。ちょうど〜のようだ。

❷＊「則」＝ここでは、「すなはチ」と読む。いわゆる「レバ則」。

❸**…也、〜也** 文中の「也」は「や」と読むことが多く（ここでは置き字）、上の語句を指定（…というものは）したり、時や場所（…の時には・…には）を表したりし、文末の「也」と呼応して、…は、〜である、という内容を表す。

教172ページ

❹**無分於上下乎** 上下を区別することはないであろうか、いや区別する。

❖無〜乎＝反語を表す。

❺＊「也」＝ここでは断定の語気を表す置き字。

❺**就下** 水が低い方に向かって流れることをいう。

❻**人無有不善** 人間は善でないものはなく。

❖無有不〜＝二重否定を表す。〜でないものはない。

❼＊「夫」＝ここでは、「そレ」と読む。そもそも。

❼**躍之** 手で打った水が上に向かって跳ね上がる様子をいう。

❼**可使過顙** （人の）額（の高さ）を越えさせることができ。

＊「可」＝ここでは、「ベシ」と読む。

「使」＝使役の助動詞。〜させる。

❽**豈水之性哉** どうして水の本性であろうか、いや本性ではない。

❖豈〜哉＝反語を表す。どうして〜か、いや〜ない。

❾**然也** ここでは本来低い方に流れるはずの水を額の高さに跳ね上げたり、山の上に上がらせたりすることをいう。

＊「然」＝ここでは、「しかリ」と読む。

❿**其性** ここでは人間の本性をいう。

❿＊「亦」＝ここでは、「また」と読む。

1 「猶是也」とはどういうことをいうか。

答 人間の本性は善であるとする孟子にとって、人間が不善をなしてしまうのは、本来低い方へ流れるはずの水が外からの力によって額の高さにまで跳ね上がったり、山の上にまで上がったりするのと同様、外からの力によるものであるということ。

Q　告子は「湍水」のたとえによって、人の性はどのようなものだと述べているか、説明してみよう。

解答例 「湍水」（＝渦を巻く水）は、これを東に流せば東に向かい、西に流せば西に向かうことから、水の本性を定めのないものだと捉え、その水と同じように、人間の本性も定めのないもの、すなわち善と不善の区別がないものだということを述べている。

Q　孟子は、告子の説に対して、同じ「水」のたとえを用いてどのように自説を述べているか、整理してみよう。

解答例 告子が水の本性を東西どちらに流れるか定まらないという水平思考で捉えている点に着目し、水は本来低いところに流れるものであり、垂直思考で捉えれば定まった本性を有していると反論する。これにより、人間の本性を水にたとえて善とも不善とも定めえないとする告子の主張を論破している。さらに水が外からの力によってその本性とは異なる動きをすることを述べ、自らも水にたとえて人間の本性は善であるという主張を展開している。

句法

一　書き下し文に直し、太字に注意して、句法のはたらきを書こう。

1 **無**レ分二於上下一**乎**。

（　　　）（　　　）

2 水**無**レ**有**レ**不**レ下。

（　　　）（　　　）

3 **豈**二水之性一**哉**。

（　　　）（　　　）

答
1 上下を分かつこと無からんや／反語
2 水下らざること有る無し。／二重否定
3 豈に水の性ならんや／反語

荀子　青取之於藍、而青於藍

【大意】 教173ページ1～8行

学問を途中でやめてはならない。幅広く学び何度も反省すれば、知識は明瞭になり行動に誤りもなくなる。生まれた時は同じでも、教育によって人間は変わるのである。

【書き下し文】

❶君子曰はく、「学は以て已むべからず。❷青は之を藍より取りて、藍よりも青し。❸冰は水之を為して、水よりも寒た

【現代語訳】

❶君子は言った、「学問は途中でやめてはならない。❷（染料の）青は藍草から作るが、藍草よりも青い。❸氷は水から作るが、水よりも冷たい。」と。❹木のまっすぐなものは墨縄とぴたりと合うけ

し。」と。❹木の直きは縄に中たるも、輮めて以て輪と為せば、其の曲規に中たる。❺槁暴有りと雖も、復た挺せざる者は、輮之をして然らしむるなり。❻故に木縄を受くれば則ち直く、金礪に就けば則ち利し。❼君子博く学びて、日に己を参省すれば、則ち智明らかにして行ひ過ち無し。❽故に高山に登らざれば、天の高きを知らざるなり。❾深谿に臨まざれば、地の厚きを知らざるなり。❿先王の遺言を聞かざれば、学問の大なるを知らざるなり。⓫干・越・夷・貉の子、生まれて声を同じくし、長じて俗を異にするは、教へ之をして然らしむるなり。

（勧学）

れども、湾曲させて輪にすると、その曲線はコンパス（で描いた円）とぴたりと合う。❺もし木が枯れて乾いたとしても、二度とはまっすぐにならないのは、湾曲させることがこれ（＝木）にそうさせるのである。❻それゆえ、木は墨縄を当てられればまっすぐになり、金属は砥石にかければ鋭くなる。❼君子が幅広く学問をし、一日に自分自身（の言行）を何度も反省すれば、知識は明らかになり行動に誤りもなくなる。❽だから、高い山に登らなければ、天の高いことはわからない。❾深い谷（の側）で下を見なければ、大地が厚いことはわからない。❿古代の聖王の残した言葉を聞かなければ（＝学ばなければ）、学問の偉大さはわからないのだ。⓫干・越・夷・貉（といった異民族の国）の子どもは、生まれた時の（泣き）声は同じであるが、成長して（それぞれの国で）風習が異なるのは、教育（の違い）がこれ（＝子どもたち）にそうさせるのである。

語句の解説

教173ページ

❶**学不レ可二以已一** 学問は途中でやめてはならない。

❖不レ可二～一 ＝ここでは、禁止を表す。～してはいけない。

＊「已」＝ここでは、「やム」と読む。やめる。終える。

❷**青取二之於藍一** （染料の）青は藍草から作るが。

「於」＝ここでは起点を表す置き字。

❷**青二於藍一** 藍草よりも青い。

❖A二於B一 ＝比較を表す。BよりもAだ。

❹＊「以為」＝ここでは、「もつテ～トなス」と読む。

❺**雖レ有二槁暴一** もし木が枯れて乾いたとしても。

❖雖レ～ ＝仮定を表す。

❺**不二復挺一者** 二度とはまっすぐにならないのは。

❖不二復～一 ＝部分否定を表す。二度とは～ない。

「者」＝上の内容を指定して強調する助字で、助詞の「は」に当たる。～は。

❺**輮使二之然一也** 湾曲させることがこれ（＝木）にそうさせるのだ。

❖使二A B一 ＝使役を表す。「使」は、使役の助動詞。

＊「然」＝ここでは、「しかリ」と読む。

❻**木受レ縄** 木に墨縄を当ててまっすぐにすることをいう。

❻＊「則」＝ここでは、「すなはチ」と読む。いわゆる「レバ則」。
❼＊「乎」＝ここでは置き字。対象を表す。
❼**行無過矣** 行動に誤りはなくなる。
＊「過」＝ここでは、「あやまチ」と読む。
＊「矣」＝ここでは、断定の意を表す置き字。

❿**遺言** 先人や先哲が残した言葉。「ゆいごん」ではない。
⓫**同声** 生まれた時の泣き声は誰も変わらないことをいう。
⓫**教使之然也** 「之」は異民族の国の子どもたちをいう。教育の違いが子どもたちを国ごとに風習が異なるようにさせる、ということ。

Q **「学不可以已。」と主張するのはなぜか。使われているたとえをもとに、説明してみよう。**

解答例 まず、比喩を整理する。

・「青」と「藍」、「氷」と「水」の比喩＝学問を重ねることによって、生来の能力よりも進歩する。
・木を輮める比喩＝外から力を加えることで物事を変化させることができる。
・「木」「金」の比喩＝学問をすることによって、よい意味での変化が生まれる。
・「登高山」「臨深谿」の比喩＝学問をしなければ、物事の真の姿を知ることはできない。
・「干・越・夷・貉之子」＝教育によって風習が異なることの比喩。

荀子はこれらの比喩によって、継続的な学問が自分自身の生来の能力を育て上げ向上させるために必要不可欠なものであるから、学問を途中でやめてはならないと主張している。

句法

一 書き下し文に直し、太字に注意して、句法のはたらきを書こう。

1 学**不可**以已。（　　　　）（　　　）
2 青取之於藍、而青**於**藍。（　　　　）（　　　）
3 **雖**有槁暴、（　　　　）（　　　）
4 **不復**挺者、（　　　　）（　　　）
5 輮**使**之然也。（　　　　）（　　　）

答
1 学は以て已むべからず。／禁止
2 青は之を藍より取りて、藍よりも青し。／比較
3 槁暴有りと雖も、／仮定
4 復た挺せざる者は、／部分否定
5 輮之をして然らしむるなり。／使役

老子　天下莫柔弱於水

【大　意】 教174ページ1～3行

柔弱な水が堅強なものに勝つように、柔が剛に勝つ道理は知られているが、それを実行できる者はいない。

【書き下し文】

❶天下水より柔弱なるは莫し。❷而れども堅強を攻むるは、之に能く勝つ莫し。❸其の以て之を易ふる無きを以てなり。❹弱の強に勝ち、柔の剛に勝つは、天下知らざる莫きも、能く行ふこと莫し。

（第七十八章）

【現代語訳】

❶世の中に、水よりも柔らかくて弱いものはない。❷しかし堅くて強いものを攻めるには、これ（＝水）にまさることのできるものはない。❸それはこれ（＝水）の（柔弱な）性質を変えることができないからである。❹弱いものが強いものに勝ち、柔らかいものが堅いものに勝つことは、世の中に知らない者はいないが、（それを）実行できる者はいない。

語句の解説

教174ページ

❶莫柔弱於水　水よりも柔らかくて弱いものはない。

❖莫A於B ＝比較の構文で、Bが最上であることを表す。「於」は比較の前置詞。

「柔弱」＝柔らかくて弱い。水はどんな入れ物にも、どんな場所にも、その形状に従って入ってしまうことを指す。

❷＊「而」＝ここでは、「しかレドモ」と読む。

❷攻堅強者、莫之能勝　堅くて強いものを攻めるには、水にまさることのできるものはない。例えば、水滴が岩石をうがち、谷川の急流が巨大な岩を押し流すなどの現象をいう。

＊「者」＝ここでは、「は」と読む。

＊「能」＝ここでは、「よク」と読む。

① 「之」とは、何を指すか。

答 水。

❸以　～するからである。理由を示す。

❹莫不知　知らない者はいないが。つまり、誰もが知っているということ。

❖莫不～ ＝二重否定で、強い肯定を表す。～でないものはない。

❹莫能行　実行できる者はいない。柔軟な考え方・態度をもって世に処する者がいないということ。

Q 老子は、水の性質についてどのように考えているか。また、そこから老子のどのようなものの見方がわかるか、話し合ってみよう。

考え方 最も柔らかく弱いものだが、堅くて強いものを攻めるのに最も適しているという水の性質から、弱が強に勝ち、柔が剛に勝つ、いわゆる「柔よく剛を制す」という道理を述べている。これについて考えたことを話し合えばよい。

句法

一 書き下し文に直し、太字に注意して、句法のはたらきを書こう。

1　天下**莫**シ三柔二弱ナルハ於水ヨリ一。（　　　　）（　　　　）

2　天下**莫**レ**不**ル知ラ、（　　　　）（　　　　）

答
1　天下水より柔弱なるは莫し。／比較
2　天下知らざる莫きも、／二重否定

荘子　夢為胡蝶

【大　意】 教175ページ1〜4行

かつて荘周は夢でチョウとなり、目が覚めると周であった。周が夢でチョウになったのか、チョウが夢で周になったのかわからないが、区別はあるに違いない。これこそを万物の変化というのである。

【書き下し文】

❶昔者、荘周、夢に胡蝶と為る。❷栩栩然として胡蝶なり。❸自ら喩しみて志に適へるかな。❹周なるを知らざるなり。❺俄然として覚むれば、則ち蘧蘧然として周なり。❻知らず周の夢に胡蝶と為れるか、胡蝶の夢に周と為れるか。❼周と胡蝶とは、則ち必ず分有り。❽此を之物化と謂ふ。

（斉物論）

【現代語訳】

❶かつて、荘周は、夢の中でチョウになった。❷ひらひらと舞い飛ぶチョウであった。❸快く楽しんで満足したことだなあ。❹(自分が)周であることに気づかなかった。❺不意に目覚めると、驚いたことに周であった。❻いったい周が夢の中でチョウになったのだろうか、チョウが夢の中で周になったのだろうか。❼周とチョウとは、きっと区別があるだろう。❽これこそを万物の変化というのである。

語句の解説

教175ページ

❶**昔者** かつて。昔。

＊「者」＝ここでは、時間を表す語につく接尾語。

❸**適レ志与** 満足したことだなあ。

＊「与」＝ここでは、「かな」と読む。詠嘆を表す。

❺＊「則」＝ここでは、「すなはチ」と読む。

❻**周之** 周が。

「之」＝ここでは主格を表す。下の「胡蝶之」も同じ。

❻**為ニ胡蝶一与** チョウになったのか。

❖〜与＝「与」は、ここでは「か」と訓読して、疑問を表す。〜か。

❼**周与ニ胡蝶一** 周とチョウとは。

＊「与」＝ここでは、「と」と読む。

❼**必有レ分矣** きっと区別があるだろう。

＊「矣」＝判断や感嘆の意を表す置き字。

❽**此之謂ニ物化一** これこそを万物の変化という。「此」は、周とチョウの区別があるにもかかわらず、区別が判然としないことを指す。

「物化」とは、本質は変わらないが、現象が変化することをいう。昨日が今日になり、朝が夜になるのも物化であり、生命あるものの生死も物化である。荘子は、常識的(世俗的)な見地からさまざまに区別されている事物も、本来は一つのものであって、周がチョウになったのか、チョウが周になったのか、というような区別には意味がないと主張しているのである。

Q

荘周の体験から、夢と現実の関係はどのようなものだと考えられるか、話し合ってみよう。

考え方 「不レ知周之夢為ニ胡蝶一与、胡蝶之夢為レ周与。」(教175ページ2〜3行)で、荘周は夢と現実との混交を述べ、「周与ニ胡蝶一、則必有レ分矣。」(教同3〜4行)では、夢と現実の区別を述べている。この対比を押さえて話し合えばよい。

解答例 「胡蝶」と荘周は、常識的な見地から見ると、区別される全く別個の存在であるといえる。しかし、どちらが夢でどちらが現実であるか判然としないような場合、そこには絶対的な差異はなく、それは単なる現象の変化、つまり「物化」の関係にあるといえる。

句法

一 **書き下し文に直し、太字に注意して、句法のはたらきを書こう。**

1 周之夢為ニ胡蝶一**与**、 （　　）（　　）

答 1 周の夢に胡蝶と為れるか、／疑問

列子　愚公移山

【大意】 1　教176ページ1行～177ページ2行

北山の愚公は、交通の不便さを解消しようと、太行・王屋の二山を切り崩して平らにすることを家族に提案した。妻は不可能だと反対したが、愚公は三人の家族とともに土地を切り開き、土石を渤海に運び始めた。

【書き下し文】

❶太行・王屋の二山は、方七百里、高さ万仞。❷本冀州の南、河陽の北に在り。❸北山の愚公といふ者あり、年且に九十ならんとす。❹山に面して居り、山北の塞の、出入の迂なるに懲しむ。❺室を聚めて謀りて曰はく、「吾汝らと力を畢くして険を平らかにし、予南を指通して、漢陰に達せん。❻可ならんか。」と。❼雑然りとし相許す。❽其の妻疑ひを献じて曰はく、「君の力を以てしては、曾ち魁父の丘をも損する能はず。❾太行・王屋を如何せん。❿且つ焉くにか土石を置かん。」と。⓫雑曰はく、「諸を渤海の尾、隠土の北に投ぜん。」と。⓬遂に子孫を率ゐ、荷担する者三夫。⓭石を叩き壌を墾き、箕畚もて渤海の尾に運ぶ。⓮隣人京城氏の孀妻に、遺男有り、始めて齓す。⓯跳り往きて之を助け、寒暑節を易へて、始めて一たび反る。

【現代語訳】

❶太行山・王屋山の二山は、四方七百里(の広さで)、高さが甚だしかった。❷もともと冀州の南、河陽の北にあった。❸北山の愚公という人がいて、年は九十歳になろうとしていた。❹(二つの)山に面して住んでいて、山の北側の険しくて塞がっている地(のせい)で、出入りするのに遠回りしなければならないのに苦労していた。❺(そこで)家族の者を集めて相談して言うことには、「私はおまえたちと力を尽くして険しい土地を平らにし、予州の南部に向かって道を通して、漢水の南の地まで到達させようと思う。❻よろしいだろうか。」と。❼皆もっともであるとして賛成した。❽(ところが)その(＝愚公の)妻が疑問を申し立てて言うには、「あなたの力では、魁父の(小さな)丘さえ崩すことなどできもしません。❾(ましてあの)太行山・王屋山をどうしようか。❿その上どこに土や石を捨てるつもりですか。」と。⓫皆が言うには、「これ(＝崩した土石)は渤海の端や、東北の果ての地に捨てましょう。」と。⓬かくて(愚公は)子や孫を引き連れ、担ぎ手は三人であった。⓭(彼らは)石を叩き割って土地を切り開き、箕と畚で(土石を)渤海の端へ運んだ。⓮(愚公の)隣人の京城氏の夫をなくした女性に、忘れ形見の男の子がいて、やっと歯が抜けかわ(る年頃であ)った。⓯(その子は)喜び勇んで出

かけていってこれ(＝愚公)を助け、寒暑の季節が変わって、ようやく一度家に帰る(ありさまだった)。

語句の解説 1

教176ページ

❸**且ニ九十一** 今にも九十歳になろうとする。
＊「且」＝ここでは、「まさニ〜す」と読む。再読文字。
❹**面レ山** ここでは、家の正面に山がそびえていること。
❹**也** 語調を整える助字。
❺**聚メテ** 集めて。「集」と同じ。
❺**而** ここでは順接の置き字。
❺**与レ汝** おまえたちと。
＊「与」＝ここでは、「と」と読む。
❺**畢レ力** 力を尽くして。
「畢」＝ここでは、「尽」に同じ。
❺**指通** (〜に)向かって通じるようにして。
❺＊「于」＝ここでは、対象を表す置き字。
❻**可乎** よろしいだろうか。相手に良し悪しを尋ねる言い方。
「乎」＝疑問を表す終尾詞。
❼**雑** 「皆」と同じ。
❼＊「然」＝ここでは、「しかリ」と読む。
❽**以ニ君之力一** あなたの力では。
＊「以」＝ここでは、「もつテ」と読む。
❽**曾** 「曾不〜」の形で否定の意を強めている。
❽**不レ能レ損** 崩すことはできない。
❖不レ能レ〜 ＝不可能を表す。〜できない。
❾**如ニ太行・王屋一何** 太行山・王屋山をどうしようか。
❖如ニ〜一何 ＝疑問を表す。〜をどうしようか。「如何」に目的語を付ける時は「如」と「何」の間に入れる。
❿＊「且」＝ここでは、「かツ」と読む。
❿**焉置ニ土石一** どこに土や石を捨てるつもりか。
❖焉〜 ＝ここでは疑問を表す。どこに〜か。

教177ページ

⓯**助レ之** 愚公を助け。「之」は、愚公を指す。
⓯**寒暑易レ節** 寒暑の季節が変わって。「寒」の季節と「暑」の季節の変わり目に、ということ。
＊「易」＝ここでは、「かフ」と読む。変わる。
⓯**一反焉** 一度家に帰る。
「反」＝「返」と同じ。
＊「焉」＝ここでは、確認・断定を表す置き字。

【大意】 2 教177ページ3〜9行

河曲の智叟という人が、愚公の行動をあざ笑い諫めたが、愚公が子々孫々にわたる遠大な計画を話すと、河曲の智叟という人は何の返答もできず黙ってしまった。

【書き下し文】

❶河曲の智叟、笑ひて之を止めて曰はく、「甚だしきかな、汝の不恵なる。❷残年の余力を以てしては、曽ち山の一毛をも毀つ能はず。❸其れ土石を如何せん。」と。❹北山の愚公長息して曰はく、「汝が心の固なる、固より徹すべからず。❺曽ち孀妻の弱子に若かず。❻我の死すと雖も、子有りて存す。❼子又孫を生み、孫又子を生む。❽子又子有り、子又孫有り。❾子子孫孫、窮匱無し。❿而るに山は加増せず。⓫何若ぞ平らかならざらん。」と。⓬河曲の智叟、以て応ふる亡し。

【現代語訳】

❶河曲の智叟という人が、あざ笑ってこれ(＝愚公の仕事)をやめさせ(ようとし)て言うには、「ひどいものだなあ、あなたの思慮分別がないことは。❷(あなたに)残された寿命の僅かな力では、山に生えた一本の草だって取り除くことなどできない。❸いったい土や石をどうするのか。」と。❹(すると)北山の愚公は長いため息をついて言った、「あなたの心のかたくななことといったら、本当に取り除くことができない。❺とても夫をなくした女性の幼子に及ばない。❻もし私が死んでも、(私には)子どもが残っている。❼子どもはさらに孫を生み、孫はさらに子どもを生む。❽子どもにはさらに子どもができて、子どもはさらに孫ができる。❾(こうして)子々孫々、尽きることはないのだ。❿しかし、山は(体積が)増えることはない。⓫どうして平らにならないであろうか、いや平らになるはずだ。」と。⓬河曲の智叟という人は、何とも答えることができなかった。

語句の解説 2

❶智叟 「智」は、知恵がある、賢いといった意味。「叟」は、年をとった男性のこと。もの知りなおじいさん、というような名。

❶甚矣 ひどいものだなあ。

*「矣」＝ここでは、詠嘆を表す置き字。

❷残年 九十歳の愚公の余命をいう。

❸如二土石一何 土石をどうするのか。ここでは強い疑念を表している。

❹固不レ可レ徹 本当に取り除くことができない。智叟のかたくなさには手が付けられず、どうしようもないということ。

*「固」＝ここでは、「もとヨリ」と読む。

❖不レ可レ～ ＝不可能を表す。～できない。

❺不レ若二孀妻弱子一 夫をなくした女性の幼子に及ばない。

❖不レ若レ～ ＝比較を表す。～に及ばない。

❻雖二我之死一 たとえ私が死んだとしても。

❖雖二～一 ＝逆接の仮定を表す。もし～でも。

❿*「而」＝ここでは、「しかルニ」と読む。

⓫何若而不レ平 どうして平らにならないであろうか、いや平らにならないことはない(＝平らになるはずだ)。

❖何若ゾ～(ナラ)ン ＝反語を表す。

⑫*「亡」＝ここでは、「なシ」と読む。

⑫*「応」＝ここでは、「こたフ」と読む。

【大 意】 3 教177ページ10～12行

山の神は、愚公が山を崩すのをやめないことをおそれ、天帝に報告した。天帝は愚公の誠実さに感動し、夸蛾氏の二人の息子に命じて、山をよそに移動させた。

【書き下し文】

❶操蛇の神之を聞き、其の已まざらんことを懼るるや、之を帝に告ぐ。❷帝其の誠に感じ、夸蛾氏の二子に命じて二山を負はしめ、一は朔東に厝き、一は雍南に厝く。❸此れより、冀の南、漢の陰、隴断無し。

（湯問）

【現代語訳】

❶蛇を手に持つ山の神はこの話を聞いて、それ(＝愚公)が(山を崩すのを)やめないだろうことをおそれて、このことを天帝に報告した。❷天帝はその(＝愚公の)誠実さに感動し、夸蛾氏の二人の息子に命令して(太行山・王屋山の)二つの山を背負わせ、一つは朔北の東の適当な場所に置かせ、一つは雍州の南の適当な場所に置かせた。❸これ以後、冀州の南(から)、漢水の南(にかけて)は、土地が高く切り立ったところはなくなったのである。

語句の解説 3

❶**聞レ之** 「之」は、愚公が子々孫々まで、二つの山を崩す決意であることを指す。

❶**懼二其不一レ已也** それがやめないだろうことをおそれて。

「懼」＝おそれる。心配する。

*「已」＝ここでは、「やム」と読む。やめる。終える。

*「也」＝ここでは、「や」と読む。上の文を受けて下の文を導く働きをしている。

① 「懼」とは、具体的には何をおそれているのか。

答 愚公が山を崩すのをやめないだろうこと。

❷**命二夸蛾氏二子一負二二山一** 夸蛾氏の二人の息子に命令して二つの山を背負わせ。

「命レ[A][B](セ)シム」＝使役を表す。なお、「命」は、下の「一厝二朔東一、一厝二雍南一」にもかかる。

❸**自レ此** これ以後。「此」は、太行山・王屋山が、朔東と雍南に移動させられた時を指す。

*「自」＝ここでは、「より」と読む。

Q　「北山ノ愚公」と「河曲ノ智叟」のそれぞれの考え方を整理し、「愚公」「智叟」という名前を用いた意図について話し合ってみよう。

考え方　「愚公」の「愚」と、「智叟」の「智」に着目して話し合うとよい。

解答例　「北山ノ愚公」＝常識にとらわれず、長期的な(自由な)展望に立って、愚直にこつこつと目的を達成しようとする考え方。
「河曲ノ智叟」＝常識の枠にとらわれ、その枠内での知恵・知性で物事を判断しようとする近視眼的な考え方。

句法

一　書き下し文に直し、太字に注意して、句法のはたらきを書こう。

1　**不**レ**能**ハレ損スル二魁父之丘ヲモ一。
（　　　　　　　　）（　　　　）

2　**如**二太行・王屋ヲ一**何**セン。
（　　　　　　　　）（　　　　）

3　**焉**クニカ置カン二土石ヲ一。
（　　　　　　　　）（　　　　）

4　固ヨリ**不**レ**可**カラレ徹ス。
（　　　　　　　　）（　　　　）

5　**不**レ**若**カ二孀妻ノ弱子ニ一。
（　　　　　　　　）（　　　　）

6　**雖**モ二我之死スト一、
（　　　　　　　　）（　　　　）

7　**何若**ゾ而不レ平ラカナラン。
（　　　　　　　　）（　　　　）

答
1　魁父の丘をも損する能はず。／不可能
2　太行・王屋を如何せん。／疑問
3　焉くにか土石を置かん。／疑問
4　固より徹すべからず。／不可能
5　孀妻の弱子に若かず。／比較
6　我の死すと雖も、／仮定
7　何若ぞ平らかならざらん。／反語

韓非子　聖人不期修古

【大　意】　教178ページ1行～179ページ9行

前の時代の政治を次の時代に行えば、その時代の聖人に笑われてしまう。いつの時代でも、聖人は遠い昔をあてにすることはない。それなのに今、先王の政治で民を治めようとするのは、宋人が切り株を見張ったのと同じことだ。

【書き下し文】

【現代語訳】

❶上古の世、人民は少なく鳥獣は多かった。❷人民は鳥や獣、虫

❶上古の世、人民少なくして禽獣衆し。❷人民禽獣虫蛇に勝たず。❸聖人作る有りて、木を構へて巣を為り、以て群害を避く。❹而して民之を悦び、天下に王たらしめ、之を号して有巣氏と曰ふ。❺民果蓏・蚌蛤を食らひ、腥臊悪臭にして腹胃を傷害し、民疾病多し。❻聖人作る有りて、燧を鑽り火を取り、以て腥臊を化す。❼而して民之を説び、天下に王たらしめ、之を号して燧人氏と曰ふ。❽中古の世、天下大水ありて、鯀・禹瀆を決す。❾近古の世、桀・紂暴乱して、湯・武征伐す。❿今夏后氏の世に構木鑽燧する者有らば、必ず鯀・禹の笑ひと為らん。⓫殷周の世に決瀆する者有らば、必ず湯・武の笑ひと為らん。⓬然らば則ち今堯・舜・禹・湯・武の道を当今の世に美とする者有らば、必ず新聖の笑ひと為らん。⓭是を以て聖人は修古を期せず、常可に法らず。⓮世の事を論じ、因りて之が備へを為す。⓯宋人に田を耕す者有り。⓰田中に株有り、兎走りて株に触れ、頸を折りて死す。⓱因りて其の耒を釈てて株を守り、復た兎を得んことを冀ふ。⓲兎復た得べからずして、身は宋国の笑ひと為れり。⓳今先王の政を以て当世の民を治めんと欲するは、皆株を守るの類なり。

（五蠹）

や蛇に勝てなかった。❸(そんな中で)聖人が現れ、木を組み合わせて住居を作り、そして(鳥獣や虫や蛇などの)さまざまな害を避けたのだった。❹そこで人々はこのことを喜び、(その聖人を)世の中の王に頂き、これを名づけて有巣氏と呼んだ。❺(その時代)人々は木の実と草の実、はまぐりを食べていたが、(それらの食物は)生臭い悪臭を放ち、胃腸を壊し、人々は病気になる者が多かった。❻(そんな中で)聖人が現れ、木をこすったり、火打ち石を打ったりして火をおこし、そうして生臭さを消し去った。❼そこで人々はこのことをよろこび、(その聖人を)世の中の王に頂き、これを名づけて燧人氏と呼んだ。❽中古の世(になると)、世の中に大洪水が起こり、鯀と禹が水路を切り開いて水を流し(洪水を治め)た。❾近古の世(になると)、桀王と紂王が暴政で世を乱し、湯王と武王が(これを)征伐した。❿もし夏王朝の時代に木を組み合わせ(て住居を作っ)たり、木をこすったり、火打ち石を打ったりして火をおこしたりする者がいたならば、きっと鯀と禹に笑われたであろう。⓫殷や周王朝の時代に水路を切り開いて水を流す者がいたならば、きっと湯王と武王に笑われたであろう。⓬そうであるならば、もし堯・舜・禹・湯王・武王の政治を今の時代において称賛する者がいたならば、きっと(今の時代の)新しい聖人に笑われてしまうであろう。⓭このような理由で、聖人は遠い昔をあてにせず、固定した基準に従わないのである。⓮現在の世の事を論じ、そこで(必要な)準備を行うのである。⓯宋の国の人で田畑を耕す者がいた。⓰田畑の中に木の切り株があり、(そこに)兎が走ってきて(その)切り株に当たり、首を折って死んだ。⓱そこで(その農夫は)すきを捨てて切り株を見張り、

もう一度兎を手に入れたいと願った。⓲(しかし)兎は二度とは手に入れることはできず、(農夫のその)身は宋の国の人に笑われた。⓳今、先王の政治によってこの時代の民を治めようとするのは、全て(この)切り株を見張った者と同類である。

語句の解説

教178ページ

❸有聖人作 聖人が現れて。「作」は、現れることで、「有」も出現を表す動詞。

❸為巣 「巣」は、ここでは人間の住居のこと。

＊「為」＝ここでは、「つくル」と読む。

❹＊「而」＝ここでは、「しかうシテ」と読む。

❹使王天下 世の中の王に頂き。天下の王にさせて。

「使A B」＝使役を表す。AにBさせる。ただし、ここではAにあたる動作対象が省略されている。

❹号之曰…… その聖人を名づけて……と呼んだ。

「号」＝名づける。

教179ページ

❿今有夏后氏之世者 もし夏王朝の時代に……者がいたならば。

❖今～＝仮定を表す。もし～なら。

「夏后氏」＝夏王朝は夏后氏とも呼ばれた。

❿＊「矣」＝ここでは、断定の意を表す置き字。

⓬＊「然則」＝ここでは、「しかラバすなはチ」と読む。

⓭是以 上文全体の内容を受け、理由・原因であることを明らかにする。このような理由で。こういうわけで。

⓮世之事 今の時代の事柄をいう。

⓮＊「因」＝ここでは、「よリテ」と読む。

⓯宋人 宋の人。「国名＋人」は、「国名＋ひと」と訓読する。

⓯耕田 田畑を耕す。

「田」＝田畑、の意。

⓱釈其耒而守株 すきを捨てて切り株を見守り。

「耒」＝農具の一種。

「釈」＝手放す。捨てる。

「守」＝見張る。番をする。

⓱冀復得兎 もう一度兎を手に入れたいと願った。

❖冀～＝願望を表す。～したい。

⓲不可復得 二度とは手に入れることはできず。

❖不可～＝不可能を表す。～できない。

「不復～」＝部分否定を表す。二度とは～(し)ない。

⓲為宋国笑 本来は「為A所B」(AにBされる)となる受身の構文だが、ここでは「所」が省略されている。

⓳欲 願望を表す助動詞。～しようと思う。～したい。

Q　**「論二世之事一、因為二之備一。」とは、どういうことか。文中で使われている例をもとに、説明してみよう。**

解答例　上古から現在に至るまで、それぞれの時代にはそれぞれの時代や状況に即した対策が立てられていた。したがって、今の時代には今の時代をよく論議・検討した上で、現実に即した準備や対応が必要である、ということ。

Q　**「為二新聖笑一矣。」「為二宋国笑一。」とあるが、それぞれなぜ笑いとなるのか、説明してみよう。**

解答例　「為二新聖笑一矣。」＝尭・舜・禹・湯王・武王の治世は今となっては古く、必要性にあっていないから。
「為二宋国笑一。」＝これまでの仕事を放棄して過去の成功体験にすがったが、二度と同じ成功は訪れなかったから。

句法

一　書き下し文に直し、太字に注意して、句法のはたらきを書こう。

1　**今**有下構‐木‐鑽‐燧於夏后氏之世一者上、
（　　　　）（　　　　）

2　**冀**二復得一レ兎。
（　　　　）（　　　　）

3　**不**レ**可**二復得一、而身為二宋国笑一。
（　　　　）（　　　　）

答
1　今夏后氏の世に構木鑽燧する者有らば、／仮定
2　復た兎を得んことを冀ふ。／願望
3　復た得べからずして、身は宋国の笑ひと為れり。／不可能

墨子非攻

【大意】　1　教180ページ1行～181ページ5行

他人に与える損害が大きければ大きいほど、不義・不仁の程度は甚だしく、罪も重い。君子であればこれを知らない者はいないはずだが、今の世では国を攻める不義を犯しても、かえってこれを誉めて義と言っている。

【書き下し文】

❶今一人有り、人の園圃に入りて、其の桃李を窃む。❷衆聞きて則ち之を非とし、上の政を為す者得て則ち之を罰せん。

【現代語訳】

❶もし一人の人がいて、他人の畑に入り込み、その（畑の）桃や李をこっそり、人知れず持ち去ったとする。❷人々は（それを）聞いてこれ（＝その行動）を正しくないとし、人々の上にいて政治を行う者

❸此れ何ぞや。❹人を虧きて自ら利するを以てなり。❺人の犬豕鶏豚を攘む者に至りては、其の不義は又人の園圃に入りて桃李を窃むより甚だし。❻是れ何の故ぞや。❼人を虧くこと愈多きを以てなり。❽苟しくも人を虧くこと愈多ければ、其の不仁茲甚だしく、罪は益厚し。❾人の欄厩に入りて、人の馬牛を取る者に至りては、其の不義は又人の犬豕鶏豚を攘むより甚だし。❿此れ何の故ぞや。⓫其の人を虧くこと愈多きを以てなり。⓬苟しくも人を虧くこと愈多ければ、其の不仁茲甚だしく、罪は益厚し。⓭不辜の人を殺し、其の衣裘を拕ひ、戈剣を取る者に至りては、其の不義は又人の欄厩に入りて、人の馬牛を取るより甚だし。⓮此れ何の故ぞや。⓯其の人を虧くこと愈多きを以てなり。⓰苟しくも人を虧くこと愈多ければ、其の不仁茲甚だしく、罪は益厚し。⓱此くのごときは、天下の君子、皆知りて之を非とし、之を不義と謂ふ。⓲今大いに不義を為して国を攻むるに至りては、則ち非とするを知らず、従ひて之を誉め、之を義と謂ふ。⓳此れ義と不義との別を知ると謂ふべきか。

は捕まえてこれ(＝盗みをした者)を罰するであろう。❸これはどうしてか。❹他人に損害を与えて自分の利益とするからである。❺他人の犬やブタや鶏や子ブタ(などの家畜)が紛れこんできたのを自分のものにしてしまう者に至っては、その不義(の程度)は他人の畑に入り込んで桃や李を盗むよりもさらにひどい。❻これはどういう理由か。❼他人に損害を与えることがさらに多いからである。❽もし他人に損害を与えることがさらに多いならば、その不仁(の程度)はますますひどく、(その)罪はさらに重い。❾他人の牛や馬を飼うための囲いや小屋に入り、他人の馬や牛を盗む者に至っては、その不義(の程度)は他人の犬やブタや鶏や子ブタが紛れこんできたのを自分のものにしてしまうよりもさらにひどい。❿これはどういう理由か。⓫他人に損害を与えることがさらに多いからである。⓬もし他人に損害を与えることがさらに多いならば、その不仁(の程度)はますますひどく、(その)罪はさらに重い。⓭無実の人間を殺して、その(人の)衣服を奪い取り、ほこや剣を盗み取る者に至っては、その不義(の程度)は他人の家畜を飼う囲いや小屋に入って、他人の馬や牛を盗むよりもさらにひどい。⓮これはどういう理由か。⓯他人に損害を与えることがさらに多いからである。⓰もし他人に損害を与えることがさらに多いならば、その不仁(の程度)はますますひどく、(その)罪はさらに重い。⓱このようなことは、世の中の君子は、全てわかっていてこれを正しくないとし、これを不義と言う。⓲今、大いに不義をはたらいて他国を攻めるに至っては、正しくないとすることをわかっておらず、そうしてこれを誉めて、これを正義と言っている。⓳これで義と不義との区別がわかっていると言うことがで……きるだろうか。

語句の解説 1

教180ページ

❶**今有二一人一**（いまありいちにん）　続く部分の送り仮名に接続助詞「バ」はないものの、ここでは仮定の意と解釈する。もし一人の人がいて。

❖**今～(セバ)**　＝仮定を表す。もし～なら。

❶**人**（ひと）　自分以外の人間。他人。

❷＊「則」＝ここでは、「すなはチ」と読む。

❸❖**何也**（なんゾや）＝「何」は、原因・理由を問う疑問詞で、ここでは述語として用いられているので「なんゾや」と読む。どうしてか。

❹**以**（もっテ）　ここでは原因・理由を表す。

❺**至**（いたリテハ）　以下に示す程度にまで行き着いてしまうことをいう。

❻❖**何故也**（なんノゆゑゾや）＝疑問を表す。どういう理由か。疑問詞「何」は、名詞を修飾するときには「なんノ」と読む。

❼＊「愈」＝ここでは、「いよいよ」と読む。

❽**苟虧レ人愈多**（いやシクモひとヲかクコトいよいよおおケレバ）　仮に他人に損害を与えることがさらに多いとしたら。

❖**苟～(ナラ)バ**　＝仮定を表す。もし～ならば。

❽**不仁**（ふじん）　仁の道に背くこと。慈愛の心がないこと。

❽**茲**（ますます）　ますます、さらに、の意の副詞。

❽**厚**（あつシ）　程度が高いことをいう。ここでは罪がより重いことを表す。

⓭**殺二不辜人一**（ころシふこノひとヲ）　無実の人を殺すことは、最も道理に外れた行為であり、以下で語られる「攻国」につながるものである。

教181ページ

⓰＊「矣」＝ここでは、自分の考えを特に強く断定する意を表す。

❽・⓬と同じ内容が繰り返されているが、「矣」を加えることで❽・⓬よりも強く断定することを表している。

⓱**当レ此**（かクノごときハ）　このようなことは。

＊「当」＝ここでは、「ごとシ」と読む。

⓱**非レ之**（これヲひトシ）　「之」は「当此」の内容を指し、他人に損害を与えて自分の利益をはかるさまざまな行動をいう。

「非」＝正しくないこと、間違っていること。

⓲**従而**（したがヒテ）　ここでは「因而」に同じ。よって。そうして。

⓳**可レ謂二……一乎**（べキいフ……か）　……と言うことができるだろうか、の意の疑問表現。

＊「可」＝ここでは、「ベシ」と読む。

＊「乎」＝ここでは、「か」と読む。

⓳**義与二不義一**（ぎトふぎと）　義と不義と。

＊「与」＝ここでは、「と」と読む。

【大　意】　2　教181ページ6～11行

一人の人間を殺せば不義になり、死罪となる。ならば百人を殺せば、不義は百倍となって百の死罪に当たる。君子であればこれを知らない者はいないはずだが、今の世では国を攻める不義を犯しても、かえってこれを誉めて義と言っている。本当にそれが不義だと知らないのだ。

【書き下し文】

❶一人を殺さば之を不義と謂ひ、必ず一死罪有り。❷若し此の説を以て往かば、十人を殺さば、不義を十重し、必ず十死罪有り。❸百人を殺さば、不義を百重し、必ず百死罪有り。❹此くのごときは、天下の君子、皆知りて之を非とし、之を不義と謂ふ。❺今大いに不義を為して国を攻むるに至りては、則ち非とするを知らず、従ひて之を誉め、之を義と謂ふ。❻情に其の不義を知らざるなり。

（非攻　上）

【現代語訳】

❶一人の人間を殺したならばこれを不義と言い、必ずや一つの死罪に処せられる。❷もしもこの考え方で推し進めてゆくならば、十人を殺したならば、不義は十倍となり、必ずや十の死罪に処せられる。❸百人を殺したならば、不義は百倍となり、必ずや百の死罪に処せられる。❹このようなことは、世の中の君子は、全てわかっていてこれを正しくないとし、これを不義と言う。❺今、大いに不義をはたらいて他国を攻めるに至っては、正しくないとすることをわかっておらず、そうしてこれを誉めて、これを正義と言っている。❻本当にそれが不義であると知らないのである。

語句の解説 2

❶殺㆓一人㆒　もしも一人の人間を殺したならば。なお、漢文訓読では、一般的には「未然形＋バ」（仮定条件）と「已然形＋バ」（確定条件）の区別をせず、「已然形＋バ」で読むことが多いが、ここは規則どおり未然形で仮定条件となっている。

「一人」＝後の「十人」「百人」と対応しているので、ここでは「一人の人間」の意。

❶矣　ここでは、～に違いない、といった語気を表している。

❷若以㆓此説㆒往　もしこの考え方で推し進めてゆくならば。

＊「若」＝ここでは、「もシ」と読む。仮定を表す。

「以」＝手段・方法を表す前置詞。

「此説」＝「一人を殺す＝一死罪」という理屈・考え方のこと。

❹当㆑此　このようなことは。前に述べられている「一人を殺す＝一死罪、十人を殺す＝十死罪……」という理屈・考え方を指す。

❻情　本当に。まことに。

❻也　断定の語気を表す終尾詞。この場合には「なり」と読む。

Q　第一段落では、不義を段階に分けて論じている。その内容を整理してみよう。

解答例　段階を列記する。順に、「不義」の程度は高くなる。

①他人の畑から桃や李を盗んで自分のものとする。

②他人の犬・ブタ・鶏・子ブタといった家畜が紛れこんできたのを自分のものとする。

③他人の馬・牛を盗んで、自分のものとする。

④無実の人を殺して衣服やほこ・剣を奪い、自分のものとする。

この④の段階が、「攻国」につながり、最も重い「不義」となる。
さらに、

①一人の人間を殺す＝不義
②十人の人間を殺す＝十倍の不義
③百人の人間を殺す＝百倍の不義

となり、この③の延長線上に「攻国」が位置づけられる。

Q **「情不レ知ニ其不義一也。」という表現からわかる、この文章の主張を説明してみよう。**

考え方 「其不義」とは、「他国を攻める」という「不義」のこと。第一段落では「物を盗むこと」、第二段落では「人を殺すこと」を例にあげ、「他国を攻めること」の「不義」の程度の高さを指摘した。しかし、世の君主は、「他国を攻めること」を「不義」であると理解していないばかりか、「義」として称賛しているのである。

解答例 他国を攻めるのは義ではなく不義であるということを理解し、他国を攻めるのはやめるべきだ。

句法

一 **書き下し文に直し、太字に注意して、句法のはたらきを書こう。**

1 **今**有ニ一人一、（　　）（　　）
2 此**何**也。（　　）（　　）
3 是**何故**也。（　　）（　　）
4 **苟**断レ人愈多、其不仁茲甚、罪益厚。（　　）（　　）

答
1 今一人有り、／仮定
2 此れ何ぞや。／疑問
3 是れ何の故ぞや。／疑問
4 苟しくも人を斬くこと愈多ければ、其の不仁茲甚だしく、罪は益厚し。／仮定

課題

一 **それぞれの思想家のものの見方・考え方についてまとめ、感じたこと・考えたことを話し合ってみよう。**

解答例 孟子＝人間の本性を「善」とする考え方。紛争の絶えなかった当時の社会のみならず、現代社会においても互いの信頼関係を確信させてくれるものであると思われる。

荀子＝継続的な学問によって見識を広め、それに反省を加えることで道を誤ることがなくなるという考え方。今日においてもそのまま当てはまるものであると思われる。

老子＝柔をもって剛を制す（柔軟な思考・態度で世を処する）という考え方。柔軟さを欠くために衝突や争いの絶えない現代社会において、必要かつ実践すべき考え方であると思われる。

荘子＝世俗的な常識に縛られず、あらゆる区別（差別）を超克して自由に生きるべきだという考え方。常識に縛られ、またさまざまな

区別(差別)のある現代社会に生きる誰もが、理想と考える生き方であると思われる。

列子＝愚直にも見える努力をもって難事を成し遂げるという考え方。目の前の現実のみで常識的な(枠にはまった)判断をし、物事をあきらめがちな我々に、将来を遠望し努力を積み重ねることの大切さを教えるものであると思われる。

韓非子＝古い時代を模範にするのではなく、その時代その時代に即応した政治を行うべきだという考え方。極めて現実的かつ合理的な思想の持ち主であると思われる。

墨子＝最大の「不義」「不仁」を、人を殺して物を奪うこととし、その観点から国家間の戦争を否定する人道的な考え方。現代社会にも通じるものであると思われる。

語句と表現

一　「孟子」、「荀子」、「韓非子」、「墨子」のそれぞれの文章では、どのように論が展開されているか。その構造を整理してみよう。

解答例　・孟子「何必曰利」
①恵王が孟子に「国に利益をもたらす方策があるのか」と尋ねる。
②孟子は「利益を考えるのではなく、仁義を実践することが重要だ」と答える。(＝主張)
③「利」を優先しては利益を取り合って国が危うくなるが、「仁」の心のある者は親を大事にし、「義」の心のある者は君主を後回しにしない、と例をあげて主張の理由を述べる。
④最後にもう一度「仁義によって国は治まる」という主張を述べる。
↓問いかけに答える形で主張を述べ、後から理由を付け足す。最後にもう一度主張を述べる。

・孟子「性猶湍水也」
①告子は人間の本性を水にたとえて、「水には東西の区別がない」、同じように「人間の本性にも善と不善の区別はない」と主張する。
②孟子は「水には東西の区別がない」ことは受け入れながらも、「水には上下の区別があり、水は必ず低い方へ流れる」、同じように「人間の本性は本来善である」と反論する。(＝主張)
③孟子は水を用いたたとえをさらに発展させ、「水は外的要因によって本来とは異なる動きを見せる」、同じように「人間の不善は外的要因によるもの」と述べる。
↓相手の意見に反論する形で主張を述べる。相手の使ったたとえをさらに発展させて、自分の主張の説得力を増している。

・荀子「青取之於藍、而青於藍」
①「学問は途中でやめてはならない」と述べる。(＝主張)
②「青」と「藍」の比喩、「冰」と「水」の比喩、「木」、「金」の比喩、「登高山」、「臨深谿」の比喩、「干・越・夷・貉之子」の比喩を用いて学問のもたらすものを説き、①の根拠とする。
↓最初に主張を述べ、あとからその根拠となるたとえを述べる。

・韓非子「聖人不期修古」
①上古から現代までの歴史を取り上げ、それぞれの時代にはその状況に即した対策が立てられていたと述べる。
②①を反転させ、もし時代遅れなことをしたら、不必要なものとして笑われるだろう、と述べる。

③②を根拠に、今の時代には今の時代をよく論議・検討して、現実に即した準備や対応が必要だと述べる。(=主張)
④最後に、宋人の寓話を付け加える。
→歴史を例として取り上げ、それに基づいて主張を述べる。最後に宋人のたとえを用い、主張の説得力を増している。

・墨子「非攻」
①他人に損害を与えることは「不義」「不仁」であるとし、その程度が段階的に高くなるように「物を盗むこと」の例をあげる。
②世の中の君子は、①を理解しているのに、さらに大きな「不義」である他国を攻めることについては、「不義」であると理解していないばかりか、「義」として称賛している。「義」と「不義」の区別がついていない、と述べる。
③「人を殺すこと」を例にあげ、殺す人数が増えるほど「不義」の程度も高くなると述べる。
④世の中の君子は、③を理解しているのに、さらに大きな「不義」である他国を攻めることについては、「不義」であると理解していないばかりか、「義」として称賛している。他国を攻めることが「不義」であると本当に知らないのだ(=他国を攻めることは「不義」であると知るべきだ)と述べる。(=主張)
→「盗み」と「殺し」という「不義」の例をあげ、その延長線上に「他国を攻めること」があると示すことで、主張の説得力を増している。

学びを広げる　寓話の意図

教科書P.182

中国の古代思想は、寓話を用いて表現されることが多い。思想家が寓話を用いる意図や効果について考えたことを、話し合ってみよう。

考え方　思想家たちは、自国の強化を目論む諸侯たちに、自分の思想を売り込もうと天下を渡り歩いていた。主張を諸侯に受け入れてもらうためには、論理的で説得力のある話をする必要がある。そのような中で、なぜ思想家たちが寓話を用いたかを考えて話し合おう。寓話とは、教訓的な内容を含んだたとえ話のことである。自分ならどのような場面で寓話を用いて話をするかや、人から寓話を用いて話をされた場面にはどのようなものがあるかを考えてみてもよいだろう。

解答例　相手にとって身近な物事や、相手が興味をもっている物事など、相手が想像しやすい物事にたとえることで、話を聞いてもらえるようにしている。また、ただ論理的に考えを述べるより、その考えを反映して具体的にたとえている寓話の形をとったほうが、説得力が増すので理解を得られやすい。

七　文章

師説

韓愈

教科書P.186～189

【大　意】　1　教186ページ1～7行

昔から学ぶ者には必ず師がいた。私にとって師とは道である。それゆえ、道の存在するところが師の存在するところである。

【書き下し文】

❶古の学ぶ者は、必ず師有り。❷師は道を伝へ業を受け惑ひを解く所以なり。❸人は生まれながらにして之を知る者に非ず。❹孰か能く惑ひ無からん。❺惑ひて師に従はずんば、其の惑ひたるや、終に解けざらん。❻吾が前に生まれて、其の道を聞くや、固より吾より先ならば、吾従ひて之を師とせん。❼吾が後に生まれて、其の道を聞くや、亦吾より先ならば、吾従ひて之を師とせん。❽吾は道を師とするなり。❾夫れ庸ぞ其の年の吾より先後生なるを知らんや。❿是の故に貴と無く賤と無く、長と無く少と無く、道の存する所は、師の存する所なり。

【現代語訳】

❶昔の学ぶ者には、必ず師がいた。❷師は道（＝人としてふみ行うべきこと）を伝え、学業を授け、惑いを解くためのものである。❸人は生まれながらにしてこれ（＝物事）をわかっているものではない。❹誰が惑いをなくすことができようか、いや誰も惑いをなくすことはできない。❺惑いがあって師に従わないならば、その惑いというものは、結局解けないのだ。❻私よりも前に生まれて、その（人としての）道を聞くことが、もともと私よりも先なら、私は（その人に）従ってその人を師としよう。❼私より後に生まれて、その（人としての）道を聞くことが、また私よりも先なら、私は（その人に）従ってその人を師としよう。❽私は道を（学んだ人を）師とするのだ。❾そもそもどうしてその（人の）年齢が私よりも先に生まれたか後に生まれたかを知るだろうか、いや知らない。❿このような理由から、身分の貴賤の区別なく、年齢の上下の区別なく、道の存在するところは、師の存在するところなのである。

語句の解説 1

教186ページ

❷**師者** 師とは。

*「者」＝ここでは、「は」と読む。主語を提示する助字。

❷**所以伝ㇾ道受ㇾ業解ㇾ惑也** 師は道を伝え、学業を授け、惑いを解くためのものである。

*「所以」＝ここでは、「ゆゑん」と読む。理由や目的を表す。

❷**道** 尭・舜・禹にはじまり、湯王・武王に至る古代の聖人を貴ぶ孔子・孟子の教えのこと。人としての道。以下に出てくる「業」（＝具体的な知識や技術）と対比されている。

❹**孰能無ㇾ惑** 誰が惑いをなくすことができようか、いや誰も惑いをなくすことはできない。

❖孰～（セン）＝反語を表す。誰が～か、いや誰も～ない。

*「能」＝ここでは、「よク」と読む。

❺**其為ㇾ惑也** その惑いというものは。

「為ㇾ～也」＝「～たルや」と訓読する。～というものは。

*「為」＝ここでは、「たリ」と読む。～である。

*「也」＝ここでは、「や」と読む。強調を表す。

❺**終不ㇾ解矣** 結局解けないのだ。

*「終」＝ここでは、「つひニ」と読む。

*「矣」＝ここでは、断定の意を表す置き字。

❻**生二乎吾前一** 私の前に生まれて。

*「乎」＝「於」に同じ。ここでは時を表す。

❻**固先二乎吾一** もともと私よりも先ならば。

*「固」＝ここでは、「もとヨリ」と読む。

❖B二乎（ナリ）A一＝比較を表す。AよりもBだ。

①「之」とは何を指すか。

答 自分よりも先に生まれ、自分より先に道について学んだ人。

❼*「亦」＝ここでは、「また」と読む。

❾*「夫」＝ここでは、「そレ」と読む。そもそも。

❾**庸知三其年之先二後生於吾一乎** どうしてその人の年齢が私よりも先に生まれたか後に生まれたかを知るだろうか、いや知らない。

❖庸～（セン）乎＝反語を表す。どうして～か、いや～ない。

❿**無ㇾ貴無ㇾ賤、無ㇾ長無ㇾ少** 身分の貴賤の区別なく、年齢の上下の区別なく。

「無ㇾA無ㇾB」＝ABの区別なく。なお、この場合AとBは対義語となる。

【大意】 2 教186ページ8行～187ページ4行

昔の聖人は、人よりはるかに優れていても師に従って学んだが、今の人々は、聖人よりはるかに劣っているのに、師に学ぶことを恥じる。だから、聖人はますます聖に、愚人はますます愚になるのである。

【書き下し文】

❶嗟乎、師道の伝はらざるや、久し。❷人の惑ひ無からんと欲するや、難し。❸古の聖人は、其の人に出づるや、遠し。❹猶ほ且つ師に従ひて問へり。❺今の衆人は、其の聖人に下るや、亦遠し。❻而るに師に学ぶを恥づ。❼是の故に聖は益聖に、愚は益愚なり。❽聖人の聖たる所以、愚人の愚たる所以は、其れ皆此に出づるか。

語句の解説 2

❶**師道之不レ伝 也、久矣**　本当の師とは何かということが伝わらなくなってしまってから、ずいぶんたつ。

「師道」＝師として本来あるべき姿。ここでの「道」は、あるべき姿をいう。

「A也、B矣」＝Aは、Bだ、という強い判断を表す。「也」は上の内容を提示し強調する助字。「矣」は断定を表す置き字。

❷**欲二人之無一レ惑**　人が惑いをなくそうと思う。

「欲レ～」＝願望（意志未来）を表す。～しようとする。

教187ページ

❸**出レ人**　普通の人より抜きん出る。優れている。

「人」＝ここでは、普通の人・一般の人をいう。

❹**猶且**　その上さらに。それでもなおかつ。

＊「猶」＝ここでは、「なホ」と読む。今なお。依然として。

＊「且」＝ここでは、「かツ」と読む。さらに。

❹＊「焉」＝ここでは、断定の意を表す置き字。

❻＊「而」＝ここでは、「しかルニ」と読む。逆接を表す。～だが。

❽**愚人之所以為レ愚**　愚か者が愚かである理由は。

「A所以B」＝AがBする理由は。

❽**其皆出二於此一乎**　なるほど全てここから生じているのだなあ。

「其～乎」＝詠嘆を表す。

「於」＝起点を表す前置詞。

【現代語訳】

❶ああ、本当の師とは何かということが伝わらなくなってしまってから、ずいぶんたつ。❷人は惑いをなくそうと思っても、困難である。❸昔の聖人は、普通の人より抜きん出ることが、はるかであった（＝はるかに抜きん出ている）。❹それでもなお師に従って質問をした。❺今の人々は、その聖人に及ばないことも、またはるかである（＝はるかに及ばない）。❻しかし、師に（ついて）学ぶことを恥じるのである。❼このような理由から、聖はますます聖に、愚はますます愚になるのである。❽聖人が聖である理由、愚人が愚かである理由は、なるほど全てここから生じているのだなあ。

②　「出二於此一」とはどういうことか。

答　聖人がますます聖に、愚人がますます愚になる理由は、師に従って学ぶか学ばないかによるということ。

【大 意】 3 教187ページ5行～188ページ2行

私のいう、道を伝え人々の惑いを解く師は、子どもに書物の読み方を教える師と同じではない。士大夫たちは、師につくことを恥としない技術者たちをあざ笑うが、連中の知識は彼ら技術者に及ばない。

【書き下し文】

❶其の子を愛し、師を択びて之を教へしむ。❷其の身に於けるや、則ち師とするを恥づ。❸惑へり。❹彼の童子の師は、之に書を授けて其の句読を習はしむる者なり。❺吾が所謂其の道を伝へ、其の惑ひを解く者に非ざるなり。❻句読を之れ知らざる、惑ひを之れ解かざる、或いは師とし、或いは不せず。❼小もて学びて大もて遺る。❽吾未だ其の明なるを見ざるなり。❾巫医・楽師・百工の人は、相師とするを恥ぢず。❿士大夫の族は、曰はく師、曰はく弟子と云ふ者は、則ち群聚して之れを笑ふ。⓫之を問へば則ち曰はく、「彼と彼とは年相若けり、道相似たり。」と。⓬位卑ければ則ち羞づるに足り、官盛んなれば則ち諛ふに近しとす。⓭嗚呼、師道の復せざること、知るべし。⓮巫医・楽師・百工の人は、君子歯せず。⓯今其の智は、乃ち反つて及ぶ能はず。⓰其れ怪しむべきかな。

【現代語訳】

❶その（＝自分の）子を愛して、師を選んでこれ（＝我が子）を教えさせる。❷その（＝自分自身の）身に対しては、師につくことを恥じる。❸惑っている。❹あの子どもの師は、これ（＝子ども）に書物を与えて、その書物の読み方を習わせる者である。❺（これは）私が言うところのその（人としての）道を伝え、その惑いを解く者ではない。❻書物の読み方を知らず、惑いを解かず、一方においては師につき、一方においては師につかない。❼小さなことを学んで大きなことを忘れている。❽私はその（人の態度に）賢明であることを見いださない。❾医者・音楽家・各種の職人たちは、互いに師につくことを恥としない。❿（それに対して）官職に就いている知識人たちは、師と言ったり、弟子と言ったりする者を、寄ってたかって彼らを笑う。⓫これ（＝その理由）を聞いてみると、「（師とか弟子とか呼び合っている）彼と彼とは年が同程度で、道も同程度だ。」と言う。⓬（師とする人の）身分が低い場合には恥とするのに十分だとし、（師とする人の）官位が高い場合には媚びへつらいに近いとする。⓭ああ、師のあるべき姿が復活しないことが、理解できる。⓮医者・音楽家・各種の職人たちは、君子は同列と見なさない。⓯今、その（＝君子の）知識は、なんとかえって（医者・音楽家・各種の職人たちに）及ぶことができない。⓰なんとも不思議であることよ。

語句の解説 3

❶**教之** 我が子を教えさせる。文脈上の必要から使役の送り仮名を加えている。

❷**於其身也** 自分自身については。

「其身」＝我が子に師をつけた本人を指す。

「也」＝話題を提示して強調する助字。

❷*「則」＝ここでは、「すなはチ」と読む。

❸**惑矣** 子どもには師をつけるのに、自分には師をつけて学ぼうとしないことを「惑」とする強い発言。

「矣」＝ここでは、断定の語気を表す。感嘆の語気としてもよい。

❹**彼童子之師** あの幼い子どもの師。

「彼」＝指示代名詞。あの。

「童子」＝幼い子ども。

❹**習其句読** 書物の読み方を習わせる。文脈上の必要から使役の送り仮名を加えている。

❺*「所謂」＝ここでは、「いはゆる」と読む。

❻**句読之不知** 書物の読み方を知らない。動詞「知」の目的語「句読」を前に出して強調している倒置表現。「之」は、倒置構文であることを示すサイン。

❻**或師焉、或不焉** 一方においては師につき、一方においては師につかない。

「或A、或B」＝ある場合にはA、ある場合にはB、の意を表す。

「焉」＝文の区切りを示すはたらきをする。置き字。

「不」＝否定の対象（ここでは「師」）が省略された場合、「しかラズ・しかセズ」と訓読される。

❼**小** 小さなことを。「モテ」は、「もって（以て）」のつづまったもの。

3 **「小」と「大」とは、それぞれ何を指すか。**

答 「小」＝書物の読み方。

「大」＝人として行うべきこと。道。

❽**未見其明也** それが賢明であることを見いださない。

「未～」＝未到達を表す再読文字。まだ～（し）ない。

「明」＝賢明、聡明、の意。

❾**相師** 互いに師につくことを。

「相」＝ここでは、互いに、の意の副詞。

❿**族** 同類の仲間のこと。

❿**則** ここでは、～は、つまり、の意。

⓫**問之則** その理由を尋ねると。

「則」＝～すると、～したところ、の意。

⓫**彼与彼年相若也** 彼と彼とは年が同程度で。

*「与」＝ここでは、「と」と読む。「A与B」の構文で、名詞（句）と名詞（句）をつなぐ接続詞。

*「若」＝ここでは、「しク」と読む。比況を表す。

⓫**道** ここは、医者や音楽家や職人たちが習得してきた具体的な知識や技術をいう。

⑪＊「也」＝ここでは、断定の意を表す置き字。

⑫近レ諛 媚びへつらいに近いとする。ほぼ媚びへつらいである。

「近」＝似ている。ほぼ〜である。

「諛」＝媚びへつらう。

⑬不レ復 復活しないことは。

「復」＝ここは副詞ではなく、もとに戻す、意の動詞。

⑬可レ知矣 理解することができる。

＊「可」＝ここでは、「ベシ」と読む。可能を表す。

「矣」＝断定の意を表す。

教188ページ

⑭君子 徳を備えた立派な人間のことだが、ここでは先の「士大夫之族」同様、皮肉を込めた表現となっている。

答 **4** 「其」とは何を指すか。

君子。

⑮＊「乃」＝ここでは、「すなはチ」と読む。

⑮不レ能レ及 及ぶことができない。及ばない。

❖不レ能レ〜（スル）＝不可能を表す。〜できない。

「及」＝追いつく。到達する。

⑯其可レ怪也歟 なんとも不思議であることよ。

❖〜也歟＝詠嘆を表す。〜であることよ。

「其」＝強調を表す。

「怪」＝不思議に思う。

【大 意】 4 **教188ページ3〜6行**

聖人には決まった師はいない。それは孔子の例をみても明らかである。要は道を学ぶことが先か後かの違い、学術や技芸の専門の違いがあるだけなのだ。

【書き下し文】

❶聖人は常の師無し。❷孔子は郯子・萇弘・師襄・老耼を師とす。❸郯子の徒は、其の賢孔子に及ばず。❹孔子曰はく、「三人行かば、則ち必ず我が師有り。」と。❺是の故に弟子は必ずしも師に如かずんばあらず。❻師は必ずしも弟子より賢ならず。❼道を聞くに先後有り、術業に専攻有り、是くのご

【現代語訳】

❶聖人には決まった師はいない。❷（聖人であった）孔子は郯子、萇弘、師襄、老耼を師にした（と言われる）。❸郯子たちは、その賢明さにおいて孔子には及ばなかった。❹孔子が言っている、「どんなに少人数の仲間の中にも学ぶべき師がいる。」と。❺このような理由で、弟子は必ずしも（その）師に及ばないとは限らない。❻（同様に）師は必ずしも弟子より賢いとは限らないのである。❼道を聞くのに先後があり、学術や技芸に専門がある、（孔子は）ただこのよ

ときのみ。

…うであるだけなのだ。

語句の解説4

❶**聖人無常師** 聖人には決まった師はいない。
「聖人」＝ここでは、以下に出てくる「孔子」を指す。
「常師」＝『論語』（子張篇）にある、「夫子（＝孔子）……何常師之有」をふまえ、特定の師、一定の決まった師、をいう。

❷**老耼** 道家の祖である老子のこと。耼は字。

❸**郯子之徒** 孔子が学んだとされる郯子・萇弘・師襄・老耼たちを指す。

❹**三人行** 「三人」は具体的な人数とも「少数の人」とも解せる。
「徒」＝人々。仲間。
「行」は「歩く」「行動する」。

❹**則** いわゆる「レバ則」。

❹**有我師** 学ぶべき師がいる。
「我師」＝自分（＝孔子）がついて学ぶべき師をいう。

❺**是故** このような理由で。前に述べた内容が原因・理由に当たることを明らかにする表現。

❺**弟子** 年少者、または師について学ぶ者をいう。日本では後者を「でし」と読み慣らわしている。区別をつけるために、訓読では「ていし」と読む。

❺**不必不如師** 必ずしも師に及ばないとは限らない。
❖不必不〜＝二重否定を表す。なお、「不」から「不」に返読する場合、最初に読む「不」は「ずンバアラ」と読むのが訓読の習慣。必ずしも〜しないとは限らない。
＊「如」＝ここでは、「しク」と読む。比況を表す。

❻**不必賢於弟子** 必ずしも弟子より賢いとは限らない。
「不必〜」＝部分否定を表す。必ずしも〜（する）とは限らない。
「B於A」＝比較を表す。AよりもBだ。

❼**先後** ここでは道を学ぶことの時間的な順序をいう。

❼**如是而已** ただこのようであるだけだ。
「如是」＝このようである。「是」は指示代名詞で、「此」に同じ。
＊「如」＝ここでは、「ごとシ」と読む。〜のようだ。
❖〜而已＝限定を表す。〜だけだ。

❺ **「如是」とは、誰がどのようにしたことか。**

答 孔子が、賢明さで自分に及ばない人たちを師としたこと。

【大意】 5 教188ページ7〜10行

李蟠は、師につくことを恥とする風潮にとらわれず、私に学ぼうとする。その姿勢を賛美し、この「師の説」を作って贈ることとした。

【書き下し文】

❶李氏の子蟠、年十七。❷古文を好み、六芸の経伝、皆之に通習せり。❸時に拘はらずして、余に学ぶ。❹余其の能く古道を行ふを嘉し、師の説を作りて以て之を貽る。

（唐宋八大家文読本）

【現代語訳】

❶李氏の子である蟠は、年齢が十七歳である。❷古い文体の文章を好み、（『易経』『書経』『詩経』『礼記』『春秋』『楽経』の）六経の経と伝は、全て精通し習熟していた。❸（そんな李蟠は）今日の（師につくことを恥とする）風潮にとらわれず、私に（従って）学ぶ。❹私はそれ（＝李蟠）が（師に従って学ぶという）古代の学び方を実行できていることを賛美し、（この）「師の説」を作ってこれを（李蟠に）贈るのである。

語句の解説 5

❷**古文** 古い文体の文章のことで、ここでは魏・晋時代からの過剰な修辞を用いた四六駢儷文に対し、『孟子』『荘子』『史記』など前漢以前の達意（言いたいことを十分に伝えること）を重んじた文章をいう。韓愈は柳宗元と共に、この古文の復興を強く唱えた。

❷**通習** よく精通し、習熟していることをいう。

❸**不レ拘** とらわれないで。

「拘」＝束縛する、とらわれる、の意。

❸**学ニ於余一** 李蟠が韓愈に学ぶということは、韓愈自身が世の風潮に反して「師」となったことを表している。

「余」＝一人称代名詞。ここでは韓愈を指す。

❹**能行ニ古道一** （師に従って学ぶという）古代の学び方を実行できていることを。

「能～」＝可能を表す。（能力があって）～（すること）ができる。

❹**以貽レ之** そしてこれを贈るのである。このように個人的な事情によって「師説」が書かれたと韓愈は述べているが、その実、「師説」は世の軽薄な風潮に反旗を翻し、古文復興を目指す韓愈の強いメッセージとなっている。

「以」＝単純な接続を表す。

「貽」＝人に物を贈ることをいう。

課題

一 それぞれの段落ごとに、論の展開を整理してみよう。

考え方 それぞれの段落が文章の中でどのような役割になっているのかに注目してまとめよう。

解答例 第一段落＝「師に従って学ぶべきだ」という主張を述べている。

第二段落＝師に従って学ぶことを恥じる今の人々の愚かさについて

述べ、第一段落の主張の正当性を強調している。

第三段落＝「師」「弟子」を笑う士大夫の知識が巫医・楽師・百工に及ばないことを述べ、第一段落の主張の正当性を強調している。

第四段落＝「孔子」にとっての「師」がどのようなものであったか述べ、第一段落の主張を補強している。

第五段落＝この文章を書いた理由を説明している。

作者は「師」についてどのように考えているか、話し合ってみよう。

考え方 「師」に従って学ぶことを大前提として、①何を、②どのような師に学ぶのかという点について話し合うとよい。

解答例 古の聖人がそうであったように、まず「師（＝先生）」について学ばなければならない、というのが韓愈の考え方の大前提となっている。その上で韓愈は、「師」からは「道」を学ばなければならない、「道」を学ぶことで人は惑いから解放される、「道」を学ぶ「師」に身分の貴賤や年齢の上下などは関係なく、「道」を学んでいる人間であれば誰でも自分にとっての「師」となり得る、という考え方を「師」についてもっているといえる。

語句と表現

一 本文中の「乎」について、それぞれの意味・用法を説明してみよう。

解答例
・186ページ3行目＝時を表す置き字。
・186ページ4行目＝「B(ニ)乎(ナリ)A(ヨリモ)」の形で、比較を表す。
・186ページ4行目＝時を表す置き字。
・186ページ5行目＝「B(ニ)乎(ナリ)A(ヨリモ)」の形で、比較を表す。
・186ページ6行目＝「庸(ゾ)～乎(セン)」の形で、反語を表す。
・186ページ8行目＝「嗟乎」の形で、詠嘆を表す語になっている。
・187ページ4行目＝「其(レ)～乎」の形で、詠嘆を表す。

「明」（187・9）と同じ意味でこの字を用いている熟語をあげてみよう。

考え方 ここでの「明」は、先を見通す力、という意味。

解答例 賢明。聡明。

句法

一 書き下し文に直し、太字に注意して、句法のはたらきを書こう。

1 固(ヨリ)先(ナラバ)**乎**吾(ヨリ)、吾従(ヒテ)而師(トセン)之(ヲ)。（　　）（　　）

2 **庸**(ゾ)知(ラン)其(ノ)年之先後生(ナルヲ)於吾(ヨリ)**乎**。（　　）（　　）

3 弟子(ハ)**不**必(ズシモ)**不**(ンバアラ)如(カ)師(ニ)。（　　）（　　）

答
1 固より吾より先ならば、吾従ひて之を師とせん。／比較
2 庸ぞ其の年の吾より先後生なるを知らんや。／反語
3 弟子は必ずしも師に如かずんばあらず。／二重否定

捕蛇者説

柳宗元

教科書P.190~193

【大意】 1 教190ページ1~5行

永州には猛毒を持った珍しい蛇がいたが、その蛇は薬になるため、租税の代わりにすることができた。そのため、永州の人々は争って毒蛇を捕らえようと走り回った。

【書き下し文】

❶永州の野に異蛇を産す。❷黒質にして白章なり。❸草木に触るれば尽く死れ、以て人を齧めば之を禦ぐ者無し。❹然れども得て之を腊にし、以て餌と為せば、以て大風・攣踠・瘻癘を已し、死肌を去り、三虫を殺すべし。❺其の始め太医王命を以て之を聚め、歳に其の二を賦す。❻能く之を捕らふる者を募りて、其の租入に当つ。❼永の人、争ひて奔走す。

【現代語訳】

❶永州の原野では珍しい蛇を産出する。❷(その蛇は)黒地に白い模様がある。❸(その蛇が)草木に触れるとすべて枯れ、そして人をかむとこれ(=蛇の毒)を防ぎ止める方法はない。❹しかし捕らえてこれ(=異蛇)を干し肉にして、これを薬としたならば、皮膚や神経が冒される病気・手足の曲がる病気・首が腫れあがる病気を治し、血の通わなくなった皮膚を取り除き、(人の体内にいる)三尸虫を殺すことができる。❺最初は宮廷つきの医師が天子の命令によってこれ(=異蛇)を集め(ることになり)、一年にその二匹を租税として割り当てた。❻(そして)これ(=異蛇)を捕らえることのできる者を募集して、その(=蛇を捕らえた者の)納入すべき租税に当てた。❼(そのため)永州の人々は、(先を)争って(蛇捕りに)走り回った。

語句の解説 1

教190ページ

❶異蛇 普通とは違った珍しい蛇。

「異」=普通とは違うことをいう。

❷而 用言と用言をつなぐ接続詞。ここは順接。

❸*「尽」=ここでは、「ことごとク」と読む。すべて。

❸以 接続詞。そして。

❸無二禦レ之者一 これを防ぎ止める方法はない。つまり、その蛇にかまれれば死ぬということ。「之」は異蛇のもつ毒を指している。

「禦」=抵抗する。防ぎ止める。

「者」=ここでは、手段、方法、の意で用いている。

❹＊「然」＝ここでは、「しかレドモ」と読む。逆接の接続詞。

❹**以為レ餌**　これを薬としたならば。

「以」＝ここでは目的語を省略した前置詞で、これ（＝干し肉にした蛇）を、の意。

❹＊「可」＝ここでは、「ベシ」と読む。

❹＊「已」＝ここでは、「いやス」と読む。

❺**以二王命一**　天子の命令によって。

「以」＝手段・方法を示す前置詞。

❺**歳**　ここでは、一年間、の意。

1　「其二」とは、何を指すか。

答　異蛇二匹。

❻**募下有二能捕レ之者上**　これを捕らえることができる者を募集し。「之」は異蛇を指す。

＊「能」＝ここでは、「よク」と読む。

❻**租入**　租税の納入。または、納入すべき租税。

❼＊「焉」＝ここでは、断定の意を表す置き字。

【大意】　2　教190ページ6行～191ページ2行

永州に住む蔣氏は、三代にわたり蛇を捕って租税に代えてきたが、祖父も父も蛇を捕らえる仕事で死に、自分も死にそうになったことがたびたびあると言う。私は哀れに思い、蔣氏に元どおりの納税方法に戻してやろうと言った。

【書き下し文】

❶蔣氏といふ者有り。❷其の利を専らにすること三世なり。❸之を問へば、則ち曰はく、「吾が祖是に死し、吾が父是に死す。❹今吾嗣ぎて之を為すこと十二年、幾ど死せんとせし者数なり。」と。❺之を言ふに、貌甚だ慼ふる者のごとし。❻余之を悲しみ、且つ曰はく、「若之を毒とするか。❼余将に事に莅む者に告げ、若の役を更め、若の賦を復せんとす。❽則ち何如。」と。

【現代語訳】

❶（永州に）蔣氏という者がいる。❷（その家は）その利益（＝毒蛇を捕らえて租税に代えるという特典）を独占することが三代続いていた。❸（私が）これ（＝蛇を捕らえる仕事）について尋ねると、（蔣氏が）答えて言うには、「私の祖父はこれ（＝蛇を捕らえる仕事）で死に、私の父もこれ（＝蛇を捕らえる仕事）で死にました。❹今、私が跡を継いでこれ（＝蛇を捕らえる仕事）をすることが十二年になりますが、もう少しで死にそうになったことがたびたびありました。」と。❺こう話すのに、（蔣氏の）表情は大変悲しんでいる者のようであった。❻私はこのことを哀れに思い、さらに言うには、「あなたは蛇を捕らえる仕事を苦痛と感じるのか。❼（そうであれば）私が政

治を執る者に言って、あなたの（蛇を捕らえる）仕事を変え、あなたの租税（を納める方法）を元どおりにしてやろうと思う。❽それならどうだろうか。」と。

語句の解説 2

❷**専二其利一**　その利益を独占すること。

「専」＝ほしいままにする。一人占めにする。

「其利」＝ここでは、毒蛇を捕らえて租税に代えることをいう。

❷＊「矣」＝ここでは、断定の意を表す終尾詞。

❸＊「則」＝ここでは、「すなはチ」と読む。いわゆる「レバ則」。

❸**死二於是一**　蛇を捕らえる仕事で死に。

「於」＝ここでは、動作の対象を示す前置詞。

「是」＝近接するものを表す指示代名詞で、ここでは作者から問われた蛇を捕らえる仕事を指す。

❹＊「幾」＝ここでは、「ほとんド」と読む。

❹＊「者」＝ここでは、「こと」と読む。上にくる内容を名詞化している。

❹**数**　たびたびある。頻繁である。

❺**若二甚感者一**　大変悲しんでいる者のようであった。

＊「若」＝ここでは、「ごとシ」と読む。～のようだ。

❻**余**　一人称代名詞。私。ここでは作者のこと。

❻**悲レ之**　蒋氏が話す蛇捕りの仕事の内容と、蒋氏の悲しそうな表情を、作者が哀れに思った、ということをいう。

❻＊「且」＝ここでは、「かツ」と読む。さらに。

❻＊「若」＝ここでは、「なんぢ」と読む。

教191ページ

❻**毒レ之乎**　蛇を捕らえる仕事を苦痛と感じるのか。

「A乎」＝疑問を表す。A（なの）か。ここは軽い疑問を表し、相手に念を押す表現となっている。

❼**将下……復中若賦上**　租税の納入方法を元どおりにしようか、と提案しているのである。

＊「将」＝ここでは、「まさニ～す」と読む。再読文字。

② 「役」とは、何を指すか。

答　蛇を捕らえる仕事。

解説　「役」は、為政者から割り当てられた仕事をいう。

❽❖何如＝疑問を表す。どうだろうか。

【大意】 3　教191ページ3～12行

蒋氏は、蛇を捕らえる仕事は、租税の取り立てのひどさに比べればましであり、自分が生き残っているのは蛇を捕らえる仕事のおかげだと言った。

【書き下し文】

❶蔣氏大いに戚み、汪然として涕を出だして曰はく、「君将に哀れみて之を生かさんとするか。❷則ち吾が斯の役の不幸は、未だ吾が賦を復するの不幸の甚だしきに若かざるなり。❸嚮に吾斯の役を為さずんば、則ち久しく已に病めるならん。❹吾が氏三世是の郷に居りしより、今に積みて六十歳なり。❺而して郷隣の生は日に蹙り、其の地の出を殫くし、其の廬の入を竭くし、号呼して転徙し、飢渇して頓踣す。❻風雨に触れ、寒暑を犯し、毒癘を呼嘘し、往往にして死する者相藉けり。❼曩に吾が祖と居りし者、今其の室、十に一も無し。❽吾が父と居りし者、今其の室、十に二三も無し。❾吾と居ること十二年なる者、今其の室、十に四五も無し。❿死せるに非ずんば則ち徙れるのみ。⓫而るに吾蛇を捕らふるを以て独り存す。

【現代語訳】

❶蔣氏はひどく悲しみ、涙を盛んに流して言うには、「あなたは哀れんでこれ(＝私)を生かしてやろうとなさるのでしょうか。❷それならば、私のこの(蛇を捕らえる)仕事の不幸(の程度)は、私の租税(を納める方法)を元どおりにすることの不幸のひどさに及ばないのです。❸以前から私がこの(蛇を捕らえる)仕事をしていなかったならば、もうとっくに(生活に)苦しんで(疲れ果てて)いたでしょう。❹自分の家三代がこの村に住みついてから、今日まで(年月が)積もり積もって六十年になります。❺そして隣近所の村人たちの生活は日に日に困窮し、その土地の生産物を(租税として)出し尽くし、その家の収入を納め尽くして、大声で泣き叫びながら(他の土地へ)移っていき、(そのあげく)空腹と、のどの渇きでつまずき倒れてしまうのです。❻風雨に打たれ、寒さや暑さにさらされ、体を害する毒気を吸い込んで、しばしば死んでいく者が重なり合っています。❼以前に私の祖父と(この村に)住んでいた者は、今ではその家は、十軒に一軒もありません。❽私の父と(この村に)住んでいた者は、今ではその家は、十軒に二、三軒もありません。❾私と(この村に)住んで十二年になる者は、今ではその家は、十軒に四、五軒もありません。❿(一家全員が)死んだのでなければ、(他の土地へ)移ってしまっただけなのです。⓫けれども、私は蛇を捕らえることで、ただ一人(この村に)生き残っているのです。

語句の解説 3

❶**君**　二人称代名詞。敬意を含む表現。ここでは作者のこと。

❶**将哀而生之乎**　哀れんで私を生かしてやろうとするのか。「之」は、蔣氏自身を指す。
「将ニ～(セント)」＝再読文字。今にも～(しようと)する。

「～乎(ナル)」＝疑問を表す。～(なの)か。

❷則(すなわチ)　ここでは、それならば、の意。

❷吾斯役之不幸、未レ若下復二吾賦一不幸之甚上也　私の仕事の不幸など、納税方法を元どおりにすることに比べたら何ほどでもない、ということ。

❖未レ若レ～　＝比較を表す。まだ～に及ばない。

「復吾賦」＝私の租税を元に戻すこと。租税を蛇で納める特権を放棄し、他の村人たちと同じ租税の納め方に戻すことをいう。

❸嚮(さきニ)　過ぎ去った時を表す副詞。以前から。

❸吾不レ為二斯役一　私がこの仕事をしていなかったならば。仮定の条件に当たる内容。

❸則(すなわチ)　上の条件節を受けて、以下の結果を導く接続詞。

❸久已病矣　もうとっくに苦しんでいただろう。

＊「已」＝ここでは、「すでニ」と読む。「久已」の形で、以前からずっと、とっくに、という強調表現。

「病」＝苦しむ。うれえる。ここでは、税による困窮で、生活に疲れ果てることをいう。

「矣」＝ここでは、推量を表す置き字。

❹＊「自」＝ここでは、「より」と読む。起点を表す前置詞。

❹積二於今一六十歳矣　今日まで積もり積もって六十年になる。

「積」＝ここでは、(年月が)積もり積もって、ということ。

「於」＝ここでは、時間を示す前置詞。

「矣」＝ここでは、断定の意を表す終尾詞。

❺＊「而」＝ここでは、「しかシテ」と読む。ここは順接。

❺殫(つクシ)　出し尽くし。「獣類を殺し尽くす」が原義。そこから、尽くす、の意になった。

❺竭(つクシ)　納め尽くし。「渇」(＝水が涸(か)れる)の借用で、やはり、尽くす、の意。対句になっているため、同義の異字を用いたもの。

❻往往(おうおうニシテ)　しばしば。つねづね。

❼曩(さきニ)　以前に、もともと、の意の副詞。

❼＊「与」＝ここでは、「と」と読む。

❼室(しつ)　ここでは、家、家族、の意。

❼焉　断定の語気を表す終尾詞。

❿徙爾(うつレルのみ)　移っただけだ。

「～爾(スル)」＝限定を表す。～(する)だけだ。「爾」は限定の終尾詞。

⓫而(しかルニ)　接続詞。ここは逆接。けれども。しかし。

⓫吾以レ捕レ蛇　私は蛇を捕らえることで。

「以」＝原因・理由を表す前置詞。～によって。～ので。

【大意】 4　教192ページ1～7行

さらに蒋氏は言った。村人たちは、毎日税の取り立てに苦しめられるが、自分は一年に二度、命の危険を冒すだけで、後は安らかに生きている。彼らと比べて私は長生きしているのであるから、この蛇を捕らえる仕事を苦痛とは感じない、と。

【書き下し文】　…　**【現代語訳】**

❶悍吏の吾が郷に来たるや、東西に叫囂し、南北に隳突す。❷譁然として駭く者、鶏狗と雖も寧きを得ず。❸吾恂恂として起き、其の缶を視て、吾が蛇尚ほ存すれば、則ち弛然として臥す。❹謹みて之を食ひ、時にして献ず。❺退きて其の土の有を甘食し、以て吾が歯を尽くす。❻蓋し一歳の死を犯す者二たびなり。❼其の余は則ち熙熙として楽しむ。❽豈に吾が郷隣の旦旦に是有るがごとくならんや。❾今此に死すと雖も、吾が郷隣の死に比すれば、則ち已に後れたり。❿又安くんぞ敢へて毒とせんや。」と。

❶荒々しい役人が私の村に来ると、あちこちでどなり散らし、あちこちで(物に)当たり散らします。❷がやがやと騒ぎたてることは、(人はもちろん)鶏や犬でさえも落ち着いていられない(ほどです)。❸(そんな時)私は心配してびくびくしながら起き上がって、その(蛇を入れてある)素焼きのかめ(の中)をよく見て、私の蛇がそのまま生きていれば、(安心して)気がゆるみ(再び)横になります。❹慎重にこれ(=蛇)を飼い、(蛇を)献ずべき時に献上します。❺(自分の家に)戻ってその土地の産物をおいしく食べ、それで私の寿命を全うするのです。❻思うに一年の間に死の危険を冒すことは(たった)二回です。❼それ以外の時には心が和らぎ(人生を)楽しんでいます。❽どうして私の村の人々が毎日このよう(に命がけの生活)であるのと同じでありましょうか、いや同じではありません。❾今、たとえこれ(=蛇を捕らえる仕事)で死んだとしても、私の村の人々の死に比べれば、すでに(私は村の人々以上の寿命を得て、死ぬことが)遅れている(=長生きしている)のです。❿その上どうして進んで(蛇を捕らえる仕事を)苦痛と感じるでしょうか、いや苦痛だとは感じません。

語句の解説 4

教192ページ

❶叫囂乎東西、隳突乎南北 村中の至る所で、役人がどなり散らし威嚇しながら税を取り立てている様子を表している。

＊「乎」＝「於」に同じで、動作の行われる場所を示す前置詞。

「東西」「南北」＝ともに、あちこち、の意。つまり、村中で、ということ。

❷駭者 騒ぎたてることは。

「者」＝上の語を名詞化している。〜(する)こと。

❷雖鶏狗 鶏や犬でさえも。

❖雖〜＝仮定を表す。〜だとしても。

❷不得寧焉 落ちついていられない。

❖不得〜＝不可能を表す。〜できない。

「寧」＝心安らかで落ちついていること。

「焉」＝断定の意の置き字。
❸＊「尚」＝ここでは、「なホ」と読む。
❸則 いわゆる「レバ則」。
❹謹食レ之 慎重に蛇を飼い。租税の代わりに献上する蛇なので、大事に養い育てるのである。「之」は、「異蛇」を指す。
❺以 接続詞。そして。それで。
「食」＝「養」に同じ。
❻＊「蓋」＝ここでは、「けだシ」と読む。
❻犯レ死者 ここでは、命がけで蛇を捕らえることをいう。
❽豈若二吾郷隣之旦旦有一レ是哉 命がけであることが年に二回だけの自分と、毎日である村人とが同じであるはずはない、ということ。
❖豈～哉＝反語を表す。どうして～か、いや～ない。

「若レ～」＝～のようだ。～が用言の場合は、「～(連体形)ガごとシ」と訓読する。

「是」＝指示代名詞。これ。ここでは、重税のために命がけの生活をしていることを指す。

【大意】 5 教192ページ8～12行
私は話を聞いてますます悲しくなった。孔子の「苛政は虎よりも猛なり」という言葉は真実であったのだ。だからこの「捕蛇者の説」を書き、為政者が読んでくれるのを期待するのである。

【書き下し文】
❶余聞きて愈悲しむ。❷孔子曰はく、「苛政は虎よりも猛な

3 「有レ是」とは、どういうことか。
答 村の人々が、毎日、厳しい税の取り立てに苦しめられていること。
❾雖 ここは、逆接仮定条件を表す。たとえ～としても。
❾乎 「於」に同じで、動作の行われる場所を示す前置詞。
4 「此」とは、何を指すか。
答 蛇を捕らえる仕事。

❾則已後矣 (死ぬことが)すでに遅れているのだ。つまり、他の村人たちよりもずっと長生きしているということ。
「矣」＝断定の意の置き字。
❿又 その上に。
❿安敢毒耶 どうして苦痛と感じようか、いや感じない。
❖安～耶＝反語を表す。どうして～か、いや～ない。

「敢」＝進んで～する、思いきって～する、の意の副詞。


【現代語訳】
❶私は(蒋氏の話を)聞いてますます悲しくなった。❷孔子が言われるには、「厳しくむごい政治は、人を殺す虎よりも凶暴なものだ。」

り。」と。❸吾嘗て是を疑へり。❹今蔣氏を以て之を観れば、猶ほ信なり。❺嗚呼、孰か賦斂の毒、是の蛇よりも甚だしき者有るを知らんや。❻故に之が説を為り、以て夫の人風を観る者の得んことを俟つ。

（唐宋八大家文読本）

と。❸私はこれまでこれ（＝この言葉）を疑っていた。❹（しかし）今、蔣氏（の話の内容）によってこれ（＝この言葉）を考えると、やはり真実である。❺ああ、誰が税を割り当て、取り立てることの害毒が、この蛇（の猛毒）よりもひどいものであることを知っていようか、いや誰も知らない。❻だから（私は）この（「捕蛇者の説」という）意見文を書き、そしてあの為政者が（これを）手に入れて（読み、この状況を悟って）くれるのを期待するのである。

語句の解説 5

❶**而**　順接・逆接両方に用いる接続詞。ここは順接。

❶＊「愈」＝ここでは、「いよいよ」と読む。

❷**苛政猛於虎也**　厳しくむごい政治は、人を殺す虎よりも凶暴なものだ。

❖Ａ於Ｂ＝比較を表す。ＢよりもＡだ。「於」はここでは比較を表す前置詞。

❸＊「嘗」＝ここでは、「かつテ」と読む。

❸**疑乎是**　これを疑った。「是」は、孔子の「苛政猛於虎也」という言葉を指す。

「乎」＝「於」に同じで、ここでは目的語を導く前置詞。

❹**猶信**　やはり真実である。

＊「猶」＝ここでは、「なホ」と読む。

「信」＝まこと。真実。

❺❖嗚呼＝詠嘆を表す。ああ。

❺**孰知賦斂之毒、有甚是蛇者乎**　誰が税を割り当て、取り立てることの害毒が、この蛇よりもひどいものであることを知っていようか、いや誰も知らない。

❖孰～乎＝反語を表す。誰が～か、いや誰も～ない。

「甚是蛇」＝「甚於是蛇」の形から、比較を表す前置詞「於」を省略したもの。

＊「乎」＝ここでは、「や」と読む。反語を表す。

❻**故**　だから、それゆえ、の意を表す接続詞。

❻＊「為」＝ここでは、「つくル」と読む。

❻**以**　接続詞。そして。

❻＊「夫」＝ここでは、「かノ」と読む。指示代名詞。あの。

❻**焉**　断定の意の置き字。

課題

一 各段落の要旨をまとめ、この文章の構成を説明してみよう。

考え方 各段落の「大意」を参考にまとめてみよう。「説」とは自分の見解や主張を述べる文章であり、この「捕蛇者の説」も、現代の評論文同様、序論・本論・結論の構成がとられている。

解答例 第一段落＝永州には猛毒をもった蛇がいたが、その蛇は大病の良薬となるため、年に二匹捕らえれば租税の代わりにすることができた。

第二段落＝蛇を捕らえることを家業としてきた蒋氏は、この仕事のために祖父も父も死に、自分も死にそうになったことがあると言う。作者は、蒋氏に納税方法を元に戻すことを提案した。

第三段落＝作者の提案に対し蒋氏は、蛇を捕らえる仕事の不幸は、租税を納める不幸に比べればましであると語る。

第四段落＝さらに蒋氏は、他の村人たちは、毎日過酷な税の取り立てに苦しんでいるが、自分は年に二回ほど命の危険を冒すだけであり、この仕事は苦痛ではないと言う。

第五段落＝孔子の「苛政は虎よりも猛なり」という言葉は真実であった。だからこの「捕蛇者の説」を書き、為政者が状況を悟ってくれることを期待するのだ。

- 序論――第一段落(永州の異蛇について)
- 本論――第二段落(作者の蒋氏への提案)
  - 第三段落(蒋氏の答え①)
  - 第四段落(蒋氏の答え②)
- 結論――第五段落(作者の嘆き及び意見)

二 「安クンゾ敢ヘテ毒トセン耶」(192・7)とあるが、蒋氏がこのように述べているのはなぜか、説明してみよう。

解答例 蛇を捕ることによる危険は年に二回だけで済むが、他の村人たちは厳しい税の取り立てに毎日苦しめられており、逃れることができないから。

三 この文章を書いた作者の意図について、話し合ってみよう。

考え方 文章の最後の部分に、作者の意図が述べられている。どのような主張を誰に伝えようとしているのかを押さえて話し合おう。

解答例 作者は、「為政者は、重税の過酷な取り立てが民衆を苦しめている現状を知り、この状況を速やかに改善すべきだ」と考えており、この文章で租税取り立ての現実を知らせようとしている。

語句と表現

一 本文中の三種類の「若」(190・8／190・8／191・4)について、それぞれの意味・用法の違いを説明してみよう。

解答例
- 190ページ8行目＝「若シレ～ノ」の形で、～のようだ、の意。
- 190ページ8行目＝二人称代名詞。
- 191ページ4行目＝「未ダレ若カレ～ニ」の形で、比較を表す。

二 「往往ニシテ」(191・8)は、現代でも使われる表現である。「往往にして」を用いた短文を作ってみよう。

考え方 「往往にして」は、しばしば、たびたび、という意味。

解答例 このような失敗は往往にして起こる。

句法

一 書き下し文に直し、太字に注意して、句法のはたらきを書こう。

1 **孰**カ知ラン下賦斂之毒、有ルヲ中甚ダシキ二是ノ蛇一ヨリモ者上**乎**。

答 1 孰か賦斂の毒、是の蛇よりも甚だしき者有るを知らんや。／反語

赤壁賦

蘇軾

教科書P.194~198

【大意】 1 教194ページ1行~195ページ2行

秋の夜、蘇子は客人とともに小舟を浮かべ、かの赤壁の辺りで舟遊びをした。月に照らされた水面が天に連なり、その広々とした水面を小舟が進んでいく。俗世界のことなど忘れ、仙人になって空に昇ってゆくような気がする。

【書き下し文】

❶壬戌の秋、七月既望、蘇子客と舟を泛べて、赤壁の下に遊ぶ。❷清風徐ろに来たりて、水波興らず。❸酒を挙げて客に属め、明月の詩を誦し、窈窕の章を歌ふ。❹少くにして、月東山の上に出で、斗牛の間に徘徊す。❺白露江に横たはり、水光天に接す。❻一葦の如く所を縦にして、万頃の茫然たるを凌ぐ。❼浩浩乎として虚に馮り風に御して、其の止まる所を知らざるがごとく、飄飄乎として世を遺れて独立し、羽化して登仙するがごとし。

【現代語訳】

❶一〇八二(元豊五)年の秋、七月十六日、蘇子は客人とともに小舟を浮かべて、赤壁の辺りで舟遊びをした。❷さわやかな風が静かに吹き、水面には波も立たない。❸酒をとって客人に勧めて、『詩経』にある明月の詩を朗誦し、『詩経』にある窈窕の章を歌った。❹間もなく、月が東の山の上に出て、斗宿と牛宿の間(の東南の空)をさまよっている。❺もやが江上に広がり、月に照らされた水面が天と連なっている。❻(一枚の葦の葉のような)小舟が進んで行くにまかせて、広々とした水面の果てしなく広がるその先まで突き進む。❼広々とした様子で、空中に浮かび、風に乗って、止まる所を知らないかのようで、ふわふわと浮かんで俗世界のことなど忘れて何者からも束縛を受けず、羽が生え、仙人になって天に昇るかのようである。

語句の解説 1

教194ページ

❶蘇子与レ客泛レ舟　蘇子は客人とともに小舟を浮かべて。

＊「与」＝ここでは、「と」と読む。

❶遊ニ於赤壁之下一　赤壁の辺りで舟遊びをした。

「遊」＝ここでは、舟に乗って遊ぶこと。出かける、の意もある。

「於」＝動作の行われる場所を示す前置詞。

「下」＝付近。辺り。

❷徐　ここでは、静かに、の意。

❷水波不レ興　風は吹いているものの、水面に波の立たないことをいう。

❹＊「少」＝ここでは、「しばらクニシテ」と読む。

❹＊「焉」＝ここでは、他の語の下に付いて状態を表す助字。

❹徘ニ徊於斗牛之間一　斗宿と牛宿の間(の東南の空)をさまよっている。

「徘徊」＝行ったり来たりすること。さまようこと。

❺横レ江　江上にもやが広がっている状態をいう。

❺接レ天　川の水面を覆うもやのために、どこまでが川の水面でどこからが空であるのかわからない状態を表す。

❻縦　ここでは、舟が川の流れにまかせて進むことをいう。

＊「縦」＝ここでは、「ほしいままニス」と読む。

❻所レ如　進んで行くこと。

＊「如」＝ここでは、「ゆク」と読む。

①「凌ニ万頃之茫然一」とはどのような光景か。

答 一そうの小舟が、広々とした水面の果てしなく広がっている先まで突き進む光景。

❼浩浩乎　どこまでも限りない様子で。広々としている様子で。

「浩浩」＝広大な様子。

＊「乎」＝ここでは、「こ」と読む。

❼如　小舟の様子を、空中を飛んでいるかのようだとしている。

＊「如」＝ここでは、「ごとシ」と読む。～のようだ。

教195ページ

❼飄飄乎　ふわふわと浮かんで。

「飄飄」＝ふわふわと浮かんでいる状態。

【大　意】 2　教195ページ3～12行

酒を飲んで大いに楽しみ、蘇子が歌を歌うと客人が洞簫を吹いてそれに和した。その洞簫の響きは、細く長く続いてとぎれず、あまりに悲しげであった。

【書き下し文】

❶是に於いて、酒を飲みて楽しむこと甚だし。❷舷を扣い

【現代語訳】

❶そこで、酒を飲んで大いに楽しんだ。❷船べりをたたいて(調子をとって)歌った。❸(その)歌に言うことには、

て之を歌ふ。❸歌に曰はく、
❹桂の櫂蘭の槳
❺空明に撃して流光に泝る
❻渺渺たり予が懐ひ
❼美人を天の一方に望む　と。
❽客に洞簫を吹く者有り、歌に倚りて之に和す。❾其の声鳴然として、怨むがごとく慕ふがごとく、泣くがごとく訴ふるがごとし。❿余音嫋嫋として、絶えざること縷のごとし。⓫幽壑の潜蛟を舞はしめ、孤舟の嫠婦を泣かしむ。

❹桂の（木で作った）棹と、蘭の（木で作った）かいで、
❺清流に映った月影に棹さして、波に揺れる月の光の中をさかのぼってゆく。
❻はてしなく広がるわが思い、
❼月を空の彼方に遠く眺める　と。
❽客の中に洞簫を吹く者がいて、歌に調子を合わせこれ（＝洞簫）を吹いた。❾その（笛の）音はむせび泣くようで、怨むようで慕うようで、泣くようで訴えるようであった。❿後に残る響きは細く長く続いてとぎれず、まるで一本の細い糸のように絶えることがなかった。⓫（その音と響きは）深い谷に潜む蛟を舞わせ、一そうの小舟に乗っている夫をなくした女性を泣かせる（のではないかと思うほど悲痛であった）。

語句の解説 2

❶＊「於是」＝ここでは、「ここニおイテ」と読む。
❷扣レ舷　船べりをたたいて。
「扣」＝ここでは、拍子をとってたたくこと。
「舷」＝舟の両縁。船べり。
❷而　順接・逆接両方の用法を持つ接続詞。ここは順接。
❹桂櫂　桂の木で作った棹。
「櫂」＝舟を漕ぎ進めるための道具。
❹兮　歌の途中で入れる語調を整える置き字。
❹蘭槳　蘭の木で作ったかい。
「蘭」＝木蘭のこと。桂とともに芳香を発する。
「槳」＝「櫂」と同様、舟を漕ぐ道具。

❺撃　清流に映った月影に舟の棹やかいをさし入れ、舟を漕ぐことを表現する。
❺泝　流れをさかのぼること。「遡」に同じ。
❻＊「予」＝ここでは、「わガ」と読む。私の。
❼天一方　空の一方向。ここでは、明月のかかる空の彼方を表している。
❽倚レ歌而和レ之　歌に調子を合わせて洞簫を吹く。
「倚」＝調子を合わせる。
「而」＝順接・逆接の両方に用いる接続詞。ここでは順接。
❾其声　ここでは、洞簫の音（響きも含む）をいう。
❾如レ怨　怨むようで。

「如レ〜」＝〜のようだ。なお、〜が名詞の場合は、「〜ノごとシ」、〜が用言の場合は「〜(連体形)ガごとシ」と訓読する。

【大　意】 3 教196ページ1〜11行

蘇子は洞簫が悲しげである理由を尋ねた。すると客は、「ここはかつて英雄が活躍し歌を詠んだ地だが、その英雄さえ今はなく、まして自分たちのようなちっぽけな存在の人生など、大自然に比べるとあまりにはかない。その悲しみを託したのだ。」と言った。

【書き下し文】

❶蘇子愀然として襟を正し、危坐して客に問ひて曰はく、「何為れぞ其れ然るや。」と。❷客曰はく、「『月明らかに星稀にして、烏鵲南に飛ぶ。』とは此れ曹孟徳の詩に非ずや。❸西のかた夏口を望み、東のかた武昌を望めば、山川相繆ひ、鬱乎として蒼蒼たり。❹此れ孟徳の周郎に困しめられし者に非ずや。❺其の荊州を破り、江陵より下り、流れに順ひて東するに方たりてや、舳艫千里、旌旗空を蔽ふ。❻酒を釃みて江に臨み、槊を横たへて詩を賦す、固に一世の雄なり。❼而るに今安くにか在りや。❽況んや吾と子と、江渚の上に漁樵し、魚鰕を侶とし、麋鹿を友とし、一葉の軽舟に駕し、匏樽を挙げて以て相属め、蜉蝣を天地に寄す、渺たる滄海の一粟なるをや。❾吾が生の須臾なるを哀しみ、長江の窮まり無きを羨む。❿飛仙を挟みて以て遨遊し、明月を抱きて長へに終へんことは、驟には得べからざるを知り、遺響を悲風に託す。」と。

---

❿余音　ここでは、洞簫の後に残る響きをいう。

❿如レ縷　音が細く長く響くことを、縷(＝細い糸)になぞらえる。

【現代語訳】

❶蘇子は悲しげに表情を変えて襟を正し、姿勢を正して座って客人に尋ねて言うには、「(あなたの吹く笛の音は)どうしてそのよう(に悲しげ)なのですか。」と。❷客人が言うには、「『月が明るく(輝き)、星もまばらで、カササギが南に飛んで行く。』というのは、曹孟徳(＝曹操)の詩ではないですか。❸西に向かって夏口を眺め、東に向かって武昌を眺めれば、山と川とがもつれるように入り組み、樹木がこんもりと茂って青々としています。❹ここは孟徳が周郎(＝周瑜)に苦しめられた場所ではないですか。❺それ(＝孟徳)が荊州を破り、江陵から下り、(長江の)流れに従って東に向かったちょうどその時、(軍船は)船尾に後続の船のへさきが接して千里(もの長さに連なり)、軍旗は空を蔽い隠すほどでした。❻(孟徳は)酒を酌んで長江(の流れ)に臨み、ほこを横に置いて詩を作りました、(彼こそ)本当にその時代の英雄でした。❼しかし、今はどこにいるのでしょうか、いやどこにもいません。❽まして、私とあなたとは、長江のほとりで漁師や樵と同様の生活をして、魚とエビを友とし、大鹿と鹿を友とし、一枚の木の葉のような小舟に乗り、ひょうたんで作った酒器をかかげて(酒を)互いに勧めて(酌み交わし)、カゲロウのようにはかない人生をこの天地にあずけ、広大な青海原に浮か

ぶ一粒の粟のような存在なのですからなおさら(はかないの)です。❾自分の生命がつかのまであることを悲しみ、長江が尽きることなく流れ続けることを羨むのです。❿空飛ぶ仙人を引き連れて遊び回り、明月を抱いていつまでも長生きすることは、たやすくは手に入れることができないと知り、洞簫の余韻を悲しげに吹く秋風に託したのです。」と。

語句の解説 3

教196ページ

② 「愀然」としたのはなぜか。

答 客の吹く洞簫の音がひどく悲しげに聞こえたから。

❶**何為其然也** どうしてそのようなのか。

❖何為～也＝疑問を表す。「何為」は、原因・理由を問う疑問詞。「也」は、ここでは疑問の終尾詞。どうして～なのか。

＊「然」＝ここでは、「しかリ」と読む。

❷**星稀** 月が明るく輝いているために、星がほとんど見えない状態をいう。

❷**此非曹孟徳之詩乎** 曹孟徳の詩ではないか。

❖非～乎＝疑問を表す。～ではないか。

「曹孟徳之詩」＝「月明……南飛」は、孟徳の「短歌行」の一節。

❸**山川相繆** 山と川とがもつれるように入り組んでいる様子をいう。

「相」＝動作に対象があることを表す副詞。ここでは、互いに、の意。

「繆」＝からまる。まつわる。

❹**困於周郎** 周郎に苦しめられた。

❖A於B＝受身を表す。BにAされる。

❹＊「者」＝ここでは、「ところ」と読む。

❺**方其破荊州、……東也** それが荊州を破り、……東に向かったちょうどその時。

＊「方」＝ここでは、「あタル」と読む。

＊「也」＝ここでは、「や」と読む。

❺**舳艫千里** 船尾に後続の船のへさきが接して千里もの長さになっていることをいい、船団の規模の大きさを表現する。

❻**横槊** ほこを横に置く。武装した状態であることをいう。

「槊」＝柄の長いほこ。

❻＊「固」＝ここでは、「まことニ」と読む。

❻**一世** その時代。ここは、三国時代のこと。

❼＊「而」＝ここでは、「しかルニ」と読む。

❼安在哉 どこにいるのか、いやどこにもいない。

❖安～哉＝反語を表す。どこに～か、いやどこにもない。「安」は、ここでは場所を問う疑問詞。「哉」は、反語の終尾詞。

❽況吾与子、……渺滄海之一粟 まして私たちのようにつまらないちっぽけな存在は、なおさらはかないものだ、ということ。

❖況～＝抑揚を表す。まして～はなおさらだ。

「与」＝名詞(句)と名詞(句)とをつなぐ接続詞。「A与B」の形で、AとBと、の意を表す。

「於」＝動作の行われる場所を示す前置詞。

「侶」＝「友」に同じ。

「以」＝接続詞。そして。

❿抱明月 明月を抱いて。明月を目の前にして、と解釈する説もある。

❿知不可乎驟得 たやすくは手に入れることができないと知り。

❖不可～＝ここでは、不可能を表す。～できない。

【大 意】 4 教196ページ12行～197ページ8行

蘇子は客人に、「月は満ち欠けするものの、その本質においては変わらない。この観点に立てば、万物も私も尽きてしまうことはなく、他を羨む必要もなくなる。だから、大自然を心ゆくまで楽しむべきだ。」と説いた。

【書き下し文】

❶蘇子曰はく、「客も亦夫の水と月とを知るか。❷逝く者は斯くのごとくなれども、未だ嘗て往かざるなり。❸盈虚する者は彼のごとくなれども、卒に消長する莫きなり。❹蓋し将に其の変ずる者よりして之を観れば、則ち天地も曾て以て一瞬なる能はず。❺其の変ぜざる者よりして之を観れば、則ち物と我と皆尽くること無きなり。❻而るに又何をか羨まんや。❼且つ夫れ天地の間、物各主有り。❽苟しくも吾の有する所に非ずんば、一毫と雖も取ること莫し。❾惟だ江上の清風と、

【現代語訳】

❶蘇子は言った、「あなたもまたあの(長江の)水と月とを知っていますか。❷過ぎゆくものはこの(長江の流れの)ようですが、今までに一度も(全ての水が)流れ去ってしまったことはありません。❸満ち欠けたりするものはあの(月の)ようですが、(月そのものは)結局消えてなくなったり大きくなったりすることはありません。❹そもそも変化するという観点からこれを見れば、(悠久不変と思われている)天地であっても一瞬も同じ状態ではありえないのです。❺(また)変化しないという観点からこれを見れば、万物も私も全て尽きることはありません。❻それなのに、その上いったい何を羨むのでしょうか、いやその必要はありません。❼そもそも天地の間においては、物にはそれぞれ持ち主があります。❽仮に自分が所有す

山間の明月とのみ、耳之を得て声を為し、目之に遇ひて色を成す。⑩之を取れども禁ずる無く、之を用ゐれども竭きず。⑪是れ造物者の無尽蔵なり。⑫而して吾と子との共に適する所なり。」と。

るものでないとしたら、たとえほんの少しのものであっても取ることはありません。⑨ただ江上のさわやかな風と、山間の明月とだけは、耳はこれ（＝江上の清風）をとらえると音と感じ、目はこれ（＝山間の明月）をとらえると（美しい）景色とするのです。⑩これら（＝風や月）を取っても禁じるものはなく、これらを用いても尽きることはありません。⑪これらは、天地万物の創造主の尽きることのないたくわえなのです。⑫そして、私もあなたもともに心にかなって満足するものなのです。」と。

語句の解説 4

❶*「亦」＝ここでは、「また」と読む。

❶*「夫」＝ここでは、「かノ」と読む。指示代名詞。あの。

❶**水与レ月**　水と月とを。

「与」＝名詞(句)と名詞(句)をつなぐ接続詞。

❷**如レ斯**　このようであるが。「如レ是」と同じ。

「如レ～」＝～のようだ。

③「斯」とは何を指すか。

答　とどまることなく流れ続ける長江の流れ。

教197ページ

❷**未二嘗往一也**　今までに一度も流れ去ってしまったことがない。

「未二嘗～一」＝「未」は再読文字。

*「嘗」＝ここでは、「かつテ」と読む。

④「彼」とは何を指すか。

答　（満ちたり欠けたりする）月。

❸*「卒」＝ここでは、「つひニ」と読む。副詞。

❸**莫二消長一也**　月は欠けても消えることはなく、満ちてももとの大きさよりも大きくなることはないことをいう。

❹**蓋将**　発語の辞。そもそも。考えてみると。

*「蓋」＝ここでは、「けだシ」と読む。そもそも。

❹**自二其変者一而観レ之**　変化するという観点から見る、つまり、物事の本質によってもたらされる現象面を見るということ。

*「自」＝ここでは、「より」と読む。起点を表す前置詞。

❹*「則」＝ここでは、「すなはチ」と読む。いわゆる「レバ則」。

❹**天地曾不レ能二以一瞬一**　悠久と思われる天地であっても、現象面から見れば一瞬も同じ状態ではありえないことをいう。

「曾」＝副詞。「曾不～」の形で強い否定を表す。「不レ能レ～」＝不可能を表す。(能力がなくて)～(することが)できない。

❺自二其不レ変者一而観レ之 物事を本質という点でとらえることをいう。

❺物与レ我皆無レ尽也 本質という観点から見れば、全ては等しく無限であることをいう。

❻何羨乎 いったい何を羨むのか、いやその必要はない。

❖何～乎＝反語を表す。何を～か、いや～ない。

❼且夫 新しい話題を提示する発語の辞。そもそも。さて。

＊「夫」＝ここでは、「ソレ」と読む。そもそも。

❽苟非二吾之所一レ有 仮に自分が所有するものでないとしたら。

❖苟～＝仮定を表す。もし～ならば。

❽雖二一毫一而莫レ取 たとえほんの少しのものであっても取ることはない。

❖雖二～一＝仮定を表す。～ではあるが。

❿取レ之無レ禁 大自然のものである風や月は、それを取っても誰も禁止する(＝とがめる)者がいないことをいう。

❿用レ之不レ竭 大自然のものである風や月が、いくら使ってもなくなるものでないことをいう。

【大　意】 5 教197ページ9～11行

私の話を聞いた客は喜び、さらに酒を飲み、やがて私たちは舟の中で互いに寄りかかって眠った。

【書き下し文】

❶客喜びて笑ひ、盞を洗ひて更に酌む。❷肴核既に尽きて、杯盤狼藉たり。❸相与に舟中に枕藉して、東方の既に白むを知らず。

(古文真宝)

【現代語訳】

❶客人は(蘇子の話を聞くと)喜んで笑い、杯を洗って改めて酒を酌んだ。❷(やがて)酒のさかなはなくなり、酒宴後の杯や皿などが乱れて散らばっている。❸(私たちは)舟の中で互いに寄りかかって眠り、東の空がすでに白々と明け始めたこともわからなかった。

語句の解説 5

❶而 順接・逆接両方に用いる接続詞。ここは順接。置き字で、直前に読む語に「テ」を送っている。

❷既 動作の完了を表す副詞。

❷狼藉 ここでは酒宴のあとの乱雑な状態を表現している。

❸相与 お互い一緒に。

「相」＝動作に対象があることを示す副詞で、ここでは、お互いに、の意。

＊「与」＝ここでは、「ともニ」と読む。

❸乎　「於」に同じで、動作の行われる場所を示す前置詞。

❸不レ知　ここでは、すっかり酔って眠ってしまったために、朝になってもわからなかった、ということ。

課題

一　客は、どのような思いで洞簫を吹いていたと説明しているか、整理してみよう。

考え方　簡潔に言えば、「哀二吾生之須臾一、羨二長江之無一レ窮。」（教196ページ9～10行）思いである。

解答例　ここ赤壁は、かの三国時代の英雄たちが活躍した地であるが、その英雄たちも今はない。しかし、眼前の長江は流れ続け、英雄が詩に歌った月も、空に輝き続けている。それを思うと、英雄に比すべくもないちっぽけな存在である私の人生のはかなさが悲しく、自然の悠久さを羨む思いで吹いた。

二　「盈虚者如レ彼、而卒莫二消長一也。」（197・1）という部分に注目して、蘇子のいいたかったことをまとめてみよう。

考え方　江上の舟遊びの楽しみが、客の吹く洞簫の音によって悲しみに彩られてしまった。それを払拭しようとした蘇子の考えの拠り所となるのが「盈虚者……消長也」の部分である。

解答例　月は目に見える現象としては満ち欠けするものの、消えてしまうわけでも元の大きさより大きくなるわけでもない。つまり、本質は不変なのである。この観点に立てば、万物の存在は等しいものとなり、他を羨む必要もなくなるのである。だから、悲しみ憂えるのをやめて、心ゆくまで大自然を楽しもうではないか。

語句と表現

一　「縦」（194・7）と同じ意味でこの字を用いている熟語をあげてみよう。

考え方　ここでの「縦」は、思うままに、という意味。

解答例　操縦。放縦。縦覧。

二　「無尽蔵」（197・7）は現代でも使われている表現である。「無尽蔵」を用いた短文を作ってみよう。

考え方　「無尽蔵」は、無限にあるようだ、尽きることがないようにみえる、という意味。

解答例　彼のアイデアは無尽蔵だ。

句法

一　書き下し文に直し、太字に注意して、句法のはたらきを書こう。

1　**何為**其然**也**。
（　　　　　　）（　　　　　　）

2　此**非**二曹孟徳之詩一**乎**。
（　　　　　　）（　　　　　　）

3　此**非**下孟徳之困二**於**周郎一者上**乎**。
（　　　　　　）（　　　　　　）

4　**安**在**哉**。
（　　　　　　）（　　　　　　）

5　知(リ)レ不(ルヲ)レ可(カラ)二乎驟(ニハ)得一、（　　　）（　　　）

6　何(ヲカ)羨(マン)乎。（　　　）（　　　）

7　苟(シクモ)非(ズンバ)二吾之所(ニ)レ有(スル)一、（　　　）（　　　）

8　雖(モ)二一毫(ト)一而莫(シ)レ取(ルコト)。（　　　）（　　　）

答

1　何為れぞ其れ然るや。／疑問
2　此れ曹孟徳の詩に非ずや。／疑問
3　此れ孟徳の周郎に困しめられし者に非ずや。／受身
4　安くにか在りや。／反語
5　驟には得べからざるを知り、／不可能
6　何をか羨まんや。／反語
7　荀しくも吾の有する所に非ずんば、／仮定
8　一毫と雖も取ること莫し。／仮定

学びを広げる　唐宋八大家

教科書P.198

唐宋八大家に選ばれた人物やその文章の特徴、彼らが注目された背景などについて調べ、レポートにまとめてみよう。

考え方　「唐宋八大家」とは、唐の時代に活躍した韓愈(かんゆ)・柳宗元(りゅうそうげん)、宋の時代に活躍した欧陽脩(おうようしゅう)・蘇洵(そじゅん)・蘇軾(そしょく)・蘇轍(そてつ)・曾鞏(そうきょう)・王安石(おうあんせき)の八人の総称である。彼らは優れた文章家であり、古文復興運動を中心的に担った。どのように古文復興運動が起こったのかということや、それぞれの人物の経歴、主な著作、その特徴にはどのようなものがあるかなどを調べてまとめよう。辞書や事典を含む書籍、インターネットなどを用いるとよい。